Steve Andreas
Virginia Satir – Muster ihres Zaubers

Reihe
Pragmatismus & Tradition
Band 29
Herausgegeben
von Thies Stahl

Steve Andreas

Virginia Satir
Muster ihres Zaubers

Aus dem Amerikanischen von
Vukadin Milojevic

Junfermann Verlag • Paderborn
1994

© der deutschen Ausgabe: Junfermannsche Verlagsbuchhandlung,
Paderborn 1994

© 1991 by Science and Behavior Books, Inc.
Originaltitel: Virginia Satir – The Patterns of her Magic
Übersetzung aus dem Amerikanischen: Vukadin Milojevic

Satz: adrupa Paderborn
Druck: PDC – Paderborner Druck Centrum

CIP-Titelaufnahme der Deutschen Bibliothek
Andreas, Steve:
Virginia Satir – Muster ihres Zaubers / Steve Andreas. Aus dem
Amerikan. von Vukadin Milojevic. – Paderborn: Junfermann, 1994

  Einheitssacht.: Virginia Satir – The Patterns of her Magic <dt.>
  ISBN 3-87387-094-0

ISBN 3-87387-094-0

Inhalt

Ich wünsche mir, daß wir alle so vollständig leben, wie wir können. Die einzige Gelegenheit, zu der ich mich wirklich schrecklich fühle ist, wenn Menschen nicht ein Leben geführt haben, das ein Ausdruck ihrer selbst war. Sie haben mit all diesen „ich sollte" und „ich müßte" und mit Vorwürfen und Beschwichtigungen und dem ganzen Kram gelebt, und ich denke mir: „Wie traurig".

– VIRGINIA SATIR (1989)

Als ich sehr viel jünger war, als ich es heute bin, sagte mir eine ältere Person, die ich sehr gern mochte: „Verbringe mindestens fünfzehn Minuten am Tag damit, Träume zu weben. Und wenn Du hundert gewebt hast, werden wenigstens zwei davon ein Leben annehmen." Träumt Eure Träume also weiter und kümmert Euch nicht darum, ob es passieren kann oder nicht; webt sie zuerst. Viele haben ihre Träume dadurch getötet, daß sie herausfinden wollten, ob sie sie verwirklichen könnten oder nicht, bevor sie sie geträumt hatten. Wenn Ihr also erstklassige Träumer seid, träumt sie aus – gleich mehrere auf einmal – und seht dann, welche Realität sich einstellt, um sie zu verwirklichen anstatt zu sagen: „O, mein Gott, was kann ich bei dieser Wirklichkeit überhaupt träumen?"

– VIRGINIA SATIR (1984)

Vorwort

Während der letzten fünfzehn Jahre hatte ich das seltene Vergnügen und die Ehre, einige der besten Kommunikatoren der letzten Generation zu modellieren, u.a. Moshe Feldenkrais und Milton H. Erickson. Doch es war ein besonderes Vergnügen, damit begonnen zu haben, Virginia Satir zu modellieren, die Begründerin der Conjoint-Familientherapie, eine meisterhafte Therapeutin, eine meisterhafte Lehrerin und vor allem eine meisterhafte Kommunikatorin.

Ich kann mich erinnern, wie ich vor vielen, vielen Jahren in meiner Garagenauffahrt in Soquel, Kalifornien, saß und an meinem Wagen arbeitete. Als ich von den frustrierenden Schwierigkeiten mit dem Motor aufblickte, sah ich eine sehr ungewöhnliche Person. Sie kam die Auffahrt hinauf und auf mich zu, anders als die meisten Menschen, die ich in meinem Leben getroffen habe, die sich ihrer selbst unsicher oder nervös waren, vor allem, wenn sie sich in

11

ungewohnter Umgebung befanden. Virginia Satir hatte keines dieser Merkmale. Sie war gleichermaßen zu Hause auf dem Podium, mit einer Familie, mit einem Schizophrenen oder in jedem anderen Kontext, in dem sie kommunizieren konnte, und das war etwas, was sie hervorragend tat.

Virginia verdeutlichte auch, welcher Unterschied darin besteht, ob man sich etwas aus der Arbeit macht, die man leistet, oder dem Prestige, das man von dieser Arbeit erhält. Ich habe in den letzten fünfzehn Jahre viele Therapeuten getroffen, die für ihre intellektuelle Leistung oder für etwas, das sie tatsächlich oder angeblich in der Vergangenheit geleistet hatten, berühmt waren. Im Gegensatz zu ihnen war Virginia ein „Arbeiter". Ich habe nie erlebt, daß sie einen schlechten Tag hatte oder weniger als hundert Prozent gegeben hätte – immer. Manche haben sie für ihre Lebensweise kritisiert, doch ich gehöre nicht zu ihnen. Ich beneidete sie um ihre Energie und ihre Bereitschaft, sich voll all dem zu widmen, was sie tat. So lange ich sie kannte, ließ sie nicht in ihrem Einsatz nach und zeigte einen Überfluß, sowohl an Herz wie auch an Können.

Was Steve Andreas sich in diesem Buch vorgenommen hat, ähnelt dem, was ich vor über fünfzehn Jahren versucht habe. Als ich begann, *Die Struktur der Magie* zu schreiben, hatte ich gerade einen Monat mit Virginia im Cold Mountain Institute verbracht. Ich war verblüfft darüber, wie powervoll sie als Kommunikatorin und wie erfolgreich sie in ihrer Arbeit war. Ich war auch verblüfft darüber, wie wenig andere in der Lage waren, zu lernen das zu tun, was sie tat. Sie imitierten ihre Tonalität oder ihren Jargon, doch sie nahmen sich nur selten die Zeit, ihr Können zu erlernen oder zu imitieren. Der Grund dafür liegt nicht darin, daß Menschen schlecht sind oder – wie Virginia sagte – wir alle langsame Lerner sind, sondern darin, daß sie nicht erkannten, wie präzise sie in ihrer Kommunikation war. Auch wenn Virginia, wie sie sagte „hoch intuitiv" kommunizierte, änderte das nichts daran, daß sie jedes Wort, jede Geste und jede Bewegung sehr genau wählte. Virginia verstand, daß Kommunikation aus der vollen Spannweite der Erfahrung entstand und mit der Vergangenheit der Menschen verbunden war, einer Vergangenheit, die in die Zeit zurückreichte bevor sie geboren waren. Sie verstand, daß sie einen Kurs und eine Richtung festlegte, nicht nur für die Zukunft von Individuen, sondern ganzer Familien.

Es gab eine Zeit, als Virginia den Umstand verheimlichen mußte, daß sie Familientherapie machte. Sie sagte, daß sie Familien lediglich „interviewte", bevor sie mit der Therapie begann. Zum Glück für uns alle, sind diese Tage vorbei. Virginia hat für uns alle die Gelegenheit geschaffen, auf neue und faszinierende Weise zu forschen, zu wachsen und uns zu verändern. Diese Freiheiten stehen uns professionellen Kommunikatoren zur Verfügung, ob wir sie als Psychotherapeuten nutzen oder nur als Menschen, die lernen wollen, bei jeder Gelegenheit in ihrem Leben mehr zu tun. Virginia ist ein eindrucksvolles Beispiel für jemanden, der sein Leben voll gelebt hat. Doch während sie viel für sich selbst erreichte, erreichte sie auch viel für eine große Anzahl von anderen. Das Leben von hunderttausenden, vielleicht von Millionen von Menschen wird sich ändern, weil diese Frau in jedem Aspekt ihrer Arbeit alles gegeben hat.

In dem Transkript, das Steve Andreas hier analysiert hat, hat er sich nicht nur Virginias fürsorgliche Einstellung Menschen gegenüber zu Herzen genommen, sondern auch die spezifische Art und Weise, in der sie die Ziele erreichte, die sie sich gesetzt hatte. Das wichtigste, das Sie von diesem Transkript lernen können, ist, daß Virginia nie von dem abweicht, was sie sich vornimmt. Und was sie sich vornimmt, ist das, worum der Klient sie bittet. Sie versucht alles was sie kann, und alles was sie tut, steht in direktem Zusammenhang mit dem gewünschten Zustand des Klienten.

Die Terminologie die Steve gebraucht und die Art und Weise, in der er Virginia untersucht, unterscheiden sich möglicherweise von dem Zugang, den viele andere wählen würden und ähnelt dafür möglicherweise mehr dem Zugang, den ich wählen würde. Doch ich glaube, daß dieses Buch jemandem, der wirklich von Virginia lernen möchte, mehr als nur eine Einstellung vermittelt. Es bietet ein starkes Beispiel dafür, wie beharrlich, beständig, ressourcevoll und dabei zugleich präzise und methodisch Virginia war. Wenn Virginia einer der Menschen ist, die Sie in Ihrem Leben beneidet haben, oder denen Sie nacheifern möchten, ist es an der Zeit, Ernst damit zu machen und ihrem Können nachzueifern, anstatt nur ihre Tonalität, ihren Stil, Jargon und Sprachgebrauch nachzuahmen. Und das setzt voraus, daß wir damit anfangen, es in Teile zu zerlegen und herausfinden, was genau dieses Genie tat, damit wir die gleiche Art von Arbeit mit der gleichen Art von Beharrlichkeit und Herz leisten können.

Steve, ich glaube, du hast mit diesem Buch sehr gute Arbeit geleistet. Denjenigen von Ihnen, die im Begriff sind, dieses Buch zu lesen, möchte ich empfehlen, zu lesen und zu lernen. Virginia Satirs Weisheit wird es noch in kommenden Jahrhunderten wert sein, untersucht zu werden. Ich glaube, daß dieses Buch eine echte Würdigung dessen darstellt, was sie geleistet hat und was ihr wichtig war. Und auch, wenn es sich von ihrem eigenen Lehrstil unterscheidet, so sind wir, wie Virginia zu sagen pflegte, „alle langsame Lerner, doch wir sind alle auch erziehbar".

— *Richard Bandler*

Einleitung

Virginia Satir gilt fast bei allen als eine der powervollsten und effektivsten Therapeuten dieses Jahrhunderts. Im Verlauf ihrer fünfundvierzig Jahre langen Karriere hat sie systematische Verfahren entwickelt, Menschen dabei zu helfen zu wachsen und sich zu ändern. Ihre bemerkenswerte Wärme und Präzision in ihrer Arbeit mit Menschen entstand aus ihrer stark entwickelten Fähigkeit zu beobachten was wirkte – und was nicht –, um Menschen ihren gewünschten Zielen näherzubringen.

Wenn man von Experten lernt, ist es gewöhnlich viel wichtiger zu beobachten, was sie tatsächlich tun, als darauf zu hören, was sie über das was sie tun, zu sagen haben. Unsere Beschreibungen unseres eigenen Verhaltens sind oft voreingenommen und kurzsichtig, und wir alle können viel mehr tun, als wir anderen erklären können. Das traf besonders in Virginias* Fall zu, die sich beständig von ihrer psychiatrisch orientierten Ausbildung der vierziger Jahre fortentwickelte und intuitiv neue Wege bahnte, um Menschen dabei zu helfen, mit den unvermeidlichen Problemen des Lebens umgehen zu lernen.

Die meisten Therapeuten neigen in der Beschreibung ihrer Therapie dazu, allgemein und unspezifisch zu sein. Virginia z.b. sprach davon „Vertrauen zu gewinnen", „Kontakt zu machen", „positiven Selbstwert zu schaffen" und wie wichtig die „menschliche Beziehung" und die „Ich-Du-Beziehung" seien. Auch wenn sie diese Fähigkeiten in exquisiter Weise demonstrieren konnte, fiel es ihr ochr viel schwerei, genau zu spezifizieren, wie sie diese, nonverbal oder verbal, erreichte. Um zu lernen, wie ihr das gelang, müssen wir ihre Arbeit selbst untersuchen.

Nur wenige Therapeuten sind dazu bereit, öffentlich zu demonstrieren, was sie tun – sie ziehen es vor, privat zu praktizieren –, doch Virginia war eine glückliche Ausnahme. Sie gab während ihrer langen Karriere nicht nur tausende öffentlicher Demonstrationen, sie erlaubte auch freizügig den Gebrauch von Videoaufzeichnungen. Von Virginias Arbeit sind vermutlich genauso viele Stunden auf Video aufgezeichnet wie von allen anderen prominenten Therapeuten zusammengenommen. In Verbindung mit einem wörtlichen Transkript ermöglicht es eine Videoaufzeichnung, die Feinheiten der verbalen Kommunikation, die begleitende nonverbale Kommunikation – die noch reichhaltiger und komplexer ist –, das Zusammenspiel zwischen verbaler und nonverbaler Kommunikation und den Fluß und die Reihenfolge der Stunde als Ganzes zu analysieren. Das wiederholte Anschauen vertieft das Verständnis des Veränderungsprozesses.

Das Kernstück dieses Buches ist ein wörtliches Transkript einer dreiundsiebzig Minuten langen Videoaufzeichnung einer Sitzung, die Virginia 1986 während eines Wochenend-Workshops mit einer Teilnehmerin, Linda, durchführte – auf dem Höhepunkt von Vir-

---

* Ich habe mit der Frage gerungen, ob ich in diesem Buch Virginia Satirs Vor- oder Nachnamen verwenden soll. Der Gebrauch des Nachnamens gilt häufig als respektvoller, ist jedoch auch formaler und distanzierter. Manche mögen den Gebrauch des Vornamens für respektlos oder überheblich halten. Doch er ist auch direkter und persönlicher, und das war etwas, das Virginia in ihrer Arbeit immer anstrebte. Ich habe nie gehört, daß jemand in Workshops sie mit „Dr. Satir" ansprach; jeder nannte sie nur „Virginia". Schließlich fragte ich eine Reihe von Personen, die sie viel besser kannten als ich, und sie stimmten alle für „Virginia".

ginias Power und Können, nur zwei Jahre vor ihrem Tod im September 1988. In dieser besonders bewegenden Einzelsitzung gelangt Linda von Wut und Groll ihrer Mutter gegenüber zu Mitgefühl und Liebe für sie. Ein Follow-up-Interview mit Linda mehr als drei Jahre später bestätigt die bleibende positive Wirkung, die diese Sitzung auf Lindas Leben und ihre Beziehung zu ihrer Mutter gehabt hat.

Diese Sitzung ist aus mindestens zwei Gründen interessant. Virginia war vor allem als Familientherapeutin bekannt und richtete ihre Aufmerksamkeit in Familiensitzungen abwechselnd auf verschiedene Familienmitglieder. Im Gegensatz dazu konzentriert sich diese Sitzung nur auf Linda, weshalb es viel einfacher ist, die Muster und die Reihenfolge ihrer Arbeit zu verfolgen.

Der zweite Grund liegt darin, daß Linda keine einfache Klientin war. Obwohl sehr expressiv und bereit ihre Gefühle mitzuteilen, hatte sie auch eine, wie Virginia es während der Sitzung nannte, „stark ausgeprägte Fähigkeit, fest auf Dingen zu bestehen". Da Virginia hart dafür arbeiten mußte, um bestimmte Auffassungen in Linda zu verändern, kommen wir in den Genuß einer besonders reichhaltigen Darstellung ihrer Vielseitigkeit und Beharrlichkeit.

Wir haben dem wörtlichen Transkript Kommentare und Beschreibungen beigefügt, um zu verdeutlichen und zu charakterisieren, was Virginia jeweils tat, während sie Linda geduldig Schritt für Schritt zum Vergeben führt. Das erste Kapitel beschreibt die wichtigen Themen in Virginias Arbeit und erleichtert es so, ihre Bedeutung zu verstehen, wenn sie im Verlauf der Sitzung erscheinen.

Viele Therapeuten haben die Wärme und das Mitgefühl, das Virginia im Überfluß demonstriert, doch sie sind weitgehend wirkungslos, da sie nicht wissen was sie tun sollen. Andere haben technische Kommunikationsfertigkeiten; doch ohne die nonverbalen menschlichen Qualitäten, die Virginia so sehr betonte, ist ihre Arbeit viel weniger effektiv, als sie es sein könnte. Virginia ist eine besonders wertvolle Lehrerin, da sie Wärme, Mitgefühl, eine sehr feine Wahrnehmung und spezifische Fertigkeiten und Techniken hatte.

Um sicherzustellen, daß seine Schüler das, was er sie lehrte, mit ein wenig Demut gebrauchten (etwas, von dem viele sagen mögen,

17

daß es ihm selbst fehlte), pflegte mein alter Lehrer Fritz Perls zu sagen: „Bloß weil ihr einen Meißel habt, seid ihr noch kein Michelangelo." Doch wieviel hätte Michelangelo andererseits ohne einen Meißel erreichen können? Stellen Sie sich vor wie Michelangelo versucht, einen Marmorblock nur mit seinem Fingernagel zu spalten, um seine in dem Stein gefangene Vision zu verwirklichen. Große Werke setzen sowohl die Werkzeuge der Zunft wie auch eine Vision der Menschheit voraus, um diese Werkzeuge zu leiten. Virginia Satir besaß beides in außerordentlichem Maße. Ich kenne keinen besseren Weg, um ihr Genie zu würdigen, als ihre Arbeit sorgfältig zu untersuchen und zu lernen, wie wir das tun können, was sie auf so wunderbare Weise getan hat.

Bevor ich diese Welt verlasse, ist eines der Dinge, von denen ich mir wünsche, die ganze Welt würde sie wissen, daß menschlicher Kontakt durch die Verbindung von Haut, Augen und Klang der Stimme entsteht. Das sind die Dinge, die uns gelehrt wurden, bevor wir Worte hatten. Die Art, in der unsere Eltern uns berührten, wie sie uns anschauten, wie ihre Stimme klang, das alles ist in uns gespeichert.

– VIRGINIA SATIR (1989)

Die wichtigsten Muster in Satirs Arbeit

Alles, was Virginia Satir tat, war von bestimmten Einstellungen durchdrungen. Die Kenntnis dieser wesentlichen Elemente ihrer Arbeit bietet eine nützliche Orientierung, um die wörtlichen Transkripte zu verstehen, die in dem nächsten Kapitel erscheinen. Einige Leser mögen es jedoch vorziehen, das Transkript zunächst unvoreingenommen zu lesen und dann zu den hier vorgestellten Ideen zurückzukehren.

Dieses Kapitel beschreibt kurz sechzehn wichtige Muster in Virginias Arbeit. Spezifische Beispiele sollen dabei helfen, die Ambiguität zu vermeiden, die die meisten Darstellungen von Therapie durchzieht. Alle Beispiele oder Zitate sind entweder dem Transkript einer in dem Buch *Familientherapie in Aktion* (Satir & Baldwin 1988) veröffentlichten Familiensitzung oder Satirs Videoserie *Family*

Relationships (1989) entnommen. Die Reihenfolge, in der diese wichtigen Elemente erscheinen, ist willkürlich und gibt nicht ihre relative Bedeutung wieder.*

Ein lösungsorientierter Fokus auf Gegenwart und Zukunft (anstatt eines problemorientierten Fokus auf der Vergangenheit)

Auch wenn Virginia sich Klagen und Beschwerden aus der Vergangenheit anhörte, um Rapport mit dem Klienten aufrechtzuerhalten, so richtete sie die Aufmerksamkeit der Person unmittelbar auf Lösungen oder Ziele in der Gegenwart und Zukunft.

Ich möchte jetzt bei Ihnen herausfinden, von Ihnen, was genau jetzt, in diesem Augenblick – die Vergangenheit ist ganz egal – was genau in diesem Moment das Leben für Sie schöner machen würde, wenn es passieren würde, das Leben in dieser Familie. (1988, S. 60)

Das mögen Sie nicht. Könnten Sie sagen, was Sie mögen? (1988, S. 84)

Wenn mir jemand sagt, was er nicht will, sage ich: „Nun, das ist interessant; was wollen Sie?" Und es fällt den Leuten sehr schwer zu formulieren, was sie wollen. (1989)

Sehen Sie mich bitte an, und hören Sie mal genau zu. Sie haben eine lange Geschichte – ich weiß, daß Sie eine lange Geschichte haben, und ich kenne sie nicht, und ich hab so eine Ahnung, daß Sie oft nicht sehen, was vor Ihren Augen passiert, weil alles damit zugedeckt wird, was Sie erwarten, denn das haben Sie jetzt fast getan. Verstehen Sie mich? (*Margie:* Hm.) Gut, ich hätte jetzt gern, daß Sie Casey ansehen und mit Ihren Händen seine Haut fühlen und mir sagen, was Sie fühlen. (*Casey grinst.*) (1988, S. 96)

Als ich sehr viel jünger war, als ich es heute bin, sagte mir eine ältere Person, die ich sehr gern mochte: „Verbringe mindestens

---

* Dieses Kapitel ist eine erweiterte und überarbeitete Fassung des im „Family Therapy Networker" erschienenen Artikels „The True Genius of Virginia Satir".

fünfzehn Minuten am Tag damit, Träume zu weben. Und wenn du hundert gewebt hast, werden wenigstens zwei davon ein Leben annehmen." Träumt Eure Träume also weiter und kümmert Euch nicht darum, ob es passieren kann oder nicht; webt sie zuerst. Viele haben ihre Träume dadurch getötet, daß sie herausfinden wollten, ob sie sie verwirklichen könnten oder nicht, bevor sie sie geträumt hatten. Wenn Ihr also erstklassige Träumer seid, träumt sie aus – gleich mehrere auf einmal – und seht dann, welche Realität sich einstellt, um sie zu verwirklichen anstatt zu sagen: „O, mein Gott, was kann ich bei dieser Wirklichkeit überhaupt träumen?" (1984)

Die folgenden grundlegenden Ziel-Fragen leiteten Virginias Arbeit:

„Was wollen Sie?"

„Woran werden Sie erkennen, daß Sie es erreicht haben?"

„Was hindert Sie jetzt daran?"

„Was brauchen Sie, um es zu bekommen?"

Sie verstand auch, daß die Antworten auf diese Fragen sinnesspezifisch und nicht in vagen Generalisierungen oder Abstraktionen formuliert sein müssen.

VIRGINIA: Wenn Sie wollen, Casey, möchte ich gern, daß Sie Margie etwas sagen, was Sie von ihr wollen – was sie ändern soll, vielleicht, egal, was es ist.

CASEY: Hör auf, mich anzugreifen. Ich mein', du machst – es ist eine Feindbeziehung. Liebling, wenn du Aufmerksamkeit willst, und dann vergeht mir die Lust.

VIRGINIA: Ich weiß, daß Sie aus langer Erfahrung sprechen. Es ist nicht sehr detailliert, aber könnten Sie das mal genauer sagen? Ganz genau, was soll Margie im Umgang mit Ihnen ändern?

CASEY: Sicher. Wenn du und die Kinder in den Park gehen wollen, oder wenn du mit den Kindern in den Park gehen willst. (1988, S. 102)

Virginia wußte auch, daß wenn jemand von anderen Veränderung erwartet – ganz gleich wie berechtigt der Wunsch sein mag –, die Person automatisch in eine Position der Hilflosigkeit gerät und sich von der Bereitschaft anderer abhängig macht, dem nachzukommen. Um nützlich zu sein und die Person powervoller zu machen, muß ein Ziel sie zu etwas hinführen, das in ihrer eigenen Macht liegt. Fragen wie z.B.: „Was können Sie tun, um diese Reaktion von ihr/ihm zu bekommen?" können die Aufmerksamkeit der Person wieder auf das konzentrieren, was *sie* tun kann, um die Situation zu verbessern.

Als eine der ersten, die mutig genug waren, mit der ganzen Familie gleichzeitig zu arbeiten, wußte Virginia auch, daß das Ziel jedes Individuums in einer Weise spezifiziert werden mußte, die es für die anderen Familienmitglieder wünschenswert oder zumindest akzeptabel machte. Sobald ein Klient Virginia ein positives Ziel genannt hatte, verfolgte sie es beharrlich. Wenn eine Intervention nicht wirkte, versuchte sie Variationen derselben oder andere, bis sie das gewünschte Resultat erreicht hatte.

Wenn Virginia sich auf die Vergangenheit konzentrierte, so gewöhnlich, um eine lebhafte Demonstration von Interaktionsmustern zu geben, die in der Gegenwart fortbestanden. Bei anderen Gelegenheiten konzentrierte sie sich auf die Vergangenheit, um frühere Ereignisse auf neue Weise darstellen zu können und ihnen so in der Gegenwart eine positivere und bereichernde Bedeutung zu geben.

Positive Absichten

Einer der powervollsten Aspekte von Virginias Arbeit war ihre Annahme, daß jeder positive Absichten hatte, unabhängig davon, wie schrecklich das Verhalten war, und ihr Gebrauch dieser positiven Absichten als einer soliden Grundlage für Übereinstimmung, von der aus sie nach weiteren positiven Gefühlen, Kommunikationen und Verhaltensweisen suchen konnte. Bei wenigstens einer Gelegenheit arbeitete sie mit einer Gruppe, in der sich sowohl ein Überlebender eines Konzentrationslagers, wie auch ein früherer Wärter des gleichen Lagers befanden, und sie war erfolgreich dabei, ihnen zu helfen, einander zu verstehen und ihre gemeinsame Menschlichkeit zu entdecken. Auch wenn sie es nicht sagte, setzte Virginia immer positive Absichten voraus und traf eine Unterscheidung zwischen Absicht und Verhalten. Sie glaubte daran, daß Menschen es im Grunde gut meinen – selbst wenn sie etwas Schlechtes tun.

Ich hab Sie sagen gehört, daß alles (das Anschreien der Kinder) damit anfing, daß Sie Margie einen Gefallen tun wollten. (1988, S. 62)

Ich habe unter anderem entdeckt, daß es ein ganz starkes Gefühl von Sorge und Zuneigung gibt von Eurem Vater zu Euch, zu allen Kindern. Und von Eurer Mutter zu all den Kindern. Aber ich glaube nicht, daß das so durchkommt, wie es durchkommen könnte. (1988, S. 98)

Wenn wir wahrnehmen, daß jemand gute Absichten hat, ändert das unsere Reaktion, wenn der Betreffende ein Problemverhalten zeigt. Es bedeutet, daß wir mit den Absichten der Person übereinstimmen und ihre Menschlichkeit erkennen können, auch wenn wir das Verhalten selbst immer noch nicht mögen. Anstatt Vorwürfe zu machen oder zu streiten, können wir gemeinsam nach alternativen Verhaltensweisen suchen, die uns *beide* zufriedenstellen und gerecht werden.

Verzicht auf Schuldzuweisung

Virginia klagte nie jemanden an. Sie ging davon aus, daß verletzendes oder destruktives Verhalten einfach die Folge davon war, daß man nicht genügend Gelegenheiten hatte, zu lernen, wie man sich positiver verhalten könnte.

... Wir lernen aus unseren Erfahrungen. Okay? Nicht, weil sie schlecht sind, wir lernen einfach bestimmte Sachen. (1988, S. 70)

Du warst wütend. Na, so was passiert manchmal. (1988, S. 28)

Gut. Aber könnte es nicht sein, daß so was nur passieren kann, wenn alle mitmachen? (1988, S. 56)

Virginia glaubte, daß der Therapeut die Rolle eines Erziehers hat: seine Aufgabe ist es, zu lehren und zu demonstrieren, wie Menschen lernen könnten, auf effektivere und befriedigendere Weise wahrzunehmen und zu reagieren.

Wir werden immer Probleme haben. Das Problem ist nicht das Problem; das Problem ist, wie Menschen damit umgehen. Das ist es, was Menschen zerstört, nicht „das Problem". Denn wenn wir lernen, anders damit umzugehen, behandeln wir das Problem anders, und das Problem verändert sich. (1989)

Als einen Weg, um Klienten zu verdeutlichen, daß alle ihre Erfahrungen Gültigkeit besaßen, forderte Virginia sie häufig auf, ein Medaillon zu visualisieren, das aus etwas besteht, das für sie sehr kostbar ist, und es sich um den Hals zu hängen:

Auf der einen Seite steht: Nein. Und unter dem „Nein" steht: Danke, daß du mich wahrnimmst, doch was du verlangst, paßt im Moment nicht für mich und daher ist die Antwort: Nein.

Und wenn Sie es umdrehen steht auf der anderen Seite: Ja. Und darunter steht: Danke, daß du mich wahrnimmst. Was du verlangst, paßt hervorragend für mich und die Antwort ist: Ja.

Und wenn Sie dann irgendwann einmal etwas zaghaft sind, nehmen Sie das Medaillon und legen es auf die Seite, die wirklich paßt. Und dann schauen Sie darunter und wissen, was Sie sagen können. (1989)

Menschen zu zeigen, wie sie bemerken können, ob eine Forderung oder ein Angebot paßt, ist selbstvalidierend. Einfach mit „Ja" oder „Nein" zu antworten vermeidet „ich müßte", „ich sollte", die Inkongruenz, Verwirrung, Verteidigungs- und Vorwurfshaltung, die so häufig sind, wenn man versucht, anders zu erscheinen als man ist.

Gleichberechtigung

Virginia gebrauchte häufig Rollenspiele, um die destruktiven Folgen typischer traditioneller Familienmuster von Dominanz und Unterwerfung zu demonstrieren. Sie gebrauchte Rollenspiele auch, um Familienmitgliedern eine Alternative anzubieten: als Gleichberechtigte zu kommunizieren. Als Therapeutin handelte Virginia bewußt aus einer gleichberechtigten Position heraus, sowohl verbal wie auch nonverbal. Sie bückte sich, um in Augenhöhe mit Kindern sprechen zu können, und stellte Kinder oder kleine Erwachsene oft auf Stühle, damit sie auf gleicher Höhe mit größeren Erwachsenen waren. Sie demonstrierte beständig, wie viel befriedigender es ist, mit anderen als Gleichberechtigten zu kommunizieren.

Virginia schloß sich häufig als Gleichberechtigte in die Schwierigkeiten einer Familie ein, indem sie das Pronomen „wir" gebrauchte. „Ich denke, damit haben wir alle zu kämpfen (Wut zu kontrollieren)". (1988, S. 36) „Wenn man nämlich wütend ist, ist es ganz schwer, überhaupt noch etwas zu sehen." (1988, S. 24) Sie erzählte oft eigene Erfahrungen, die Ähnlichkeit mit dem hatten, was jemand in der Familie erlebte. Indem sie sich in dieser Weise miteinbezog, bot sie powervolle Beispiele für das, was von einigen Normalisierung genannt worden ist: Schwierigkeiten einfach als normale Probleme zu sehen, die es zu überwinden galt. Wenn wir Schwierigkeiten haben, neigen wir häufig dazu, sie über die Maßen aufzubauschen, und das macht es viel schwerer, sie zu lösen. Sie als normal wahrzunehmen ist oft ein wichtiger Schritt in Richtung auf ihre Lösung.

Ein weiterer Aspekt in Virginias Meisterschaft als Lehrerin war ihre Rollenflexibilität: „Jeder von uns kann ein Lehrer oder Schüler für den anderen sein." (1989) Das zog sich durch ihre gesamte Arbeit und war vor allem in der Art und Weise deutlich, in der sie die Familie dazu aufforderte, ihr Verständnis der Interaktionen untereinander zu verändern. Virginia war sehr direkt, doch sie war auch vorsichtig und wiederholte häufig, was sie verstanden hatte, und bat die Familie darum, sie zu verbessern.

Laß mal sehen, ob ich dich richtig verstanden habe. Also daß dein Vater ... die Art, wie er seine Gedanken rausbringt ... Er wird zu schnell ärgerlich, meinst du, oder sowas? (1988, S. 34)

Gut. Ich will Euch jetzt mal ein Bild zeigen, das ich gerade jetzt sehe. Ich will das nur mal hinkriegen, und dann helft Ihr mir, es zu überprüfen und so. ... Und das ist das Bild, das ich im Kopf habe von dem, was ich gelernt habe, und vielleicht paßt es gar nicht, aber es wäre ja möglich. (1988, S. 48)

Jedenfalls hab ich Sie das sagen gehört. Habe ich das richtig gehört? (1988, S. 62)

Wenn Familienmitglieder unterschiedlicher Meinung waren, sagte Virginia so etwas wie: „Jeder hat sein eigenes Bild." (1988, S. 46) oder: „Ist schon in Ordnung, das ist menschlich." (1988, S. 22) Auf diese Weise validierte sie die Erfahrung aller Beteiligten und vermied es, sich in dem Familienstreit um richtig und falsch auf eine Seite zu schlagen.

Virginias bevorzugte Phrasen, mit denen sie ihre Denkpausen ausfüllte, waren „Gut" und „In Ordnung (all right)", was wörtlich bedeutet „Alle sind (alles ist) in Ordnung".

Wenn jemand mit ihrer Beschreibung einer Erfahrung nicht einverstanden war, sagte sie in der Regel einfach: „Oh, dann habe ich mich geirrt" und bat den Betreffenden um eine Erläuterung. Oder sie akzeptierte die Aussage einfach und ging nahtlos zu etwas anderem über.

Als Therapeut von einer gleichberechtigten Position aus zu arbeiten, hat drei wichtige Vorteile. Erstens zeigt es, wie man den Kämpfen um oben/unten und Dominanz/Unterwerfung, die häufig die Kommunikation in einer Familie belasten und komplizieren, aus dem Weg gehen kann. Zweitens stellt es sicher, daß der Therapeut nicht in die Familienhierarchie verwickelt und so zu einem Teil des Problems, anstatt zu einem Teil der Lösung wird.

Und schießlich hat Virginias Betonung der Gleichberechtigung auch eine viel tiefere Bedeutung. Streit und Auseinandersetzung beruhen immer auf ungenügenden Informationen und der Wahrnehmung von Unterschieden. Wenn extreme Konflikte bestehen, nimmt jede Seite die andere als so verschieden wahr, daß sie sie für unmenschlich hält. Im Gegensatz dazu beruhen Verständnis und Mitgefühl auf vollständigerer Information und der Wahrnehmung von Ähnlichkeiten zwischen Menschen. Virginia konzentrierte sich auf die Gemeinsamkeiten zwischen Menschen, um so eine Würdigung der Tatsache zu ermöglichen, wie ähnlich wir in vielen Punkten sind. Virginia glaubte, daß mit einer ausreichend breiten Grundlage gemeinsamer Erfahrungen und Auffassungen jeder Streit beigelegt werden konnte. Im nächsten Beispiel bringt sie die Kindheitserlebnisse des Vaters in Erfahrung und zieht dann eine Parallele zu seinem Sohn:

VIRGINIA: Was meinen Sie, was hat Ihr Vater gemacht, wenn Sie die Anforderungen nicht erfüllen konnten?

CASEY: Er hat darauf bestanden, daß ich für meine jüngere Schwester verantwortlich bin, und er hat darauf bestanden, daß ich mich wie ein Mann verhalte, obwohl er mich immer wie ein Kind behandelt hat.

VIRGINIA: Das waren also zwei Botschaften. Sei ein Mann, aber sei kein Mann.

CASEY: Ja. Was ihn wirklich begeistert hat, war, als ich mit zwölf anfing, Motorradrennen zu fahren, und er dachte, das sei Machismo. Er rannte durch die Stadt und stellte mich all seinen Kumpels vor, besonders, wenn ich ein Rennen gewonnen hatte. Wenn ich gestürzt war oder so, dann war ich der schlechte Kerl. Ich mußte mich um meine Schwester kümmern.

VIRGINIA: Das wäre so, als ob Coby für Lucy und Lisa sorgen müßte. So etwa? (1988, S. 69f)

Anbieten positiver alternativer Wahlmöglichkeiten

Obwohl diese Technik jahrhundertelang gescheitert ist, versuchen viele immer noch, Problemverhalten direkt durch eine Art von Bestrafung zu unterbinden. Wenn die Milliarden Stunden, in denen Ratten untersucht worden sind, in der experimentellen Psychologie etwas bewiesen haben, dann die Tatsache, daß Bestrafung gelerntes Verhalten nicht löscht. *Bestrafung unterdrückt lediglich Verhalten, indem es einen Konflikt zwischen gegensätzlichen Motivationen erzeugt.* Die meisten Menschen haben genug Konflikte; sie brauchen nicht noch mehr. Im Gegensatz dazu wußte Virginia, daß Menschen, wenn man ihnen eine befriedigende Art der Interaktion zeigte, nicht zu schmerzhaften und destruktiven Interaktionsweisen zurückkehren wollen. Wie Mammy Yokum (Figur aus der „L'il Abner"-Comic Strip-Serie; Anm. des Übersetzers) vor vielen Jahren schon gesagt hat: „Gut ist besser als böse, weil es netter ist." Die meisten Therapeuten versuchen problematisches Verhalten zu *beseitigen.* Virginia fragte sich statt dessen: „Was kann ich dem Leben dieser Person *hinzufügen*, damit sie das Problemverhalten nicht mehr ausführen will?"

Ich verbringe keine Zeit damit, Verhalten zu unterbinden. Ich sage: „Das ist eine Fähigkeit, die sie erworben haben. Lassen Sie uns nun sehen, ob wir noch andere haben können." (1984)

Das sind keine schlechten Dinge, sie zeigen uns vielmehr nur, daß wir die Gelegenheit hatten, zu lernen. Das ist alles. Und alles, was gelernt worden ist, können wir lassen und einfach etwas anderes lernen. Wir müssen nicht erst etwas verlernen, um etwas anderes erlernen zu können. Es braucht nicht auf diese Weise zu geschehen. Also brauchen wir uns gar nicht darum zu kümmern, die Sachen wieder loszuwerden, die wir gelernt haben. Was wir tun müssen, ist, zu lernen was wir gelernt haben und dann daraus *die* Sachen auswählen, die wir besser lernen wollen oder auch ganz neue Sachen. (1984)

Nachdem Virginia dem Mann, Casey, geholfen hat, eine positive Reaktion von seiner Frau, Margie, zu erhalten, indem er seine Hand nach ihr ausstreckt, sagt sie:

Ist das ein neuer Gedanke? Daß Sie soviel Eindruck auf jemand machen können? (Casey: Ja.) Vielleicht können Sie ja etwas darüber lernen, was für einen Eindruck Sie wirklich machen. Sie haben eine ganze Menge darüber gelernt, wie das wirkt, wenn Sie brüllen. Diesen Eindruck kennen Sie. Aber es gibt noch 'ne Menge anderes. Das ist eins. Jetzt kennen Sie auch dieses Stück. (1988, S. 100-102)

Reframing von Verhaltensweisen und Wahrnehmungen

Virginia war zu Recht berühmt für ihre Fähigkeit, die Wahrnehmung, die andere von bestimmten Ereignissen hatten, so zu verändern, daß sie die gleichen Ereignisse positiver sahen. Das machte es leichter, Probleme zu lösen. Das Nörgeln einer Mutter wurde zum Beweis für ihre Anteilnahme; die Bestrafung durch den Vater für das Überschreiten der Ausgangszeit wurde zum Zeichen einer liebevollen Schutzhaltung.

Sie arbeitete einmal mit einer Frau, die als Kind von ihrem Vater mißhandelt worden war. Er hatte sie mit einer Peitsche geschlagen, dann zum Haus der Großeltern gefahren, dort abgesetzt und war nicht mehr wiedergekommen. Virginias Reframing war, daß die Tochter in dieser Weise zu verlassen das letzte Zeichen der Liebe von Seiten des Vaters war. Er hatte erkannt, daß er keine Kontrolle über sein Verhalten hatte, ließ sie daher im Haus der Großeltern zurück und besuchte sie nie wieder, um jede Möglichkeit auszuschließen, ihr je wieder zu schaden.

Virginias Vorannahme guter Absichten, das Ausschließen von Schuldzuweisungen und ihr Fokus auf gewünschte Ziele sind ebenfalls powervolle Reframes, die ihre ganze Arbeit durchziehen. Sie verändern die Bedeutung von Verhalten und Wahrnehmung auf eine Weise, die zu mehr positiven Gefühlen und mehr konstruktivem Verhalten führt. Es gibt zwei grundlegende Arten von Reframing: Kontextreframing und Bedeutungsreframing.

Kontextreframing stellt ein „Problem"-Verhalten in einen anderen Kontext, in dem es als wertvoll wahrgenommen werden kann. Ein Vater kann z.b. die „Eigensinnigkeit" seiner Tochter für etwas Schlechtes halten – bis er sich dieses Merkmal in einem Kontext vorstellt, in dem ein Mann mit schlechten Absichten versucht, seine Tochter auszunutzen. Jedes Verhalten kann in einem bestimmten Kontext nützlich sein. Selbst jemanden zu töten mag notwendig und nützlich sein, wenn es um Selbstverteidigung geht. Das Kontextreframing hängt von der Fähigkeit des Therapeuten ab, Kontexte zu finden, in denen der Klient ein „Problem"-Verhalten als wertvoll ansehen wird.

Ein weiterer Schritt besteht darin, das Verhalten in diesen nützlichen Kontexten als hilfreich anzuerkennen und dann nach alternativen Verhaltensweisen für die Kontexte zu suchen, in denen das betreffende Verhalten zu Problemen führt.

Virginia hat ein Problemverhalten häufig als vollkommen verständliche Reaktion auf einen *früheren* Kontext beschrieben, in dem die Informationen und das Verständnis der Person begrenzt waren.

VIRGINIA: Gut, Sie haben mir gesagt, daß Sie eine wunderschöne Erfahrung mit Ihrem Vater hatten und eine ganz schön schlimme Zeit mit Ihrer Mutter.

MARGIE: Richtig.

VIRGINIA: Jetzt will ich Ihnen erzählen, was mir das sagt, Margie ... und vielleicht können wir die Lücken ausfüllen. Sie hatten kein Modell dafür, wie eine Frau Mutter sein kann.
MARGIE: Richtig.
VIRGINIA: Gut, und das sagt mir weiter, daß bei Ihnen ein paar Sachen fehlen, um sich als Frau gut fühlen zu können.
MARGIE: Das ist wahr. (1988, S. 68)

Nachdem sie gezeigt hat, daß das Verhalten eines Dritten zu einem früheren Kontext gehört, geht Virginia dazu über, die Wahrnehmung und das Verständnis der Person zu verändern und zu ergänzen, damit sie in der Zukunft ein positiveres und nützlicheres Verhalten in dem betreffenden Kontext haben kann.

Bedeutungsreframing verändert die Bedeutung eines Verhaltens, während es das Verhalten im gleichen Kontext beläßt. Wenn ein Vater seinen Sohn anschreit, glaubt der Sohn möglicherweise, daß sein Vater ihn für schlecht oder nicht liebenswert hält. Wenn er wahrnimmt, daß die Absicht des Vaters darin besteht, das Leben seines Sohnes zu verbessern, seine Fähigkeit, das zu kommunizieren aber beschränkt ist, da sein eigener Vater ihn mißhandelte, verändert das die Bedeutung des Schreiens zu etwas Positiverem. Das wird das Verhalten des Sohnes darauf verändern, was wiederum das Verhalten des Vaters verändern wird. Es ist leicht jemanden anzuschreien, der wegschaut und vorlaute Bemerkungen macht; es ist viel schwerer jemanden anzuschreien, der Sie mit Zuneigung anlächelt.

Virginia reframte häufig, indem sie einfach ein anderes Wort gebrauchte, um ein Problemverhalten neu zu beschreiben. Die Konnotationen der neuen Beschreibungen führten dann zu positiveren Wahrnehmungen. Virginias neue Beschreibung für das wütende Verhalten des Vaters ist: „... die Art, wie er seine Gedanken rausbringt." (1988, S. 34) Wenn Caseys Frau ihre Hand ausstreckt, um ihn zu berühren und er sein Gefühl als „komisch" beschreibt, findet Virginia dafür die neue Beschreibung „Das ist neu". (1988, S. 94) Im weiteren Verlauf der Sitzung beschreibt sie Kritik neu als eine Gelegenheit, etwas zu lernen: „Also, als ich Sie gefragt habe, ob man Sie kritisieren kann, habe ich nur gemeint, ob Sie lernen können." (1988, S. 128)

Ich hörte Virginia einmal einem Teenager, der zwei seiner Klassenkameradinnen geschwängert hatte, sagen: „Nun, wenigstens wissen wir jetzt, daß du kräftigen Samen hast." Sie entschuldigte damit nicht sein Verhalten, sondern ermöglichte es sich selbst vielmehr, Schuldzuweisungen, Empörung und Angriffe zu umgehen und sich mit dem Teenager zu verbünden, damit sie beginnen konnten, gemeinsam auf Lösungen hinzuarbeiten.

Der größte Teil von Bandler und Grinders Buch *Reframing* ist ein Destillat der Reframing- und Verhandlungsmuster, die Virginia verwendete, um die Mitglieder einer Familie in eine gemeinsame und funktionsfähige Welt zu führen. *Reframing* beschreibt auch Prozeduren, die es erleichtern, diese wesentlichen therapeutischen Fähigkeiten zu erlernen.

Handlung

Ein weiteres powervolles Element in Virginias Effektivität war ihr Beharren auf Handlung. Sie wußte, daß Menschen sich nur verändern, wenn sie die Ereignisse oder Wahrnehmungen voll erleben, die durch Worte nur angedeutet werden können.

Worte haben keine Energie solange sie nicht ein Bild auslösen. Das Wort an sich hat nichts, überhaupt nichts. Eine der Fragen, mit denen ich immer in Verbindung bleibe, ist: „Was sind die Worte, die für Menschen Bilder auslösen?" Menschen folgen dann dem Gefühl des Bildes. (1989)

Virginia wies häufig darauf hin, daß Menschen dazu neigen, bei Verhaltensweisen zu bleiben oder zu Verhaltensweisen zurückzukehren, die vertraut sind. Eine neue Verhaltensweise aktiv einzuüben ist ein Weg, um sie vertraut werden zu lassen. Virginia schlug häufig vor, was jemand sagen könnte und wie er es sagen könnte. Sie sagte es manchmal sogar anstelle der Person, und demonstrierte dabei nonverbal genau, wie sie sie handeln sehen wollte.

Während Sie sich an neues Verhalten herantasten und sich erlauben, es auszuführen, wird es Ihnen langsam vertraut. Daher besteht ein Schritt in Richtung auf Veränderung darin, so zu tun

„als ob". Vor langer Zeit war es noch so, daß man als Betrüger galt, wenn man so tat „als ob". Was es jedoch bewirkt ist, daß es unserem System eine Reihe neuer Dinge anbietet, auf die es reagieren kann... Immer wenn ich Menschen dabei helfen will, etwas zu tun was angenehm für sie ist, anstatt etwas, das sie gewohnt waren zu tun, helfe ich ihnen dabei, sich etwas zu überlegen, damit sie diese neue Möglichkeit vor meinen Augen einstudieren können. (1989)

Nachdem die zehnjährige Lisa auf das Weinen ihrer Mutter mit den Worten reagiert „Alles war so traurig und so" und beschreibt, daß sich die Familienmitglieder unerwünscht fühlten, setzt sich der Dialog in folgender Weise fort:

VIRGINIA: Ich will dir jetzt mal einen Vorschlag machen, und vielleicht hilft das ja. Ich werde mal rausfinden, ob alle in der Familie wissen, wie man sich fühlt, wenn man unerwünscht ist, aber ich frage mich, was passieren würde, wenn du dich so fühlst und sagen würdest: „Wißt ihr, jetzt gerade hab ich das Gefühl, niemand liebt mich." Was glaubst du, was passiert, wenn du das in Worte faßt?

LISA: Meine Mutter würde wahrscheinlich sagen, daß sie mich doch liebhat.

VIRGINIA: Also deine Mutter würde vielleicht zu dir kommen und sagen, daß sie dich liebhat? Und würde das helfen?

LISA (nickt): Das würd' mich einfach wieder froh machen.

VIRGINIA: Das würde dich wieder froh machen. Gut. Du sitzt jetzt da, aber könntest du vielleicht sagen, einfach zur Übung, so daß dich jeder hören kann und du dich hören kannst: „Grad jetzt hab' ich das Gefühl, niemand hat mich lieb." Würdest du das mal sagen?

LISA: Grad jetzt hab' ich das Gefühl, niemand hat mich lieb. (1988, S. 76)

Während die Familienmitglieder neue Wege der Kommunikation ausprobierten, achtete Virginia genau auf nonverbales Verhalten, um zu sehen, ob sie kongruent waren. Wenn sie Inkongruenz bemerkte, fragte sie sie nach ihren Wahrnehmungen und Gefühlen, um ihre Erfahrung und Kommunikation vollkommener und verständlicher zu machen. Sie fragte vor allem nach den Gefühlen und Sehnsüchten, die unausgesprochen unter den harten Worten oder dem kühlen Schweigen lagen. Virginia ging davon aus, daß solche Sehnsüchte durch klarere Kommunikation erfüllt werden könnten.

Jetzt will ich aber sichergehen. Du hast da einen Gesichtsausdruck, der nicht – ich weiß nicht genau, was du jetzt gerade fühlst, Susie – ob du wirklich meinst, daß das ein ernsthafter Handel ist? (1988, S. 44)

VIRGINIA: Wie haben Sie sich übrigens gefühlt, Margie, als Lisa zu Ihnen kam, als Sie weinten?

MARGIE: Gut.

VIRGINIA: Würden Sie ihr das sagen?

MARGIE (sieht Lisa an): Ich hab mich gut gefühlt. Geborgen. (1988, S. 84)

Nachdem sie einem oder mehreren der Familienmitglieder geholfen hatte, Veränderungen zu vollziehen, forderte Virginia sie gewöhnlich auf, miteinander wieder eine Interaktion zu beginnen, damit sie beurteilen und testen konnte, was sie erreicht hatte. Wann immer Virginia ein verbales oder nonverbales Verhalten bemerkte, das eine klare Kommunikation stören könnte, unterbrach sie, um das zu klären und zeigte den Anwesenden, wie sie Informationen sammeln und Einwände auflösen könnten. Auf diese Weise lehrte sie sie, ihre Kommunikation zu verfeinern und dadurch angemessene positive Reaktionen in anderen Familienmitgliedern auszulösen.

Nachdem sie andere Familienmitglieder gefragt hat, um zu bestätigen, daß sie sich alle gelegentlich ungeliebt fühlten, fragt Virginia die ganze Familie:

Was würde passieren, wenn ihr das in Worte faßt, wenn ihr das Gefühlt habt, so wie Lisa gerade? Was glauben Sie, Casey, was passiert, wenn Sie das aussprechen? „Gerade jetzt hab' ich das Gefühl, niemand hat mich lieb?"

CASEY: Hab' ich. Ich hab' das früher schon ausgesprochen.

VIRGINIA: In diesen Worten?

CASEY: Na, die kümmern sich einen Dreck um mich.

35

VIRGINIA: Oh, das ist eine ganz andere Sache. (*Steht auf und zeigt mit dem Finger auf Casey:*) Weil Sie wissen, was das heißt – „Ihr solltet euch aber um mich kümmern" – und das sagt nicht: „Ich fühle mich jetzt ungeliebt." (*Sie setzt sich, hält aber immer noch Blickkontakt mit Casey.*) (1988, S. 78)

Virginia nutzte Handlung, um Hoffnungen und Sehnsüchte in Verhalten zu übersetzen, das diese Hoffnungen und Sehnsüchte befriedigte und achtete dabei darauf, daß die Kommunikation sowohl verbal wie auch nonverbal klar und eindeutig war. Wann immer andere Familienmitglieder reagierten, klärte sie ihre Kommunikation in der gleichen Weise. Nachdem Margie den Wunsch geäußert hat ihrem Mann näher zu sein, sagt Virginia:

Also, wenn Sie jetzt tun, was Sie wünschen – machen Sie's und wir werden sehen, was passiert. (*Margie beugt sich vor und faßt Caseys Knie an.*) Was Sie da tun – Sie könnten es viel einfacher haben, wenn Sie sich hierhin setzen würden.

MARGIE: Gut. Anstatt mich vorzubeugen. (*Margie sitzt jetzt gegenüber von Casey, sehr nahe bei ihm, berührt sein Knie und lächelt ihm zu.*)

VIRGINIA: Jetzt ist mir was aufgefallen, was passiert ist, als Sie das gemacht haben. Was ist passiert?

MARGIE: Er hat sich ein bißchen zurückgezogen.

VIRGINIA: Haben Sie das gesehen?

MARGIE: Vielleicht weiß er nicht genau, was er fühlt.

VIRGINIA: Ich hab' ein paar Bewegungen gesehen und ich weiß es nicht. Sie können Casey fragen, was er getan zu haben glaubt. Ich hab' erst eine Vorwärts- und dann eine Rückwärtsbewegung gesehen. (*Sieht Casey an:*) War es das, was Sie gemacht haben?

CASEY: Hm.

VIRGINIA: Gut. Wie fühlen Sie sich dabei, daß Margie riskiert, Ihnen ihrem Wunsch entsprechend näherzukommen?

CASEY: Komisch.

VIRGINIA: Gut. Das ist neu.

CASEY: Hm.

VIRGINIA: Jetzt sind Sie über das komische Gefühl weg, und wie fühlt es sich an, sie hier zu haben?

CASEY: Wie früher.

VIRGINIA: Und das heißt...?

CASEY: Na, es ist schön.

VIRGINIA: Ich möchte, daß Sie ihr das sagen.

CASEY: Es war schön. Wie ein warmes, verschwommenes... (1988, S. 92-94)

Die *Familienskulptur* war eine von Virginias berühmten Methoden, um Worte in Handlung zu verwandeln. Es half ihr dabei, das Interaktionssystem der Familie so darzustellen, daß die einzelnen Familienmitglieder sich selbst deutlicher sehen konnten. Sie ordnete Familienmitglieder wie in einem Stilleben oder in einer Skulptur an, die ihre typische Interaktionsweise ausdrückte – ihr Unterstützen, Klammern, Anklagen, Beschwichtigen, Einschließen, Ausschließen, ihre Distanz und Nähe, ihre Macht- und Kontaktverhältnisse, usw. Manchmal fügte sie Hilfen hinzu, wie z.b. Seile, um die Art und Weise zu dramatisieren, in der sich Familienmitglieder gegenseitig durch rigide Regeln und Rollen, Ängste und Gebote beschränkten.

Bei anderen Gelegenheiten verwandelte sich die ursprüngliche Skulptur in eine Skulptur in Bewegung oder ein „Streßballett", das eine Sequenz von Interaktionen zwischen Familienmitgliedern darstellte. Diese vereinfachten Dramatisierungen boten den Familienmitgliedern Einsicht in wiederkehrende Prozesse, die ihre Interaktionen, unabhängig vom Inhalt, charakterisieren. Wenn Virginia ihnen neue Möglichkeiten der Interaktion zeigte, machten sich diese Veränderungen gewöhnlich in einer Vielzahl von Situationen bemerkbar.

Virginia bewegte sich auch selbst recht viel, um abwechselnd mit verschiedenen Familienmitgliedern Körperkontakt herzustellen. Sie unterbrach unproduktive Interaktionen häufig, indem sie sich so zwischen die Teilnehmer stellte, daß sie sich nicht mehr sehen konnten. (Als ich Virginia Anfang der 60er Jahre zum ersten Mal sah, wurde ihre Körpergröße von 1,80 m noch durch 8 cm hohe Absätze und eine hochtoupierte Frisur betont – im wahrsten Sinne des Wortes eine Riesin unter Therapeuten.)

Indem sie Familienmitglieder dazu zwang, auf sie anstatt auf einander zu reagieren, fiel es ihr leichter, eine positivere Reaktion zu bewirken. Nachdem sie eine bessere Reaktion erreicht hatte, trat sie zur Seite und erlaubte es den Familienmitgliedern, wieder zu interagieren. Als das Paar in *Familientherapie in Aktion* einen Impasse erreicht, in dem sie ungünstig auf den Anblick des anderen reagieren und Virginia unterbricht und mit der Frau allein arbeiten will, stellt sie sich, der Frau zugewandt, zwischen die beiden:

VIRGINIA: Gut, warten Sie mal ein bißchen. *(Casey schüttelt den Kopf und lacht mit einem ungläubigen Ausdruck.)* Ich mache das jetzt *(Virginia rückt ihren Stuhl vor Margie, so daß Margie Casey nicht mehr sehen kann. Gleichzeitig legt sie ihre Hand nach hinten auf Caseys Knie.)*, weil ich möchte, daß wir verbunden sind. Sie wünschen etwas, und das ist... ich mach das nämlich absichtlich *(bezieht sich scherzhaft darauf, daß sie Casey verdeckt.)* Sie wünschen, daß Sie Berührungskontakt mit ihm haben. (1988, S. 90)

Nachdem sie mit der Frau gearbeitet hat, um zu klären, was sie will und auf ihre Einwände einzugehen, geht Virginia zur Seite und erlaubt ihnen, so wieder miteinander zu kommunizieren, während sie ihre Kommunikation verfolgt.

Assoziation / Dissoziation

Wenn jemand sich an eine Problemsituation erinnert, so kann er diese Erinnerung auf zwei sehr verschiedene Weisen erleben.

Bei einer *assoziierten* Erinnerung erlebt die Person das Ereignis vollständig wieder, so als ob es in der Gegenwart noch einmal passiert. Sie sieht das, was geschah, aus ihren eigenen Augen und hört und fühlt das, was sie gehört und gefühlt hat, als es tatsächlich geschah.

Im Gegensatz dazu kann man ein Ereignis auch von einem *dissoziierten* Standpunkt erinnern, so als wäre man ein unbeteiligter Beobachter, der einen Film oder eine Videoaufzeichnung verfolgt, in der jemand anderer das Ereignis durchlebt. Von einem dissoziierten Standpunkt aus sieht und hört die Person alles, was geschah, doch ihre Gefühle ähneln den viel schwächeren Gefühlen eines unbeteiligten Beobachters.

Die assoziierte Erinnerung eines Problems löst starke unangenehme Gefühle aus, die eine powervolle Motivation für Veränderung bewirken. Man kann jedoch häufig in diesen starken Gefühlen
und dem bloß assoziierten Standpunkt steckenbleiben; das erschwert es, sich zu ändern. Menschen in dieser Position sind sich
gewöhnlich auch nicht ihres eigenen Verhaltens bewußt und mer-
ken nicht, wie es zu Reaktionen in anderen führt, die zu dem
Problem beitragen.
Ein dissoziierter Standpunkt befreit dagegen von den unangenehmen Gefühlen, die mit einem Problem verbunden sind. Das
macht es leichter, ein Problem objektiver zu beobachten und ver-
nünftiger und kreativer darauf zu reagieren. Von diesem Standpunkt
aus kann man die gleichen Ereignisse auch beobachten und dabei
verfolgen, wie man sich selbst verhalten hat und wie andere darauf
reagiert haben. Das bietet buchstäblich eine breitere Perspektive mit
mehr Informationen darüber, was man tun kann, um die Kommunikation oder Interaktion zu verbessern.
Zusammengefaßt löst *Assoziation* starke Gefühle aus, die eine Motivation für Veränderung bieten können, während *Dissoziation* weniger
intensive Gefühle, mehr Information und besseren Zugang zu krea-
tiven Ressourcen bewirkt, die dabei helfen können Probleme zu lösen.
Virginia war sehr geschickt in ihrem Gebrauch von Assoziation
und Dissoziation, um Motivation herzustellen und Veränderung zu
bewirken. Wenn sie wollte, daß eine Familie die Muster voll erlebte,
die sie wahrgenommen hatte – z.b., daß jeder dem Vater die Schuld
gab – sagte sie:

„Bösewicht" ist ein Gefühl, als ob alle Leute mit dem Finger auf
einen zeigen. Lassen Sie mich mal ein Bild beschreiben, wie Casey
sich dabei fühlen könnte, in Ordnung? Steht mal alle auf und
zeigt mit dem Finger auf euren Vater. Nein, steht auf und macht
das. (*Alle stehen auf und zeigen mit dem Finger auf Casey.*) Wenn er
sich innerlich so fühlt, dann hat er wahrscheinlich das Gefühl, alle
denken: „Ich bin ein Bösewicht." Fühlen Sie das?

CASEY: Ja.

Da Virginia möchte, daß Casey das noch etwas stärker erlebt,
bittet sie die Familienmitglieder damit fortzufahren und fordert
Coby, den Sohn, auf, es „noch etwas stärker zu machen".

VIRGINIA: Jetzt sehen Sie sich mal eine Weile die Finger an, Casey. Zeigt alle mit dem Finger auf euren Vater. Ein bißchen deutlicher, Coby. Sehen Sie sich die Finger an. Könnten Sie mal irgendeinem von den Leuten sagen, wie Sie sich bei all diesen ausgestreckten Fingern fühlen, Casey?

CASEY: Ja. Ich mag das nicht.

Im Gegensatz dazu schaffte Virginias Reframing fast ausnahmslos implizit einen dissoziierten Standpunkt, eine neue Perspektive für Probleme. Wenn sie Personen aufforderte, eine Familienskulptur oder ein Ballett darzustellen, assoziierten die Familienmitglieder in vertraute Rollen. Da Virginia jedoch Verhaltensweisen umbenannte und die Familienmitglieder aufforderte, diese Verhaltensweisen absichtlich auszuführen, erfolgten sie in einem neuen und breiteren Kontext.

Jedes Familienmitglied kann sehen, wie es selbst an dem Ballett der Familininteraktionen teilnimmt. Auch wenn Menschen spontan dazu neigen zu dissoziieren, gab Virginia explizite Anweisungen, um sicherzustellen, daß sie *Bilder* machten. Nachdem sie eine Skulptur konstruiert hatte, die die Hackordnung der Kinder in der Familie darstellte, sagte Virginia: „Mach einfach ein Bild draus – gut so. O.k., laß die Hand unten. Wir machen das einfach so, als ob wir Bilder zeigen." (1988, S. 50)

Indem sie von den Skulpturen als „Bildern" sprach, behandelte sie sie als etwas, das man von außen ansehen konnte und gab den Familienmitgliedern damit einen neuen, dissoziierten Standpunkt. Nachdem sie diesen Prozeß beendet hat, wendet sie sich an die Mutter und sagt: „Haben Sie so ein Bild schon mal gesehen, Margie?"

MARGIE: Ganz bestimmt. Ja.

VIRGINIA: Haben Sie das Bild schon mal gesehen, Casey? (*Casey nickt.*) (1988, S. 52)

Jedes Mal, wenn ein Familienmitglied etwas Positives sagte, bestand Virginia darauf, daß es das in einer Weise tat, die es direkt gefühlsmäßig mit jemand anderem verband, um beide in das positive Gefühl der Erfahrung hineinzuassoziieren.

VIRGINIA: Gut, ich hätte jetzt gern, daß Sie Casey ansehen und mit Ihren Händen seine Haut fühlen und mir sagen, was Sie fühlen. (*Casey grinst.*)

MARGIE: Warm.

VIRGINIA: Gut. Sagen Sie's ihm, denn er ist da. Ich weiß das alles schon.

MARGIE (sieht Casey in die Augen): Du bist warm und du bist weich. Fühlt sich gut an.

VIRGINIA: Und wie fühlen Sie sich jetzt, wenn Sie das zu Casey sagen? Gerade jetzt?

MARGIE: Gut und ganz.

VIRGINIA: Und wie fühlen Sie sich, wenn Sie das hören?

CASEY: Fühlt sich ziemlich gut an. (1988, S. 96)

VIRGINIA: Wenn das passiert, wenn Casey sich Ihnen zuwendet, wie jetzt, was ist das für ein Gefühl?

MARGIE: Ein prickelndes Gefühl.

VIRGINIA: Prickelnd. Sagen Sie es ihm. „Du machst mich prickelig."

MARGIE (sieht Casey an): Du machst mich prickelig. Ich hab ein prickelndes Gefühl hier. (1988, S. 100)

„Ein prickelndes Gefühl" scheint einfach im Raum zu schweben, ohne Verbindung zu irgend jemand. „Du machst mich prickelig" – auch wenn es ungelenk klingt – bringt Margie in eine assoziierte, positive Interaktion mit ihrem Mann zurück. Achten Sie auch darauf, daß Margie mit „Ich hab ein prickelndes Gefühl hier" spontan zu einer Dissoziation zurückkehrt.

Ausdruckskraft

Virginia wartete nicht einfach darauf, daß jemand sich positiv verhielt; sie bewirkte aktiv Verhaltensweisen von Familienmitgliedern, indem sie nach Gefühlen und Wahrnehmungen fragte, die nicht klar ausgedrückt worden waren und indem sie Familienmitglieder aufforderte, ihre Positionen zu tauschen und verschiedene Rollen zu spielen. Ihr nonverbales Verhalten war für das Auslösen von Verhalten noch wichtiger. Ihre legendäre Kongruenz und Berührung, die Veränderungen ihrer Tonalität, ihrer Sprechgeschwindigkeit und Lautstärke sowie ihre Mimik und Gestik waren powervolle nonverbale Elemente, die Reaktionsbereitschaft bei den Familienmitgliedern hervorriefen. Wie Videoaufzeichnungen von Virginia zeigen, konnte man kaum in ihrer Gegenwart sein, ohne in irgendeiner Weise stark bewegt zu sein. Jedesmal, wenn Virginia positive Reaktionen bewirkte, nutzte sie diese, um Familienmitglieder wieder miteinander in Verbindung zu bringen. Diese gemeinsame Verbindung wurde zu einer Grundlage für die Familie, um ihre Schwierigkeiten zu überwinden. Die Auszüge aus dem vorhergehenden Abschnitt enthalten zwei Beispiele dafür. Andere Beispiele erscheinen in dem Abschnitt „Handlung" und „Verstärken positiver Gefühle und Verhaltensweisen".

Humor

Eine der Reaktionen, die Virginia sehr häufig hervorrief und nutzte, war Humor. Ihre Sitzungen waren voller Humor, selbst dann, wenn die Familie mit Problemen rang, die ihnen großes Unglück bereiteten.

Humor ist aus zwei eng miteinander verbundenen Gründen wertvoll: er ist angenehm und lockert den gefühlsmäßigen Zustand der Person auf. In einem lockereren Zustand sind Menschen flexibler und kreativer und haben mehr persönliche Ressourcen zur Verfügung, um Probleme in ihrem Leben und ihren Beziehungen zu lösen. Selbst ein sehr ernstes Problem kann leichter gelöst werden, wenn man es nicht *zu* ernst nimmt. (Das sollte nicht mit abwehrendem Humor verwechselt werden, der Probleme einfach abtut und leugnet.)

Wenn jemand ein Problem hat, steckt er gewöhnlich in dem Problem fest, ist voll darin assoziiert, mit einer unangenehmen Perspektive, starken Gefühlen und ohne Alternativen. Wenn man die gleiche Situation auf humorvolle Weise sehen kann – selbst nur für kurze Zeit –, so impliziert das, daß man *sich selbst – dissoziiert – in der Situation sieht, anstatt in der Situation zu sein.*

Humor bietet buchstäblich wenigstens eine alternative Sichtweise für ein Problem. Auch wenn diese Sichtweise nicht hilfreich ist, ist es ein sehr viel besserer Ausgangspunkt, um damit zu beginnen, *andere* Sichtweisen auszuprobieren (anstatt in der Situation festzustecken). Humor kann es erleichtern, andere Sichtweisen zu erleben und von diesen zu lernen. Die Sichtweisen anderer an dem Problem beteiligter Personen sind auch hilfreich, da sie wahrscheinlich andere Wahrnehmungen und Reaktionen haben.

Virginia war ein Meister darin, sensible und schmerzhafte Themen mit Humor zu behandeln. Im Gegensatz dazu werden die meisten Therapeuten – viele von Virginias Schülern eingeschlossen – zu schnell zu ernst und bleiben stecken. Virginia führte Menschen durch ernste Probleme, aber in der Regel erst *nachdem* sie diese Probleme mit Humor behandelt hatte. Das erlaubte es ihr, zu Humor zurückzukehren, die Ernsthaftigkeit aufzulockern und den Menschen zu helfen, mit neuen Perspektiven zu experimentieren. Indem sie das wiederholt tat, zeigte Virginia ihnen zuerst, wie sie ihre Gefühle vollständig anerkennen und ausdrücken und dann zu einem lockereren Zustand übergehen könnten, in dem es leichter war, Lösungen für Probleme zu finden.

„Nach meiner Erfahrung sind die Dinge am lustigsten, die auch am tiefgehendsten sind." (1984)

Verschieben des Bezugsindex

Assoziation und Dissoziation können zusammen gebraucht werden, um es jemanden zu erleichtern, das Erleben einer anderen Person zu erfahren und „eine Meile in seinen Mokassins zu gehen", um die Perspektive dieser Person zu verstehen.

Der erste Schritt besteht darin, von seiner eigenen Perspektive zu dissoziieren und dann in den Standpunkt der anderen Person hineinzuassoziieren. Ereignisse aus der Perspektive einer anderen Person zu sehen bietet wertvolle Information, um Schwierigkeiten zu lösen. Diese Information kann besonders nützlich sein, wenn sie mit einer dritten, objektiveren Perspektive verbunden ist, die zeigt, wie Sie und die andere Person zusammen interagieren und aufeinander reagieren. Anschließend finden Sie eine Übung mit dem Titel „Machen Sie sich Ihre eigene Weisheit als Eltern zugänglich". Sie zeigt Ihnen, wie Sie diese Erfahrung bei Kindern einsetzen können. Die Übung ist dem Kapitel „Positiv Eltern sein" aus *Mit Herz und Verstand* (1992, S. 156-158) entnommen.

Finden Sie zuerst einen bequemen, ruhigen Platz, wo Sie einige Minuten ungestört sein können. Nehmen Sie sich einen Moment Zeit, um sich zu entspannen und sich wohlzufühlen, damit es noch einfacher für Sie ist, vom folgenden Verfahren zu profitieren.

Schritt 1. Denken Sie an eine schwierige Situation mit Ihrem Kind. Vielleicht hat Ihr Kind irgend etwas gemacht, von dem Sie nicht wußten, wie Sie damit umgehen sollen, oder was Sie die Wände hochtreibt. Machen Sie sich wegen irgendeiner Seite Ihres Kindes Sorgen? Sie werden vermutlich irgend etwas auswählen, was Ihr Kind macht, oder irgend etwas, was die Gefühle Ihres Kindes betrifft. Dabei werden Sie den größten Nutzen davon haben, dies zu tun, wenn Sie irgend etwas nehmen, was wiederholt passiert.

Schritt 2. Lassen Sie den Film, den Sie sich von dieser Situation machen, aus Ihrem eigenen Blickwinkel aus ablaufen. Erleben Sie die Episode erneut. Stellen Sie sich vor, Sie durchlaufen mit Ihrem Kind wieder dieselbe Situation. Beginnen Sie am Anfang, während Sie aus Ihren eigenen Augen herausschauen und neu erleben, was wirklich passierte. Achten Sie darauf, welche Information für Sie verfügbar ist, wie Sie sich fühlen, und was Sie sehen und hören. Falls Sie jemand sind, der nicht „visualisiert", ist es auch okay. Sie können einfach „spüren", daß Sie die Situation von Ihrem eigenen Blickwinkel her erneut erleben; die Methode wird genauso funktionieren. Vielleicht wollen Sie verschiedene Beispiele für diese Situation durchgehen.

Schritt 3. Erleben Sie die*selbe* Situation erneut, aber *als Ihr Kind*. Lassen Sie Ihre Filme über diese Situation von der Position Ihres *Kindes* aus ablaufen. Gehen Sie zum Anfang derselben Situation zurück, die Sie in Schritt 2 erneut erlebt haben. Halten Sie Ihren „Film" genau an der Stelle an, bevor die Situation anfing. Bevor Sie den Film abspielen, schauen Sie *dieses Mal* hinüber zu Ihrem Kind. Achten Sie darauf, welche Haltung Ihr Kind einnimmt, wie es sich bewegt, atmet, etc. Hören Sie den Klang der Stimme Ihres Kindes. *Steigen Sie jetzt in Ihr Kind hinein.* Nehmen Sie sich einen Moment Zeit, um *zu* Ihrem Kind zu *werden.* Sie bewegen sich jetzt wie Ihr Kind, atmen wie Ihr Kind, klingen so, wie Ihr Kind klingt, sehen aus den Augen Ihres Kindes heraus, und haben die Gefühle Ihres Kindes. Lassen Sie sich auf diese Erfahrung ein, während Sie jetzt den Film dieser Situation voranlaufen lassen. Falls Sie nicht sicher sind, ob Sie „wirklich" Ihr Kind sind, ist das okay. Machen Sie es einfach, und achten Sie darauf, was Sie lernen können.

Nehmen Sie sich so viel Zeit, wie Sie brauchen, um diese Situation als *Ihr Kind* zu erleben, und achten Sie darauf, welche neue Information für Sie verfügbar ist. Werden Ihnen Gefühle bewußt, die Ihr Kind haben könnte, die Ihnen von Ihrem Erwachsenen-Blickwinkel aus nicht bewußt waren? Bemerken Sie als Ihr Kind irgend etwas, was Ihr Kind möchte oder braucht, dessen Sie sich nicht bewußt waren? Was für ein Gefühl haben Sie, was Ihr Kind in seiner/ihrer Welt erlebt, und wie es damit umgeht?

Was bemerken Sie bezüglich Ihres eigenen Verhaltens, während Sie aus der Position Ihres Kindes heraus beobachten und zuhören? Erscheint Ihnen Ihr Verhalten aus diesem Blickwinkel heraus gesehen anders? Nehmen Sie im Moment einfach zur Kenntnis, was Sie erfahren, wenn Sie dies machen. Falls Sie bemerken, daß der Teil Ihres eigenen Verhaltens von der Position Ihres Kindes aus sehr unangemessen erscheint, können Sie sich freuen, daß Sie eine neue und nützliche Information bekamen. Falls Sie etwas darüber erfahren, wie Ihr Kind sich womöglich fühlt, können Sie ebenfalls erfreut sein.

Schritt 4. Erleben Sie diese Situation als „Beobachter". Lassen Sie dieselben Filme erneut ablaufen, aber diesmal als Außenstehender. Beobachten und hören Sie das Erlebnis von einem Blickpunkt aus, der daneben liegt, was Ihnen ermöglicht, sowohl sich als auch Ihr Kind gleichzeitig zu sehen. Beobachten Sie das Erlebnis so, als ob Sie einen Film über jemand anderes sehen würden.

Achten Sie darauf, was Sie in dieser Position erfahren. Bemerken Sie irgend etwas bezüglich der Art, in der Sie und Ihr Kind aufeinander reagieren? Wie sehen die Dinge aus, und wie klingen sie für Sie als äußerer Beobachter? Was sehen Sie klarer bezüglich sich und bezüglich Ihrem Kind?

Nachdem der Sohn in dem Transkript aus dem Buch *Familien-therapie in Aktion* gesagt hat, daß er sich wünschte, sein Vater sei in der Lage seine Wut zu beherrschen, fragt Virginia ihn: „Weißt du, wie es ist, wenn man wütend ist?" (1988, S. 36) und etwas später: „Ich überlege mir, ob du weißt, wie das ist, wenn man sehr wütend ist." (1988, S. 36) Beide Interventionen laden den Sohn dazu ein, in die Gefühle seines Vaters zu schlüpfen, um zu verstehen, in welcher Weise sie sich beide ähnlich sind. Obwohl das eine von Virginias typischen Interventionen war, gibt es nur wenige Beispiele davon in dem älteren Transkript (1974), das in dem Buch *Familientherapie in Aktion* nachzulesen ist. Das neuere Transkript (1986) in diesem Buch enthält dafür eine Fülle von Beispielen.

Verstärken positiver Gefühle und Verhaltensweisen und Unterbrechen destruktiver Kommunikation

Virginia ergriff jede Gelegenheit, um Familienmitglieder dazu zu bringen, Gefühle wahrzunehmen und auszudrücken, die die Familie näher zusammenbringen würden – und wob so sorgfältig und geduldig die auf diese Weise aufgetrennte Familie mit ihren liebe-vollen Händen wieder zusammen. Mehrere der Auszüge in den Abschnitten „Handlung" (S. 33) und „Assoziation/Dissoziation" (S. 38) sind hervorragende Beispiele dafür.

Virginia nahm auch jede Gelegenheit wahr, um Kommunikatio-nen zu unterbrechen, die die Familie auseinanderbringen könnten. Gewöhnlich tat sie das mit dem direkten Befehl: „Einen Moment mal", den sie langgezogen aussprach oder mehrmals wiederholte. Dann verwandelte sie die schädigende Kommunikation in eine positive Verbindung. Der Abschnitt „Handlung" (S. 33) enthält ein Beispiel dafür; hier folgt ein weiteres. Sofort nachdem Casey sagt: „Es war schön. Wie ein warmes, verschwommenes...", wendet Virginia sich Margie zu und fragt: „Wie fühlen Sie sich dabei?"

MARGIE: Ich bin nicht einverstanden.

VIRGINIA: Womit sind Sie nicht einverstanden?

MARGIE: Immer wenn ich auf ihn zugehe...

VIRGINIA: Moment mal, wir sind jetzt hier. (Margie: Ja, stimmt.) Sehen Sie mich bitte an, und hören Sie mal genau zu. Sie haben eine lange Geschichte – ich weiß, daß Sie eine lange Geschichte haben, und ich kenne sie nicht, und ich hab so eine Ahnung, daß Sie oft nicht sehen, was vor Ihren Augen passiert, weil alles damit zugedeckt wird, was Sie erwarten, denn das haben Sie jetzt fast getan. Verstehen Sie mich? (Margie: Hm.) Gut, ich hätte jetzt gern, daß Sie Casey ansehen und mit Ihren Händen seine Haut fühlen und mir sagen, was Sie fühlen. (*Casey grinst.*)

MARGIE: Warm.

VIRGINIA: Gut. Sagen Sie's ihm, denn er ist da. Ich weiß das alles schon.

MARGIE (*sieht Casey in die Augen*): Du bist warm und du bist weich. Fühlt sich gut an.

VIRGINIA: Und wie fühlen Sie sich jetzt, wenn Sie das zu Casey sagen? Gerade jetzt?

MARGIE: Gut und ganz.

VIRGINIA: Und wie fühlen Sie sich, wenn Sie das hören?

CASEY: Fühlt sich ziemlich gut an. (1988, S. 96)

Immer, wenn jemand in der Familie Gefühle ausdrückte, die die Familie näher zusammenbrachten, strahlte Virginia diese Gefühle aus. Ihre Stimme wurde leiser, tiefer, zittrig, und sie verschluckte die d's in ihrer Aussprache. Wenn sie später wieder wollte, daß die Familienmitglieder mit ihren Gefühlen in Kontakt kamen, wurde ihre Stimme wieder leise und zittrig – eine nonverbale Einladung dazu, auf Gefühle aufmerksam zu werden und sie auszudrücken.

Identifizieren und Infragestellen einschränkender Glaubenssätze

Menschen, die in Schwierigkeiten sind, sehen Dinge oft „schwarz/ weiß" und drücken das häufig durch Aussagen aus, die Übergeneralisierungen darstellen. Ein Hinweis auf solche einschränkenden Glaubenssätze ist der Gebrauch von Universalquantifikatoren,

Worten wie „alle", „immer", „jedesmal", „jeder", „völlig" und ihren Verneinungen „keine", „alle", usw. Eine Möglichkeit, um Übergeneralisierungen in Frage zu stellen, besteht darin, sie auf ein spezifisches Beispiel zurückzuführen. An einer Stelle des Buches entwickelt sich folgender Dialog:

VIRGINIA (zu Margie): Teilen Sie einfach Casey jetzt mit, was Sie gefühlt haben, als er gerade von diesem bestimmten Vorfall sprach.

MARGIE: Verletzt.

VIRGINIA: Verletzt. Gut. In Ordnung. Können Sie sagen, worum es bei der Verletzung geht?

MARGIE: Die Familie.

VIRGINIA: Nein, ich meine jetzt, hier. Wir sind hier.

MARGIE: Es tut mir weh. Gefühlsmäßig tut es mir weh.

VIRGINIA: Und was hat Ihnen wehgetan?

MARGIE (vorwurfsvoll): Weil wir keinen Vater haben.

VIRGINIA: Moment mal. (Spricht ganz langsam und deutlich:) Moment mal. Sie sind im Augenblick, verzeihen Sie, aber im Augenblick sind Sie in einem Museum. Ich möchte noch mal zu was anderem zurück. Ich habe gerade Casey gefragt, er solle Sie um etwas bitten. Richtig? Und er war sehr abstrakt, und da habe ich ihn aufgefordert, konkret zu werden. Also, war es das, daß Casey etwas an Ihnen zu kritisieren hatte, das Sie verletzt hat?

MARGIE: Ja. (1988, S. 102-104)

In diesem Abschnitt schraubt Virginia die Übergeneralisierungen „Verletzung" wegen der „Familie" und „Wir haben keinen Vater" darauf zurück, daß die Mutter gekränkt ist, weil sie kritisiert worden ist. Dabei verwandelt Virginia auch Margies allgemeine Klagen über ihren Mann in eine Aussage über ihre eigenen Schwierigkeiten im Umgang mit Kritik.

Virginia forderte häufig andere Familienmitglieder auf, ihre Sichtweise einer Übergeneralisierung zu geben und lud sie dazu ein, Ausnahmen oder Gegenbeispiele zu nennen. Manchmal unterbrach sie und führte die Person in das Hier und Jetzt zurück, ohne die Übergeneralisierung direkt herauszufordern:

VIRGINIA: Wie fühlen Sie sich dabei?

MARGIE: Ich bin nicht einverstanden.

VIRGINIA: Womit sind Sie nicht einverstanden?

MARGIE: Immer wenn ich auf ihn zugehe...

VIRGINIA: Moment mal, wir sind jetzt hier.

MARGIE: Ja, stimmt.

VIRGINIA: Sehen Sie mich bitte an, und hören Sie mal genau zu. Sie haben eine lange Geschichte – ich weiß, daß Sie eine lange Geschichte haben, und ich kenne sie nicht, und ich hab' so eine Ahnung, daß Sie oft nicht sehen, was vor Ihren Augen passiert, weil alles damit zugedeckt wird, was Sie erwarten, denn das haben Sie jetzt fast getan. Verstehen Sie mich?

MARGIE: Hm.

VIRGINIA: Gut, ich hätte jetzt gern, daß Sie Casey ansehen und mit Ihren Händen seine Haut fühlen und mir sagen, was Sie fühlen. (*Casey grinst.*) (1988, S. 94-96)

Virginia gebrauchte häufig Übertreibung, um Übergeneralisierungen in Frage zu stellen, indem sie sie lächerlich erscheinen ließ. In dem Buch finden sich eine Fülle von Beispielen dafür.

Etwas ganz Eigenartiges passiert, wenn man Sachen auf eine absurde Stufe bringen kann. Ist Euch das schon aufgefallen? Es umgeht Abwehrhaltungen, wenn man es auf eine freundliche und liebevolle Weise tut. (1984)

Bei anderen Gelegenheiten war sie direkter und äußerte skeptisch: „Glaubst du das wirklich?" oder „Ich glaube das nicht". Sie wußte, wann Übergeneralisierungen, die die Familienkommunikation behinderten, in Frage gestellt werden mußten, und sie tat, was immer dafür nötig war.

Spezifische verbale Muster zur eleganten Informationssammlung

Virginia sprach beständig in einer Weise, die es ihr erlaubte, spezifische Informationen über die Interaktion zwischen Familienmitgliedern zu sammeln. Auch wenn jedes verbale Muster einzeln nur relativ wenig Veränderung bewirkte, hatten sie zusammengenommen eine sehr starke Wirkung.

Virginia begann häufig damit, indem sie mit den Kindern über ein scheinbar unwichtiges Thema sprach. In dem Transkript in dem Buch *Familientherapie in Aktion* fragt sie, wo jeder am Eßzimmertisch sitzt; das macht es leichter, auf unauffällige Weise die Interaktionsmuster der Familie zu untersuchen. (1988, S. 20) Während sie das tut, gebraucht sie spezifische Fragen, um genau festzulegen, was in der Familie passiert, indem sie fragt „wer, was, wann, wo, wie genau?", und auf alle nonverbalen Reaktionen achtet, die Anzeichen eines Kommunikationsmusters sein könnten. Häufig fuhr sie fort, indem sie um eine Demonstration bat, damit sie das Verhalten selbst sehen und hören konnte und genau wußte, womit sie zu arbeiten hatte.

Nachdem sie eine Skulptur geschaffen hat, die die Hackordnung unter den Kindern darstellt und sich von den Eltern hat bestätigen lassen, daß sie zutreffend ist, wendet sich Virginia der Mutter zu und bittet sie zu demonstrieren, wie sie mit den streitenden Kindern umgeht, wenn ihr Mann nicht anwesend ist:

Margie, könnten Sie jetzt mal rüberkommen und das machen, was Sie zu Hause in der Situation tun? Was machen Sie dann? (1988, S. 52)

Nachdem Margie beschreibt und demonstriert was sie tut, bittet Virginia die Mutter, sich zu setzen und wendet sich dem Vater zu:

Können Sie mir jetzt mal zeigen, was Sie tun, wenn sowas passiert? (1988, S. 54)

Nachdem der Vater gezeigt hat, was er tut, wenn die Mutter nicht da ist, fragt Virginia sie, was sie tun, wenn sie beide anwesend sind:

Also, in dieser Situation, wenn Sie beide da sind, Margie und Casey, was passiert dann? Wenn Sie beide bei den Kindern sind? (1988, S. 56)

Nun hat Virginia spezifische Informationen darüber, was die Eltern jeweils unabhängig voneinander tun und wie sich das ändert, wenn sie zusammen anwesend sind, was ihr zugleich Informationen über die Ehe gibt.

Virginia sammelte darüber hinaus auch Informationen durch indirekte Fragen, die Linguisten als *konversationelle Forderungen* bezeichnen. „Möchtest du daran vielleicht was ändern?" (1988, S. 36) oder „Gibt es etwas Bestimmtes, über das du gerne reden würdest?" (1988, S. 38) Die wörtliche Antwort auf diese Fragen ist „Ja" oder „Nein". Die meisten Menschen beantworten solch eine Frage jedoch nicht nur mit einem einfachen „Ja", sondern fahren fort, die angegebene Information zu geben.

Virginia nutzte auch freundliche Aussagen, die genaugenommen wie Fragen wirkten und *eingebettete Fragen* genannt werden. „Ich überlege mir, ob du weißt, wie das ist, wenn man sehr wütend ist." (1988, S. 36) „Ich frage mich, was für ein Gefühl Sie, Margie, zu Caseys... zu seinem Gefühl haben, er sei der Bösewicht." (1988, S. 58) Da diese Aussagen keine Antwort erfordern, besteht keine Notwendigkeit für eine Reaktion. Die meisten Menschen reagieren jedoch, indem sie die verlangte Information geben.

Diese und andere linguistische Muster in Virginias Arbeit, die einfach zu erlernen sind, werden detailliert in ihrem Buch *Mit Familien reden* beschrieben, das sie zusammen mit Richard Bandler und John Grinder veröffentlicht hat.

Auch wenn Virginia sehr warmherzig und unterstützend war, konnte sie hartnäckig und direkt sein (manche würden sagen: konfrontativ), wenn sie Informationen oder Gefühle verfolgte, die wie sie wußte für die Familie nützlich sein würden. Nachdem Casey, der Vater, sagt: „Es macht mich zum Bösewicht", verläuft der Dialog wie folgt:

VIRGINIA: Ja, das ist spannend. Wir wollen uns mal wieder hinsetzen, und ich möchte noch was anderes wissen. Das war das, was passiert, aber ich nehme an, daß es nicht das ist, was ihr gerne hättet. Ich frage mich, was für ein Gefühl Sie, Margie, zu Caseys... zu seinem Gefühl haben, er sei der Bösewicht.

MARGIE: Ich glaub' das nicht. Wenn er wollte, würde ich die Kinder unter Kontrolle halten.

VIRGINIA: Nein, das ist nicht das, was ich Sie jetzt grade frage. Ich frage Sie, was für ein *Gefühl* Sie dazu haben, daß Casey sich als Bösewicht fühlt.

MARGIE: Ja, er fühlt sich so, ganz bestimmt.

VIRGINIA: Und ich wüßte gern, wie Sie sich dabei fühlen, daß er sich so fühlt, meine Liebe.

MARGIE: Es tut mir leid für Casey. (1988, S. 58)

In diesem Beispiel mußte Virginia ihre Frage drei Mal stellen, bevor sie von Margie eine angemessene Antwort erhielt.

Spezifische verbale Muster, um Menschen zu helfen sich zu verändern

Präsuppositionen

Eine der Arten, wie Virginia Veränderung erreichte, bestand darin, als Präsupposition zu formulieren, was sie eine Person erleben lassen wollte. Im Gegensatz zu dem, was direkt in einem Satz ausgesagt wird, sind Präsuppositionen alles, was in einem Satz als wahr vorausgesetzt wird.

Eine Möglichkeit, um die Präsuppositionen zu erkennen, die in einem Satz enthalten sind, besteht darin, den Satz zu verneinen und zu überprüfen was weiterhin wahr ist. Nehmen Sie z.B. den einfachen Satz: „Es ist gut, daß Sie bereit sind sich zu äußern." Wenn wir den Satz verneinen, erhalten wir: „Es ist nicht gut, daß Sie bereit sind sich zu äußern." Trotz der Verneinung bleibt, „daß Sie bereit sind sich zu äußern" weiterhin wahr wie im ersten Satz.

In der Regel achten Menschen darauf, womit sie einverstanden oder nicht einverstanden sind und übersehen, was in der Präsupposition vorausgesetzt ist. Wenn ein Zuhörer eine Präsupposition nicht wahrnimmt, wird sie akzeptiert und der Zuhörer neigt dazu, so zu handeln, als sei sie wahr. Wenn jemand eine neue Präsupposition akzeptiert, beginnt er darauf zu reagieren, häufig ohne bewußt wahrzunehmen, daß er eine Veränderung vollzogen hat. Wenn wir die obige Aussage in eine Frage verwandeln – „Glauben

Sie, daß es gut oder schlecht ist, daß Sie bereit sind sich zu äußern?"
– konzentriert das die Aufmerksamkeit des Zuhörers stärker darauf, ob der gesamte Satz wahr ist, was die Präsupposition noch weniger bemerkbar macht.

Hier folgen einige Beispiele dafür, wie Virginia der Familie powervolle Präsuppositionen innerhalb von Fragen vermittelt. Die wichtigen Präsuppositionen sind in Klammern wiederholt.

Was gibt es bei Ihnen, Margie, jetzt, in diesem Augenblick, an Verletzbarkeiten, von denen Sie wissen und von denen Sie möchten, daß Ihre Familie sie respektiert, ganz besonders Casey? (*Es besteht eine gewisse Verletzbarkeit, Sie kennen sie, und Sie möchten, daß Ihre Familie das respektiert.*) (1988, S. 72)

Sind Sie sich bewußt, daß man sich erst schlecht fühlt und dann der Ärger kommt? (*Sie haben schlechte Gefühle, die vor dem Ärger kommen.*) (1988, S. 84)

Was können Sie daraus machen? (*Sie können etwas tun.*) (1988, S. 108)

Nachdem Virginia eine oder mehrere Anweisungen in der Form von Präsuppositionen vermittelt hat, fragte sie häufig: „Wie fühlen Sie sich damit?" Wenn sie nach ihren Gefühlen gefragt werden, müssen die meisten Menschen eine kurze Pause machen, um sie zu überprüfen und dann nach Worten zu suchen, um sie zu beschreiben. Das verlangt in der Regel mehr Konzentration als auf andere Fragen zu antworten, was weiter von einem Bemerken der Präsuppositionen ablenkt.

Wie weit sind Sie bereit, Ihrem Wunsch gemäß jetzt zu handeln und das Risiko einzugehen, daß einer von Ihnen verletzt werden könnte? (*Sie sind jetzt dazu bereit, Ihrem Wunsch entsprechend zu handeln und das Risiko einzugehen, daß einem von Ihnen Schmerz zugefügt wird.*) (1988, S. 90)

Jetzt sind Sie über das komische Gefühl weg, und wie fühlt es sich an, sie (Margie) hier zu haben? (*Sie sind über das komische Gefühl hinweggekommen.*) (1988, S. 94)

Virginia haßte Manipulation, doch sie gebrauchte in systematischer Weise Präsuppositionen, um Menschen powervoller zu machen und sie dazu zu motivieren, ihr Leben zu verbessern. Für weitere Beispiele und eine ausführlichere Diskussion der Wirkungsweise von Präsuppositionen siehe Anhang I.

Eingebettete Befehle

Traditionelle Hypnose verwendet häufig direkte Befehle, wie z.B. „Fühlen Sie sich entspannt!", „Schlafen Sie tief!", usw. Da direkte Befehle bewußt wahrgenommen werden, kann man sich bewußt dagegen wehren, auf sie zu reagieren.

Im Gegensatz dazu verwendete Milton Erickson *eingebettete Befehle, Befehle, die* in einem längeren Satz enthalten sind und nonverbal durch eine Veränderung von Tonalität, Lautstärke, Gesten, Blicken, der Neigung des Kopfes, usw. gekennzeichnet werden.

Es ist möglich für einen Menschen, sich *entspannt* zu *fühlen.*

Wie angenehm es ist, *tief* zu *schlafen* und *schöne Träume* zu *träumen.*

Das sind Beispiele für „mixed state"-Kommunikation. Der Zuhörer reagiert bewußt auf den gesamten Satz, ohne den eingebetteten Befehl wahrzunehmen, auf den er dennoch unbewußt reagiert. Solche Befehle sind besonders wirksam, wenn der ganze Satz an jemand anderen gerichtet zu sein scheint.

Auch wenn eingebettete Befehle ausdrücklich Teil von Ericksons Arbeit waren, nutzen nur wenig Therapeuten sie systematisch, vor allem außerhalb einer formellen Trance-Induktion. Virginia jedoch nutzte eingebettete Befehle sehr häufig, und sie trugen bedeutend zu ihrer Effektivität bei.

Während sie das Wütendwerden und Schreien bespricht, sagt Virginia dem Sohn: „Eine Möglichkeit – und du sagst, er könnte *eine Möglichkeit finden, anders damit umzugehen* – ist es das, worauf du hoffst?" (1988, S. 34) Die kursiv gedruckten Worte sind eingebettete Befehle, die an den Vater gerichtet und durch eine Zunahme der Lautstärke hervorgehoben sind.

Wenige Minuten später wiederholt Virginia diesen Befehl: „Gut, gut. Was ich hier will: du redest darüber, wie *dein Vater* vielleicht *anders mit* seinem *Jähzorn umgehen* sollte, und ich denke, damit haben wir alle zu kämpfen." (1988, S. 36) Virginia markiert den

Befehl, indem sie ihren Kopf mit geschlossenen Augen senkt und dabei gleichzeitig Gesten in Richtung auf den Vater macht. Kurz danach sagt sie: „Du hättest gerne, daß dein *Vater damit anders umgeht* – wie wäre es denn dann mit dir?" (1988, S. 36) Virginia schaut und gestikuliert in Richtung auf den Vater.

Nachdem Virginia hört, daß die Mutter zwei Monate abwesend war und der Vater in dieser Zeit gut mit den Kindern ausgekommen ist und nachdem sie feststellt, daß die Mutter die Erziehungsmethoden ihres Mannes mit denen ihres eigenen idealisierten Vaters vergleicht, sagt sie der Mutter: „Aha. Wie stehen die Chancen jetzt, Margie, daß Sie *herausfinden*, daß Sie *wirklich herausfinden* können, *wie sich Casey als Vater mit seinen Kindern wohlfühlen würde...* und daß Sie sehen, wie weit Sie *das zulassen* können?"

MARGIE: Ich weiß nicht, wie weit. Kinder regen Casey auf.

VIRGINIA: Wir machen da noch weiter, aber ich muß wissen, ob Sie bereit sind, *sich auf die Suche* zu *machen*, um *herauszufinden, wie Casey als Vater sein will*. Vielleicht wissen Sie das nicht. (1988, S. 66) (Virginia schließt ihre Augen und neigt ihren Kopf; ihre Stimme wird leiser.)

Verknüpfung

Um es Menschen zu erleichtern, das zu tun, worum sie sie bat, und um Einwände zu vermeiden, beginnt Virginia manchmal damit, sie um etwas zu bitten, was die meisten Menschen einfach und vollkommen annehmbar finden würden, wie z.B. „Schau mich an", „Schließ' deine Augen" oder „Komm etwas näher". Dieser einfachen Anweisung folgt ein „und" und die Aufgabe, von der Virginia möchte, daß sie sie ausführen. Indem sie mit einer einfachen Aufgabe beginnt, impliziert sie, daß die nächste Aufgabe genauso einfach auszuführen sein wird.

Sehen Sie mich bitte an, und hören Sie mal genau zu. (1988, S. 96)

Gut, ich hätte jetzt gern, daß Sie Casey ansehen und mit Ihren Händen seine Haut fühlen und mir sagen, was Sie fühlen. (*Casey grinst.*) (1988, S. 96)

Gut. Sehen Sie jetzt Casey an und sagen Sie es ihm, weil das wohl ein neuer Schritt ist, wenn Sie sich jetzt kritisieren lassen können. (1988, S. 110)

Obwohl Verknüpfungen schwächer sind als Präsuppositionen, erleichtern sie es auch, neue Wahrnehmungen und Verhaltensweisen auszuprobieren. Virginia gebrauchte Verknüpfung genauso häufig wie sie Präsuppositionen gebrauchte. Als Coby sagt: „Ich wünschte, ich wäre älter", antwortet Virginia: „Du wünschtest, du wärst älter. Da kann ich leider nicht viel dran ändern", und lacht. (1988, S. 38) Die Verknüpfung ist, daß sie in anderer Hinsicht viel machen kann.

Spezifischer Gebrauch von Allgemeinheiten

Viele Therapeuten sind einfach nur vage. Virginia jedoch gebrauchte allgemeine Aussagen auf gezielte Weise, um Veränderung zu erreichen. Gleich zu Beginn der Sitzung in dem Buch *Familientherapie in Aktion* sagt Virginia:

„Also, Casey und Margie und Lucy und Lisa und Coby und Betty... ich hab's behalten! Susie... eine hab' ich vergessen. Kommt ruhig nach oben, setzt euch, wohin ihr wollt. Wir können die Stühle auch umstellen, nichts ist aus Beton." (1988, S. 20)

Virginias Aussage „... nichts ist aus Beton" bedeutet, daß alles verändert werden kann und bezieht sich eindeutig auf die Anordnung der Stühle. Da sie es jedoch in einer allgemeinen Aussage sagt – Linguisten nennen das ein bezugloses Substantivargument –, wirkt es auch als Aussage über die Familie und ihre Kommunikation. Aussagen wie diese bereiten die Familie darauf vor zu denken, daß Veränderung möglich ist und sie das Leben haben können, das sie sich wünschen.

Nachdem sie einige sensible Themen in der Familie identifiziert hatte, begann Virginia in allgemeiner Weise darüber zu reden indem sie Pronomen verwendete wie „Menschen", das universale „wir", „diese Dinge", „etwas", usw. Ein Beispiel dafür ist ihre Reaktion auf die Sorge der Familie in bezug auf Wut. Virginia sagt:

„Wenn man nämlich wütend ist, ist es ganz schwer, überhaupt noch etwas zu sehen." (1988, S. 24) „Du warst wütend. Na, so was passiert manchmal." (1988, S. 28) „... ich denke, damit haben wir alle zu kämpfen." (1988, S. 36) „Wir lernen aus unseren Erfahrungen ... O.k.? Nicht, weil sie schlecht sind, wir lernen einfach bestimmte Sachen." (1988, S. 70)

„Und ich hab so eine Ahnung, wenn Leute nicht wissen, wie sie sagen sollen, was sie wollen, und nicht wissen, was sie machen sollen, um das zu kriegen, daß dann Streiten der einfachste Weg ist. Ich glaube, wenn wir nicht wissen, wie wir tun können, was wir wirklich wollen, aber wissen, wie man sich streitet, dann hilft uns das ein bißchen, aber die Schmerzen dabei sind groß." (1988 S. 80)

Auch wenn der Kontext deutlich machte, worauf sie sich bezog, besprach Virginia schwierige Themen oft in allgemeiner Weise, ohne sie direkt mit der Person anzugehen, die diese Themen angeschnitten hatte. Sie stellte neue Definitionen auf, reframte, lehrte allgemeine Prinzipien oder machte Späße über triviale Beispiele – all das, ohne direkt auf die Person einzugehen, die das Problem hatte, und ohne sie unter Druck zu setzen. Indem sie diese Technik frühzeitig in der Sitzung verwendete, schuf sie eine Grundlage für Veränderung. Später konnte sie das Problem direkt mit den beteiligten Personen angehen, da sie wußte, daß sie bereits Veränderungen erreicht hatte, die den Weg dafür bereitet hatten, die Arbeit zu beenden. Da Virginia Humor mit den allgemeinen Aussagen und Beispielen verbunden hatte, fiel es ihr auch leichter, Menschen wieder zu Humor zurückzuführen, wenn sie in zu großer Ernsthaftigkeit steckenblieben.

Die einzige Möglichkeit die jemand hat, um eine allgemeine Aussage zu verstehen, besteht für ihn darin, seine eigenen Erfahrungen durchzugehen, um solche zu finden, die mit der allgemeinen Aussage übereinstimmen. Wenn eine Aussage allgemein genug ist, kann fast jede Erfahrung in der Gesamtkategorie damit übereinstimmen. Allgemeine Aussagen laden alle Familienmitglieder – oder wenn Virginia öffentlich arbeitete, auch Publikum und Zuschauer – dazu ein, ihre eigenen Erfahrungen im Zusammenhang mit dem betreffenden Thema zu überprüfen. Während Virginia also dem Anschein nach nur mit einem Mitglied der Familie zu arbeiten schien, arbeitete sie in Wirklichkeit zugleich mit allen anderen Familienmitgliedern und Personen, die in ihrer Hörweite waren. Da jeder in der Familie dazu eingeladen war, innere Veränderungen in bezug auf das gleiche Thema zu vollziehen, erreichten sie häufig ein gemeinsames Verständnis, das sie näher zusammenführte. Virginias Art, ein Problem auf allgemeine Weise neu zu beschreiben, zog auch Zuhörer leicht in die Beschäftigung mit eigenen ähnlichen Anliegen und persönlichen Erfahrungen. Dieser Aspekt ihrer Arbeit machte es besonders schwierig für diejenigen, die ihre Arbeit untersuchten, unbeteiligt genug zu bleiben, um genau zu bemerken, was sie tat und wie sie es auf so präzise Weise tat.

Veränderung zeitlicher Prädikate

Virginia nutzte sehr geschickt die Zeitwahrnehmung, um Veränderung zu erreichen. Jeder Satz enthält ein Verb, und Verben verweisen auf Vergangenheit, Gegenwart oder Zukunft. Der Gebrauch von Vergangenheitsformen dissoziiert und löst die Person in der Regel von einem Ereignis oder Verhalten, während Gegenwartsformen sie assoziieren. Die Beschreibung in Vergangenheitsformen weist darauf hin, daß dieses Verhalten der Vergangenheit angehört, was Raum für neues Verhalten in der Gegenwart schafft. Wir können anfangs ein neues Verhalten in der Zukunftszeitform beschreiben, dann zu der Gegenwartszeitform übergehen und damit voraussetzen, daß das Verhalten bereits erworben worden ist. Indem wir vergangene Ereignisse beschreiben und dann zu Konsequenzen in der Gegenwart übergehen, können wir neue und nützlichere Glaubenssätze über Ursache-Wirkungszusammenhänge bilden.

Dieser Wechsel zeitlicher Prädikate kann ein powervolles Werkzeug sein, um das Verhalten einer Person zu ändern, insbesondere wenn dies im Zusammenhang mit Präsuppositionen geschieht. Obwohl ich keine Beispiele für Virginias Gebrauch von Veränderungen zeitlicher Prädikate in dem aus dem Jahre 1974 stammenden Transkript aus dem Buch *Familientherapie in Aktion* finden konnte, gibt es viele Beispiele dafür in dem Transkript von 1986, das Sie in diesem Buch finden. Das mag ein Hinweis darauf sein, daß sie dies in den dazwischenliegenden Jahren ihrer Arbeit hinzugefügt hat. Für eine ausführlichere Beschreibung von *temporal predicate shifts* siehe Anhang I in diesem Buch oder Kapitel 2 „Die Verwendung von Zeitformen" in *Gewußt wie* (1988).

Unterscheidung zwischen Wahrnehmung und Realität: „*Modell der Welt*"

Virginia war sich eindeutig bewußt, daß der Schwerpunkt ihrer Arbeit in dem Bild oder der *Wahrnehmung* lag, die Menschen von der Welt hatten. Wenn Wahrnehmungen sich ändern, ändern sich auch Glaubenssysteme, Reaktionen und Verhaltensweisen. Sobald die Wahrnehmungen und Gefühle einer Person anders sind, ist es relativ leicht, ihnen effektivere Kommunikationsweisen zu vermitteln.

Wenn eine Familie Schwierigkeiten hat, liegt das oft daran, daß Familienmitglieder bestimmte Auffassungen von dem Wesen der Welt haben. Dieser Glauben ist nicht nützlich, da ihm die Präsupposition zugrundeliegt, daß es sich dabei um eine unveränderbare Realität handelt. Virginia hörte oft einem Familienmitglied zu und wiederholte dann das Gesagte als eine *Wahrnehmung*. Die Unterscheidung zwischen dem, wie die Dinge *sind* und wie sie *erscheinen*, oder wie eine Person sie sieht oder denkt, daß sie seien, ist subtil, aber sie öffnet das Tor für andere mögliche Wege, das gleiche Ereignis zu sehen. Worte oder Sätze, die auf Wahrnehmungen verweisen, sind in den folgenden Beispielen kursiv gedruckt.

Du hättest gern, daß dein Vater diese Dinge etwas anders *sieht*. (1988, S. 36)

Was war passiert, daß Susie ihre Hand in deine Haare gekriegt hatte? Was ist deine *Sicht* dazu? (1988, S. 40)

Jeder hat sein eigenes *Bild*. (1988, S. 46)

COBY: Also, ja. Aber wissen Sie, er verliert zu leicht die Beherrschung.

VIRGINIA: Ah, ja. Also manchmal *glaubst* du, dein Vater *denkt*, du hättest was angestellt, und du warst es nicht, und dann weißt du nicht, wie du es ihm *sagen* sollst, oder er *hört* nicht zu oder so? Meinst du das? (1988, S. 34)

Virginias eigenes Verhalten, während sie der Familie ihr Verständnis der Situation schildert, ist zugleich eine Demonstration für die Unterscheidung zwischen Wahrnehmung und Realität.

VIRGINIA: Gut. Ich will euch jetzt mal ein Bild zeigen, das ich gerade jetzt sehe. Ich will das nur mal hinkriegen, und dann helft ihr mir, es zu überprüfen und so. Und ich denke, es fängt an mit Coby – und das ist das Bild, das ich im Kopf habe von dem, was ich gelernt habe, und vielleicht paßt es gar nicht, aber es wäre ja möglich. (1988, S. 48)

Die in diesem Abschnitt erwähnten Elemente sind oft als Komponenten hypnotischer Kommunikation beschrieben worden. Virginia war in der Regel sehr kritisch der Hypnose gegenüber, da ihr die Idee mißfiel, Menschen zu manipulieren. Trotzdem war diese Art der hypnotischen Kommunikation ein wichtiger Teil ihrer Arbeit. Das wurde am deutlichsten in den „Prozessen" oder „Meditationen", die sie in großen Gruppen verwendete. In diesen Prozessen forderte sie die Anwesenden auf, die Augen zu schließen und sich zu entspannen und führte sie dann auf eine sorgfältig strukturierte und eindeutig hypnotische Reise. Ein Beispiel für Virginias hypnotische Meditationen finden Sie im Anhang IV.

Virginia verwendete noch viele andere, verbale wie nonverbale, hypnotische Kommunikationsmuster. Ausführlichere Informationen dazu finden Sie in *Therapie in Trance* (1987) oder *The Patterns of the Hypnotic Techniques of Milton H. Erickson, Vol. I* (1975), beide Bücher von Bandler und Grinder.

Körperkontakt

Eines der Kennzeichen von Virginias Arbeit war ihr Gebrauch von Berührung. Auch wenn es der vielleicht umstrittenste Teil ihrer Arbeit ist (jede körperliche Berührung zwischen Therapeut und Klient ist in der Schulpsychiatrie nach wie vor ausdrücklich als unethisch verpönt), hielt Virginia Berührung für wesentlich. Berührung ist ein wesentlicher Teil familiärer Intimität. Untersuchungen haben gezeigt, daß Kinder, die ansonsten gut versorgt sind, ohne Berührung sterben. Doch in zerstrittenen Familien berühren sich die Familienmitglieder entweder gar nicht, oder nur auf grobe Weise, wenn sie wütend oder verärgert sind oder sexuellen Kontakt haben.

Neben der wesentlichen Rolle, die Berührung hat, um Intimität herzustellen, erlaubt sie es auch, die Aufmerksamkeit einer Person leichter zu gewinnen als durch akustische oder visuelle Signale, und Aufmerksamkeit ist für Lernen unerläßlich. Virginia bestand darauf, Berührung einzusetzen, um wichtige positive Kommunikationen oder neue Lernerfahrungen zu betonen und auf diese Weise Veränderungen zu stabilisieren. Frühere Abschnitte enthalten zahlreiche Beispiele dafür.

Virginia begann gelegentlich damit, daß sie körperlichen Kontakt mit den Kindern herstellte, die gewöhnlich offener dafür sind als Erwachsene. Bald darauf berührte sie alle Familienmitglieder. Jeder, der Virginias Berührung erfahren hat, wird Ihnen bestätigen, daß diese einfach und direkt war und sich vollkommen natürlich anfühlte. Sie berührte wahrscheinlich in einer Sitzung häufiger als andere Therapeuten in einem ganzen Jahr und schuf positive Verbindungen zwischen Familienmitgliedern, zwischen denen liebevolle Berührung ganz verlorengegangen oder durch Grobheit und Gewalttätigkeit ersetzt worden war.

In dem Videoband *Of Rocks and Flowers* (1983) arbeitet Virginia mit einer Familie, die aus den beiden Eltern und den zwei Söhnen aus der ersten Ehe des Vaters besteht. In der Familie gab es eine Vorgeschichte schwerer körperlicher Mißhandlung. In einer bewegenden Szene, in der sie nur mit den beiden Kindern interagiert, läßt Virginia ihr Gesicht sanft von ihnen berühren, erwidert das und fragt sie dann, ob sie das gleiche mit ihren Eltern tun möchten. Dann bringt sie die Eltern zurück und unterweist geduldig sowohl die Kinder wie auch die Eltern, und empfiehlt den Kindern, diese Art des Kontakts mehrmals am Tag herzustellen.

Dann demonstriert sie den Eltern den Unterschied zwischen einem groben, wütenden Greifen und einem zwar festen, doch beschützenden Griff, mit dem sie die Kinder daran hindern könnten, etwas Gefährliches oder Destruktives zu tun. Sie fährt damit fort bis beide Eltern *in ihrem Verhalten* zeigen, daß sie das beherrschen. Für diejenigen, die lernen möchten, wie sie das genau tat, folgt ein Transkript im Anhang II; es ist jedoch noch besser, sich das Videoband anzuschauen.

Im Anschluß an diese Sitzung kommentiert Virginia in einem Interview mit Ramon Corrales vom „Family Therapy Institute of Kansas City" ihren Gebrauch von Berührung:

Es waren so viele Dinge geschehen, und die Angst in bezug auf diese Kinder war so groß, daß das Bild, das einem dazu einfällt, das von Monstern ist. Daher war eine der Sachen, die ich tun wollte, auch dafür zu sorgen, daß sie die Fähigkeit hatten, mit einer Berührung zu reagieren, und deshalb habe ich sie in diesem Zusammenhang ihre Hände auf mein Gesicht legen lassen – damit es wie ein Spiegel für die Familie selbst, für die Menschen in der Familie wäre – und habe sie dann ermutigt, das mit ihren eigenen Eltern zu tun. Berührung, die aus der Art von Atmosphäre entsteht, die zu der Zeit bestanden hat, drückt Dinge aus, die kein Wort sagen kann. Und die Sanftheit, mit der es geschah, ist auch ein Teil des Ganzen.

Ich glaube, daß Berührung Ihnen nicht viel vermitteln wird, solange ich nicht selbst integriert bin, solange ich mich nicht selbst ganz fühle: dann strömt Energie aus. Wenn ich das Gefühl habe, daß ich anfassen *muß*, oder daß ich mit dem Anfassen vorsichtig sein muß, wird es nicht funktionieren. Es ist kein Trick und es ist keine Strategie. Es ist ein lebendiger Austausch von Energie, die hin- und herfließt. Wenn diese Bedingung erfüllt ist, dann weiß ich, daß eine Berührung in Gegenwart der Energie hin- und herfließt – das wirkliche Gefühl eines menschlichen Wesens, das ein anderes im wörtlichen Sinne berührt –, ein Augenblick, der wahrscheinlich so viel wert ist wie Stunden und Tage, in denen dies fehlt.

Haben Sie schon davon gehört, das Kind mit dem Bade auszuschütten? Nun, manche Berührungen werden für sexuelle und aggressive Zwecke gebraucht. Und so viele haben Berührung insgesamt über Bord geworfen, weil sie für diese Zwecke gebraucht worden ist, anstatt zu sagen: „Okay, das ist nicht die Art von Berührung, die wir wollen." Genauso wenig wie wir ständig schimpfen wollen. Wir werfen nicht alle Worte über Bord, weil wir sie nicht für Schimpfen gebrauchen wollen: wir finden einfach andere Worte. Und ich muß ganz offen sagen, *wenn ich die Energie nicht haben könnte, die mit der Berührung herauskommt – und ich bin mir dessen sicher – dann könnte ich nicht die wirklich guten Resultate erreichen, die ich habe.*

Das sind die meisten der größeren Muster, die Virginias Arbeit so effektiv machten, und sie werden alle in dem Transkript deutlich, das nun folgt. Alle diese Muster könnten in kleinere Einheiten unterteilt werden und ausführlicher beschrieben werden. Darüber hinaus gibt es noch eine Fülle unterstützender nonverbaler Elemente. Ich lade den Leser dazu ein, durch ein Studium des Videobandes und des Transkripts zusätzliche Muster zu identifizieren und unser Verständnis von Virginias Arbeit weiter zu vertiefen.

Virginias subtilere nonverbale Wahrnehmungen und Verhaltensweisen sind schwieriger zu beschreiben – ihr Timing, ihre Betonungsmuster, die nonverbalen Zeichen, die sie gebrauchte, um zu bestimmen, wie ein Familienmitglied auf eine bestimmte Intervention reagierte, usw. Viele dieser kleineren Elemente kann man nur lernen, indem man das Videoband untersucht und tut, was Virginia selbst tat: genau beobachtet, wie Familienmitglieder aufeinander und auf ihre Interventionen reagieren, und mit denen weiterzumachen, die wirkten, und die aufzugeben, die nicht wirkten.

Zu Beginn des Wochenendworkshops, an dem das Transkript dieses Buches entstanden ist, beschreibt Virginia den Grund ihrer Anwesenheit:

Ich weiß, daß das eine sehr wichtige Gelegenheit ist. Und die Bedeutung dieser Gelegenheit liegt darin, daß wir etwas in Bildform bringen werden, von dem ich glaube, daß es für Menschen sehr nützlich sein wird. Wir haben nun seit Jahren schon mit Menschen geredet und Bücher geschrieben. Mit all den Büchern die geschrieben worden sind und all den Worten, die Menschen gegeben worden sind, müßte man eigentlich annehmen, daß wir schon mehr Fortschritt gemacht hätten.
Es scheint, daß wir etwas anderes über uns selbst lernen müssen.
Als das Video aufkam, habe ich seine Möglichkeiten nicht gleich

begriffen. Aber allmählich habe ich erkannt, wie powervoll es ist und daß Bilder wahrscheinlich wichtiger sind als alles andere. Etwas sehen zu können ist ein sehr wichtiger Teil davon, neue Möglichkeiten zu schaffen. (1989)

Ich sehe meine therapeutische Aufgabe darin, die Bewältigungsmöglichkeiten des einzelnen im Umgang mit der eigenen Person wie mit anderen zu erweitern, umzulenken und umzuformen, damit sie ihre Probleme auf gesündere und relevantere Weise lösen können. Nicht die Probleme sind das Problem, sondern die Bewältigungsfähigkeiten. Bewältigungsfähigkeiten sind das Ergebnis von Selbstwert, den Regeln des Familiensystems und der Verbindung zur Außenwelt.

– VIRGINIA SATIR (1988, S. 132)

Das Transkript:
„Seinen Eltern verzeihen"

Im März 1986 traf sich Virginia Satir mit rund dreißig Therapeuten und Pädagogen, um eine Videoaufzeichnung ihrer therapeutischen Arbeit zu machen. Während der zwei Tage, die sie mit der Gruppe in einem Fernsehstudio verbrachte, demonstrierte und beschrieb sie eine Reihe ihrer Methoden in der Arbeit mit Familienmitgliedern. Der gesamte Wochenendworkshop ist als eine insgesamt über acht Stunden lange, siebenteilige Videoaufzeichnung erhältlich (1989).

Spät am Morgen des ersten Tages fragte Virginia die Teilnehmer nach ihren Reaktionen zu dem, was sie in den zwei vorangegangenen Stunden über Familiendynamik und -kommunikation demonstriert hatte. Linda, 39, kam nach vorn und beschrieb, wie tief Virginias Arbeit sie bewegt hatte. „Ich habe dieses ungeheuer starke

Gefühl davon, welche tiefe Verbindung ich mit Menschen habe könnte", sagte sie. Linda fuhr fort ihren Konflikt zu beschreiben, zwischen sich „unglaublich powervoll" dabei zu fühlen, eine Verbindung mit anderen Menschen aufzunehmen und andererseits „sehr, sehr traurig über die Distanz" zu sein, die sie oft anderen Menschen gegenüber fühlte.

Zusammengefaßt bestand Lindas Wunsch darin, in der Lage zu sein, eine Beziehung zu anderen herzustellen, doch sie war gleichzeitig ambivalent hinsichtlich der Ausführung dieses Wunsches. Virginia akzeptierte dieses Ziel und widmete die gesamte Sitzung dem Erreichen dieses Zieles. Als Virginia begann, Lindas Ambivalenz zu untersuchen, äußerte Linda schon bald starken Unmut gegenüber ihrer Mutter. Virginia begann dann einen Prozeß, der dazu führte, daß Linda schließlich ihrer Mutter gegenüber Mitgefühl, Liebe und Vergebung anstelle von Unmut empfand.

Da Linda nun Mitgefühl und Vergebung für die „Erz-Böse" ihrer Kindheit fühlen konnte, würde es ihr in Zukunft leicht fallen, eine Beziehung zu anderen herzustellen. Ein Follow up-Interview mit Linda drei Jahre später zeigt ausführlich die bleibende Wirkung, die diese Sitzung auf ihre Kommunikation mit ihrer Mutter und ihre Beziehungsfähigkeit gehabt hat.

Diese Sitzung ist ein besonders aufschlußreiches Beispiel für Virginias Arbeit. Sie ist als Videoaufzeichnung als Band 3, „Forgiving Parents", in der Serie „Family Relations" (1989) erhältlich. Am Ende dieser Sitzung sagt Virginia: „Ich habe mit Dir darüber gesprochen, daß ich seit über vierzig Jahren mit Familien gearbeitet habe und eine Menge sehe. Alles wonach ich strebe hast Du gerade gesehen."

Das Transkript dieser Sitzung wird hier denen zur Verfügung gestellt, die Virginias Arbeit eingehend studieren möchten. Das Transkript ist weitgehend wörtlich; nur geringere Wiederholungen und „Hmms" sind aus Gründen der Klarheit ausgelassen worden. Da es sich um ein wörtliches Transkript handelt, erscheinen einige der Sätze gedruckt etwas merkwürdig. Die Wiedergabe von Virginias genauem Wortlaut ermöglicht es dem Leser jedoch, mit der getreuen Aufzeichnung des Geschehens zu arbeiten.

Bei dem in Klammern gesetzten Material handelt es sich entweder um eine Beschreibung nonverbalen Verhaltens oder um einen

Kommentar zu dem was geschieht. Auch wenn es unmöglich ist, alle Details der nonverbalen Interaktion wiederzugeben, die auf dem Videoband verfügbar sind – Position, Haltung, Gesten, Ausdruck, flüchtiges Lächeln und flüchtige Blicke, Timing, Tonalität, Lautstärke und Veränderung der Sprechgeschwindigkeit, usw. –, sind genug Beschreibungen hinzugefügt worden, damit der Leser den Verlauf der Geschehnisse verfolgen kann, ohne das Videoband gesehen zu haben.

Kommentare, die Virginias Arbeit oder Lindas Reaktion beschreiben oder erklären, erscheinen in Klammern oder *Kursivdruck*. Eckige Klammern werden für kurze Beschreibungen spezifischer Muster verwendet, die in dem letzten Kapitel besprochen worden sind, z.b. [Bedeutungsreframing]. Diejenigen, die nur das wörtliche Transkript lesen möchten, können diese Kommentare auslassen.

Die Zahl zu Beginn jedes Absatzes gibt die Zeit in Minuten und Sekunden an, die von Anfang der Sitzung verstrichen ist, um sowohl ein Maß dafür zu bieten, wie lange jeder Abschnitt gedauert hat, und es zu erleichtern, sich im Kommentar auf Teile des Transkripts zu beziehen.

Das Transkript

00:00 VIRGINIA: Ich möchte gerne noch einmal von einigen anderen hier hören, was für Euch passiert ist, äh in diesem letzten Abschnitt. Wer möchte mir etwas darüber erzählen – was für Euch passiert ist?

00:11 LINDA: Ich möchte was sagen.

00:12 VIRGINIA: Komm her. (Virginia streckt ihre rechte Hand aus, und Linda kommt aus der Gruppe der Anwesenden und ergreift Virginias Hand mit ihrer linken.) Danke. Und Du bist...?

00:20 LINDA: Ich bin Linda.

00:21 VIRGINIA: Linda. Hallo Linda.

00:22 LINDA: Hallo. Diese ganze Sache heute war eine sehr emotionale Erfahrung (gestikuliert mit ihrer rechten Hand nach rechts). Und ich glaube, was für mich hochgekommen ist, ist, daß ich dieses ungeheure Gefühl einer tiefen Verbindung gespürt habe, die ich mit anderen haben könnte. Und ich bin irgendwo zwischen unglaublich powervoll (gestikuliert mit ihrer rechten Hand nach rechts) und einem totalen Schwächling (gestikuliert nach links). (Linda lacht ein wenig und die Gruppe lacht mit ihr. Linda lächelt.)

(Linda hat einen deutlichen sequentiellen Konflikt oder eine Polarität zwischen zwei Extremen beschrieben: „unglaublich powervoll" und „totaler Schwächling". Sie hat auch mit ihren Gesten demonstriert, daß sie diese Polarität als räumlich getrennt erlebt: „Power" ist zu ihrer rechten und „Schwächling" zu ihrer linken Seite.)

00:50 VIRGINIA: Okay, ich habe ein Bild dafür. *(Virginias Antwort ist sehr spezifisch. Sie sagt nicht einfach: „Ich verstehe"; sie drückt explizit aus, daß sie ein visuelles Bild von dem hat, was Linda gesagt hat.)* Wir werden weitermachen, ja. (Als Virginia das sagt, schaut sie zu ihrer linken nach oben, auf ein erinnertes visuelles Bild. Siehe Anhang III. *„Wir werden weitermachen" enthält die Präsupposition, daß es möglich ist weiterzumachen.* Sie spricht dann zu der Gruppe, während sie mit ihrer linken Hand in Richtung auf Linda gestikuliert.)

00:53 VIRGINIA: Kennt Ihr das, dieses Gefühl: „Ich kann es schaffen in dieser Welt" (gestikuliert nachdrücklich mit ihrer linken Hand) und dann: „Oh, nein, ich bin nur eine nasse Nudel"? (Virginia läßt ihren ganzen Körper zusammenschrumpfen und schlapp werden.) Wieviele kennen das? (Virginia hebt ihre Hand, Teilnehmer in der Gruppe heben ebenfalls zustimmend ihre Hände.) Oh, wunderbar! Okay.

(Das ist ein schönes Beispiel für das, was manche „Normalisierung" nennen. Virginia zeigt, daß Lindas Konflikt ein Problem ist, das jeder – Virginia eingeschlossen – erlebt, was es „normal" macht. Wenn jemand ein Problem als normal ansieht, erscheint es ihm als leichter lösbar. Indem sie zugibt, daß sie das gleiche Problem erlebt hat, stellt Virginia eine Beziehung zwischen Gleichberechtigten her.)

(Gleichzeitig tut sie noch etwas anderes sehr Wichtiges. Indem sie die anderen Teilnehmer explizit auffordert, nach eigenen Erfahrungen zu suchen, die dem ähneln was Linda erlebt, lädt sie sie ein, auf dem Wege der Identifikation an Lindas therapeutischer Reise teilzuhaben. [Verschieben des Bezugsindex]. Diejenigen, die diese Einladung annehmen, werden viele ähnliche oder gleiche therapeutische Veränderungen erleben wie Linda selbst.)

01:02 LINDA: Bloß heute war ich der Stärke viel näher (gestikuliert wieder zu ihrer rechten) und habe gefühlt, hmm – ich habe da hinten geweint (Linda lacht kurz, fast weinend und zeigt in Richtung auf den Platz, wo sie in der Gruppe gesessen hat.) während des ersten Teils, und ich habe mich einfach, hm, so (zeigt auf ihre Brust) sehr, sehr traurig darüber gefühlt, daß ich diese Distanz zu Menschen so oft spüre und dabei will der andere Teil von mir nur – und manchmal bin ich wirklich in Kontakt damit – und ich kann *jeden* umarmen (gestikuliert mit ihrer rechten Hand) und ich fühle absolute Liebe für alle. Und ich fühle, daß ich anderen Menschen wirklich dabei helfen könnte, sich zu ändern, und ich habe Dir zugeschaut, wie wunderbar Du das machst... mit dem Wunsch das auch zu machen, und was immer es für mich bedeutet.

(Linda hat ihre Ambivalenz noch einmal ausführlicher dargestellt: „powervoll" bedeutet mit anderen Kontakt zu haben, sie zu umarmen und zu lieben, während „Schwächling" bedeutet, Distanz zu ihnen zu fühlen. Linda möchte in der Lage sein, mit anderen eine Beziehung herzustellen und das ist das Ziel, auf das Virginia in der Sitzung hinarbeiten wird.)

01:43 VIRGINIA (nickt): Wunderbar, Linda. *(Virginia nimmt Lindas Hand und tätschelt sie mit ihrer anderen Hand. „Wunderbar" ist eine unspezifische positive Bestätigung Lindas. Achten Sie darauf, daß Virginia nicht auf den negativen Aspekt eingeht und Mitleid anbietet: „Wie schade, daß Du Dich nicht mit anderen verbunden fühlen kannst." Stattdessen verstärkt sie die positive Seite und sagt „Wunderbar". Es ist in der Tat wunderbar, daß Linda ein Ziel für sich hat, daß sie es geäußert hat, usw.)* Laß mich gerade nur etwas Kleines mit Dir anstellen. *(„Laß mich gerade nur etwas Kleines mit Dir anstellen" fordert Linda dazu auf, sich mit dem einverstanden zu erklären, was Virginia beschließt mit ihr zu tun, ganz gleich, was es sein mag. Virginia schaut dann nach links unten und hört auf ihre innere Stimme. Siehe Anhang III.)* Kannst Du in Deinem Leben einen Platz dafür sehen, eine „nasse Nudel" zu sein?

(Bisher hat Linda „nasse Nudeln" als etwas Schlechtes beschrieben. Virginia fordert Linda auf, einen Kontext zu finden, in dem eine „nasse Nudel" etwas Gutes sein könnte [Kontextreframing], um Lindas Sichtweise dieses Teiles der Polarität zu erweitern. Anstatt ihr platt aufzutragen, einen solchen Kontext zu finden, nutzt sie eine freundlichere Form: „Kannst Du in Deinem Leben einen Platz dafür sehen, eine ‚nasse Nudel' zu sein?" [Konversationelle Forderung], die zugleich eine Anweisung [eingebetteter Befehl] ist, ein visuelles Bild dieses Kontextes zu sehen.)

01:53 LINDA: Wo ich eine „nasse Nudel" sein kann?

01:55 VIRGINIA: Hmhmm, Hmhmmm (Virginia läßt ihren Körper wieder zusammenschrumpfen und schlapp werden.), ja.

01:57 LINDA: Ja, ich glaube schon.

01:58 VIRGINIA: Gut, worum ich Dich bitten möchte, ist, Dir dieses Bild jetzt anzusehen (*Virginia sagt nicht nur ausdrücklich: „Sieh' Dir dieses Bild an", sie schaut und gestikuliert auch nach oben, wo man am leichtesten visualisieren kann.* Siehe Anhang III. Linda schaut ebenfalls nach oben) und sieh' Dich als eine „nasse Nudel" und laß uns gemeinsam sehen, was sich aus diesem Bild für Dich ergibt. (*Nachdem Virginia den Satz beendet hat, schaut sie nach links unten und hört auf ihre innere Stimme.*)

02:06 VIRGINIA: Denn ich war zunächst etwas besorgt, daß Du diese „nasse Nudel"-Geschichte einfach loswerden wolltest. (Linda lacht kurz.) Und dann dachte ich mir: Du wärest wieder genau dort, wo Du vorher warst, Du wärst „abgemagert" (*Virginia gebrauchte oft das Wort „abgemagert", was für sie begrenzt, eng oder einseitig bedeutete.*) auf eine kleine alte Sache, die Du tun könntest und das wäre immer powervoll zu sein. (Virginia richtet sich auf, um powervoll auszusehen.)

(*Die zwei letzten Sätze gehören nicht zu den klarsten, die Virginia je gesprochen hat. Sie möchte, daß Linda den Wert erkennt, den es hat – zumindest in manchen Kontexten – eine „nasse Nudel" zu sein, damit sie den Teil von sich würdigen kann, den sie „Schwächling" genannt hat. Beide Seiten einer Polarität zu schätzen, ist ein wichtiger erster Schritt, um einen inneren Konflikt beizulegen. Die meisten von uns denken zunächst wie Linda, daß ein Teil gut und der andere schlecht sei. Virginia gebraucht die Vergangenheitsform, wenn sie davon spricht, diesen Teil loszuwerden und verweist damit diese Denkweise in Lindas Vergangenheit und erleichtert es Linda offen zu sein, um diesen Teil in der Gegenwart zu würdigen.*)

02:18 VIRGINIA: Laß mich jetzt sehen, was mit dieser „nassen Nudel" los ist.

02:22 LINDA: Okay.

02:24 VIRGINIA: Kannst Du sehen, wann das einfach „lecker" wäre? (Virginia schaut nach oben und leckt sich genüßlich die Lippen. *Sie fordert Linda spezifisch zu einer Visualisierung auf, indem sie „Kannst Du sehen" gebraucht. Durch den Gebrauch des Wortes*

*„wann" setzt sie voraus, daß es eine Zeit und einen Ort gibt, wo es „lecker"
ist, eine „nasse Nudel" zu sein.*)

02:26 LINDA: Ich sehe mich, wie ich vielleicht auf dem Sofa liege,
eine Menge Freunde um mich herum, und ich fühle mich einfach
vollkommen ungeschützt (*Linda gestikuliert auf eine entspannte
Weise und berührt ihre Brust.*) und ich lasse mich von Leuten
pflegen und umsorgen. (*Linda gestikuliert in Richtung auf
Virginia.*)

02:35 VIRGINIA: Okay. Was für ein Gefühl ist das?

02:38 LINDA (*mit einem breiten Lächeln*): Ich... ich mag das
Gefühl.

02:40 VIRGINIA: Das ist gut. (*Die Gruppe lacht.*) Nun wäre das
nicht der Zustand, in dem Du sein möchtest, wenn Du eine schwere
Tüte mit Lebensmitteln zu tragen hast, stimmt's? (*Nachdem sie eine
volle, positive Reaktion von Linda erhalten hat, weist Virginia unmittelbar
darauf hin, daß es zwar für bestimmte Kontexte angemessen ist, jedoch
nicht für andere.* [Kontextreframing])

02:47 LINDA: Nein.

02:48 VIRGINIA: Nein. Gut, und wohin führt uns das? Das führt
uns *zur Freiheit zu wählen... zur Freiheit zu wählen.* („*... zu wählen" ist
ein eingebetteter Befehl an Linda, daß diese Einsicht ihr Wahlfreiheit gibt.*)
Wenn ich das tun muß (macht eine Geste nach vorn), kann ich das
aus mir herausholen. Wenn ich das tun muß (macht eine Geste nach
links), kann ich das aus mir herausholen. Aber wenn ich eine Regel
habe, daß ich immer so oder so sein muß, dann kann ich es nicht
machen. (Linda nickt.)

03:04 VIRGINIA: Ich möchte Dir jetzt auch noch eine andere Frage
stellen. Glaubst Du wirklich, daß Du alle zur gleichen Zeit lieben
kannst? (*Virginia richtet nun Lindas Aufmerksamkeit auf die andere Seite
der Polarität, indem sie die allgemeine Aussage in Frage stellt, die Linda
zuvor gemacht hat: „Ich kann jeden umarmen und ich fühle absolute Liebe
für alle." Indem sie „zur gleichen Zeit" hinzufügt, macht Virginia Lindas
Aussage noch extremer. Sie verfolgt den Regel-Gedanken weiter, den sie
gerade* [3:00] *erwähnt hat: Wenn ich glaube, daß ich immer alle lieben muß,
wird das schwer zu verwirklichen sein und könnte zu Versagen und
wahrscheinlich auch Selbst-Kritik führen. Wenn mein Ziel Flexibilität und
Wahlfreiheit enthält, ist es leichter zu erreichen und zudem auch befriedigender.*)

73

03:11 LINDA: Zur gleichen Zeit.

03:13 VIRGINIA: Ja, oder kannst Du jeden lieben, Punkt? (*Virginia schaut und gestikuliert nach links oben. Das ist eine nonverbale Einladung für Linda, ihre erinnerten Bilder durchzusehen.*)

03:17 LINDA: (*Schaut nach rechts oben, wo die meisten Menschen Bilder von zukünftigen Möglichkeiten konstruieren.*) Ich glaube schon, daß ich es kann – ich möchte gerne (berührt ihre Brust) einen Punkt erreichen, wo ich über die Persönlichkeit von Menschen hinausgehen kann (macht eine Geste nach vorn, mit der Handfläche nach innen), die in bestimmten Momenten häßlich sein kann (macht eine Geste nach vorn mit der Handfläche nach außen), und sie einfach nur liebe (gestikuliert abwechselnd in Richtung auf ihre und Virginias Brust, *ein weiterer nonverbaler Hinweis dafür, daß Linda eine enge Verbindung mit Virginia spürt*) für die Verbindung, die wir als menschliche Wesen haben können, oder für dieses „Licht" von dem Du gesprochen hast (früher am Vormittag) oder so. (*Linda trifft eine Unterscheidung, die nützlich und therapeutisch sein kann – zwischen dem Verhalten einer Person, das unangenehm sein kann, und seinem inneren Wesen. Das ist eine Unterscheidung, die Virginia früher in diesem Workshop getroffen hat. Virginia bestätigt das und fragt Linda, was sie mit dem unangenehmen Verhalten tun wird.*)

03:31 VIRGINIA: Gut, was wirst Du mit dem üblen Verhalten machen?

03:34 LINDA: Nun, ich werde nicht viel Zeit mit ihnen verbringen. Ich werde mich dafür entscheiden, nicht mit Menschen zusammen zu sein, die fies sind, aber ich will trotzdem keinen *Haß* für sie empfinden. Ich möchte sie dafür lieben, daß sie menschliche Wesen sind.

03:46 VIRGINIA: Das ist ein so zentraler Punkt, und ich möchte deshalb etwas ausführlicher darauf eingehen. Hmm... (Virginia schaut zur Gruppe und nickt dann einem Mann in der Gruppe, Randy, zu, der ein guter Freund Lindas ist.)

03:53 LINDA (lächelt): Oh Gott. Ich bin froh, daß Du ihn ausgesucht hast. (Die Gruppe lacht.)

03:56 VIRGINIA (scherzend, während Randy nach vorn kommt und sich zu Virginias Linken aufstellt): Nun, ich habe Deine Gedanken gelesen mußt Du wissen, ich habe Deine Gedanken gelesen. Nein, glaub's nicht; ich habe Deine Gedanken nicht gelesen. (*Indem sie zunächst sagt, daß sie Lindas Gedanken gelesen habe und das dann gleich wieder bestreitet, macht Virginia einen Scherz, der die leichte Atmosphäre bewahrt. Sie nimmt in spielerischer Weise die „Experten/Guru"-Rolle an und gibt sie schnell und ausdrücklich wieder auf. Indem sie es überhaupt erwähnt, schafft sie in Lindas Denken die Möglichkeit, daß sie vielleicht doch ihre Gedanken lesen kann. Auch wenn sie es bestreitet, heißt das nicht notwendigerweise, daß es nicht wahr ist, und Menschen lieben es, Erklärungen für Koinzidenzen zu finden. Virginia legt dann kurz ihre* linke Hand auf Randys Schulter, während sie weiterhin mit Linda spricht.) Okay. Was ich gehört habe war: „Ich möchte nicht mit Haßgefühlen herumlaufen." *(Virginia wiederholt, was Linda gesagt hat, um zum einen Lindas Bestätigung zu erhalten und sie zum anderen auf diese Aussage festzulegen, bevor sie sie weiter gebraucht.)*

04:07 LINDA: Richtig.

04:08 VIRGINIA: „Ich möchte nicht mit Haßgefühlen herumlaufen." *(Indem Virginia den Satz wiederholt, unterstreicht sie noch einmal, daß sie sich zu dieser Aussage bekennt. Es gibt ein Klischee, das besagt, daß etwas, wenn man es oft genug wiederholt, wahr wird, und Virginia gebrauchte häufig Wiederholung als eine Möglichkeit der Hervorhebung.)* Was Du nicht gesagt hast, was aber vielleicht *wahr* ist, ist, daß *Du weißt, daß Haß dich zerfrißt. (Virginia macht eine Geste in Richtung auf ihren Bauch. Sie gebraucht „Du" in einem universalen Sinn: „alle von uns". Virginia setzt voraus, daß Haß einen zerfrißt; die einzige Frage ist, ob Linda es weiß. „Es ist wahr" und „Du weißt, daß Haß dich zerfrißt" sind ebenfalls eingebettete Befehle, die durch Lautstärke markiert werden.)*

04:14 LINDA: Hmmhmm.

04:15 VIRGINIA: Was Haß nämlich tut, ist, daß er beginnt an Dir zu fressen. Wie viele von Euch wissen das? *(Indem sie sagt: „Was Haß nämlich tut..." und „Wie viele von Euch wissen das?" setzt Virginia wieder voraus, daß Haß an einem zehrt und erreicht wieder Normalisierung, Gleichheit und Beteiligung der Zuhörer.)* Er beginnt an Dir zu fressen und er frißt und frißt und je mehr Du haßt, umso mehr willst Du das Objekt Deines Hasses töten. *(Indem sie dreimal wiederholt, daß Haß an einem frißt, betont sie weiter die Wahrheit dieser Aussage [Wiederholung].)* Siehst Du, das bewirkt etwas sehr Interessantes. Sobald Du einmal eine Kategorisierung vornimmst oder etwas stereotypisierst, oder irgendeine Art von Vorurteil triffst, dann muß das zum Fokus von Haß werden. Es muß zum Fokus werden – vor

75

allem Vorurteile müssen zum Fokus von Haß werden [Wieder-holung].

04:45 VIRGINIA: Und Haß kommt davon, daß Du Dich verletzbar fühlst. (Virginia wendet sich Randy zu.) Denn wenn Du nicht das tun würdest, was Du tust – z.b. diesen Schurrbart tragen. (Wendet sich wieder Linda zu.) Du weißt, daß alle Männer mit Schnurrbart ganz böse Gedanken im Kopf haben. (Linda und die Gruppe lachen; Randy lächelt.) Eine Menge Leute sagen das.

(Virginia hat Lindas Situation mit Hilfe universaler menschlicher Prozesse beschrieben und bezuglose Substantivargumente gebraucht: „Haß zerfrißt Dich", und „Haß entsteht, weil Du Dich verletzbar fühlst". Nachdem sie die grundlegenden Themen von Verletzbarkeit, Haß und Töten betont hat, gebraucht Virginia ein triviales und witziges Beispiel – „Du weißt, daß alle Männer mit Schnurrbart ganz böse Gedanken im Kopf haben", um Leichtigkeit und Humor zu bewahren, während sie dazu übergeht, Linda einen neuen Weg zu zeigen, über diese großen Probleme nachzudenken. Virginia wählt ein Beispiel – „Alle Männer mit Schnurrbart..." –, bei dem jeder erkennt, daß der Haß unangemessen ist. Das bildet eine Grundlage, um später Lindas Haßgefühle gegenüber anderen ebenfalls als unangemessen in Frage zu stellen.)

05:59 VIRGINIA: Also gut, dann kommt die Angst. Und der Haß ist da, um die Machtlosigkeit zu verbergen. *(Anstatt zu sagen „Deine Angst" usw. spricht Virginia weiter in allgemeinen Begriffen wie „die Angst", „der Haß", „die Machtlosigkeit". Das erlaubt es ihr wichtige Aussagen zu machen, ohne Linda direkt zu konfrontieren.)* Und wenn wir uns also in die Position begeben, daß wir uns machtlos fühlen müssen, beginnen wir uns selbst zu zerfressen. Wir beginnen uns zu zerfressen [Wiederholung]. *(Virginias Formulierung – „wir zerfressen uns selbst" – enthält die Präsupposition, daß wir zugleich die Urheber und die Opfer des Hasses sind. Und da wir ihn selbst erzeugen, haben wir auch die Möglichkeit, das zu ändern. Das bewirkt eine andere Sichtweise als zu sagen „wir hassen andere" oder „andere haben uns etwas Furchtbares angetan". In ihren letzten zwei Sätzen geht Virginia auch zu dem universalen „wir" über. Das erleichtert ihr einen sanfteren Übergang, wenn sie sich als nächstes Linda zuwendet und zu „Du" überwechselt.)*

05:16 VIRGINIA: Also gut. Das ist nun nicht das, was Du tun willst. Laß uns jetzt für einen Moment – wir werden für ihn (zeigt über ihre Schulter auf Randy) später ein paar Schimpfnamen finden.

(*„Wir werden für ihn später ein paar Schimpfnamen finden"* [bezugloses Substantivargument] *fordert Linda dazu auf sich zu überlegen, wem gegenüber sie in ihrem Leben Vorurteile hat. Welche Schimpfnamen werden Randy später gegeben?* „Für ihn später ein paar Schimpfnamen finden" *ist auch ein eingebetteter Befehl und weist deutlich darauf hin, daßVirginia bereits einen Plan dafür hat, was sie später mit Linda tun will: mit ihren Vorurteilen gegenüber jemand in ihrer Ursprungsfamilie arbeiten.*) Denk' daran, daß Du so kongruent wie möglich bleiben willst, was bedeutet, daß Du Dich selbst wissen läßt, wie Du Dich fühlst.

05:31 LINDA: Hmhmm.

05:32 VIRGINIA: Nun, genau genommen besteht der Weg aus dem Haß heraus darin, Dich selbst wissen zu lassen, daß Du verletzlich bist, und daß Du Dich machtlos fühlst. (*Virginia fragt nicht: „Fühlst Du Dich verletzlich, wenn Du Haß spürst?" Sie setzt Verletzlichkeit voraus – es ist nur die Frage, ob Du Dir diese Gefühle eingestehst.*) Das ist der Weg, der aus dem Haß heraus führt.

05:40 VIRGINIA: In meiner Arbeit in San Francisco mit den Leuten, die unter den Straßen in den Abwasserkanälen und all diesen Orten arbeiten, gibt es etwas das ich regelmäßig tue. Dort sind viele Leute mit verschiedener Hautfarbe, und es gibt *viele* Schwierigkeiten mit diesen Leuten. Was ich tue, ist, ihnen zu helfen ihre Verletzlichkeit zu entdecken und zu entwickeln – ihre Angst davor geliebt zu werden, ihre Ängste, gleichgültig was sie sein mögen. (*Indem sie von „diesen Leuten" spricht* [bezugloses Substantivargument]*, diskutiert Virginia wieder auf elegante Weise das Thema auf einer allgemeinen Ebene, bevor sie dazu zurückkehrt, direkt mit Linda zu arbeiten.*) Und daher besteht der Schritt, um mit Haß zu arbeiten darin (Virginia wendet sich Linda zu und nimmt ihre beiden Hände.), Dir zu erlauben mit Deiner eigenen Verletzlichkeit in Kontakt zu kommen.

06:07 VIRGINIA: Wenn Du *früher* nicht mit Deiner Verletzlichkeit in Kontakt warst, hattest Du das Gefühl Dich zu schützen. Es liegt an diesem schrecklichen Menschen hier drüben – dieser Schnurrbart, mußt Du wissen, verbirgt eine Menge schrecklicher Dinge. (*Die meisten Menschen glauben, sie können sich schützen, indem sie ihre Verletzlichkeit nicht zeigen. Virginia versucht das in Lindas Vergangenheit zu verweisen indem sie sagt: „Früher hattest Du das Gefühl, Dich zu schützen" und dann zur Gegenwartsform übergeht, um das lächerliche Beispiel des schnurrbärtigen Mannes aufzuführen* [Wechsel zeitlicher

Prädikate]. *Die implizite Botschaft lautet: „Früher hast Du das geglaubt; jetzt ist es lächerlich."*)

06:15 LINDA: Nun, es hat mich gerettet. (*Linda gebraucht ebenfalls die Vergangenheitsform – „gerettet". Während sie aussagt, daß ihr Schutz wichtig war, beläßt sie ihre Aussage in der Vergangenheit.*)

06:16 VIRGINIA (für einen Moment von Lindas Widerspruch überrascht): Nun, in gewisser Weise, ja, aber dann wieder in gewisser Weise auch noch nicht. (*Indem sie sagt „in gewisser Weise auch noch nicht", gibt Virginia zu verstehen, daß es Linda nicht gerettet hat, daß sie aber in der Zukunft gerettet werden kann.*) Du hast es mißverstanden, aber das ist in Ordnung. (*Lindas offensichtlicher Widerspruch mit Virginias Aussage wird als „Mißverständnis" bezeichnet [Bedeutungsreframing]. Dann akzeptiert Virginia Lindas Aussage und fährt damit fort herauszufinden, was Linda damit meint.*) „Es hat Dich gerettet." Okay. In Ordnung, hier bist Du nun also. (*Virginia schaut nach links unten für eine auditive Erinnerung.*) Du hast etwas von retten gesagt. Welchen Haß hast Du zu Deiner Rettung benutzt? (*Virginia beginnt Informationen zu sammeln, um ein offensichtliches Mißverständnis aufzuklären.*)

06:37 LINDA: Ich habe nicht gemeint, daß der Haß mich gerettet hat. Ich habe gemeint, daß mich davor zu schützen, verletzlich zu sein, mich vor den Dingen gerettet hat, von denen ich geglaubt habe, daß sie mich verletzen würden – in meiner Familie zum Beispiel.

06:50 VIRGINIA: In Ordnung. Halten wir das mal für eine Minute fest (*„Halten wir das mal für eine Minute fest" enthält die Präsupposition, daß nach einer Minute, wenn Linda das, woran sie jetzt denkt, nicht mehr festhält, es verschwunden sein wird.*), denn jetzt sprichst Du von etwas anderem. Du sprichst von Deiner Fähigkeit, die Dinge zu sehen, die Dich verletzen könnten, und Dich dann zu entfernen, sie zu überwinden oder auf andere Weise damit fertigzuwerden. Das ist etwas anderes, denn das eröffnet Dir eine Menge an Möglichkeiten. Ich will nicht – was ich hiermit will, ist Menschen zu helfen, klar zu erkennen, daß sie immer Wahlmöglichkeiten haben. (*Auch wenn Virginia von „Menschen" spricht [bezugloses Substantivargument], meint sie eindeutig Linda. Virginia verändert die Beschreibung auch in einer Weise, die Wahlmöglichkeiten eröffnet. „Nicht verletzlich sein" wird zu „Gefahr erkennen und bewältigen". Genaugenommen kann „Gefahren bewältigen" auch verletzlich sein mit einschließen.*)

07:22 LINDA: Hmhmm.

07:23 VIRGINIA: Laß uns also – wer war der – laß uns sehen, wer in Deiner Familie – Vater, Mutter – wer war es, den Du – oder waren es beide oder wie war es? (*Virginia kehrt zu Lindas Kommentar über „Dinge, von denen ich geglaubt habe, daß sie mich verletzen könnten – in meiner Familie zum Beispiel" zurück* [6:43]. *Virginia beginnt damit, Familienmitglieder aufzuzählen und dabei Lindas Reaktion zu beobachten. Aber Virginia ist nicht sehr deutlich, weshalb Linda mit Verwirrung reagiert. Sie reagiert nicht direkt auf Virginias Erwähnung von Vater und Mutter.*)

07:31 LINDA: Den ich was?

07:32 VIRGINIA: Vor dem Du Dich schützen wolltest, als Du aufwuchst?

07:34 LINDA (mit Nachdruck): *Mutter.* (Linda schließt ihre Augen und wendet ihren Kopf kurz ab.)

07:35 VIRGINIA (zu Randy): Nun, Du hast das falsche Geschlecht dafür, aber bleib hier oben. (Linda lacht.) Laß uns jemanden aussuchen. (Virginia nickt einer älteren Frau in der Gruppe zu.) Möchtest Du nach oben kommen und die Mutter sein? (Die Frau aus der Gruppe kommt auf die Bühne und nimmt Randys Platz ein.)

07:42 LINDA (lacht): Oh, worauf hab ich mich da eingelassen?

07:45 VIRGINIA (unbeschwert): Nun, ich kann Dir sagen, daß immer, wenn Du Dich mit mir auf etwas einläßt, es den Berichten der Leute zufolge *wunderbar* endet. (*Die Gruppe lacht. Indem sie den allgemeinen Begriff „Leute" und „wunderbar" verwendet, malt Virginia ein einladendes Bild, ohne jedoch Linda etwas Bestimmtes zu versprechen.*)

07:50 LINDA: Okay.

07:51 VIRGINIA: Ich will Dir folgendes sagen und ich weiß, daß es wahr ist. Also gut, ich habe bereits ein Bild, aber ich möchte, daß Du mir sagst, wie es kommt oder was in dem Bild, das Du von *ihr* hast (zeigt auf die Frau, die Lindas Mutter spielt), bewirkt, daß Du Dich verletzlich fühlst? (*Achten Sie darauf, daß Virginia sagt „in dem Bild, das Du von ihr hast" – und nicht z.B. „was macht sie?" – und sie bezieht sich damit absichtlich auf Lindas Bild von ihrer Mutter anstatt auf die Mutter selbst* [Modell der Welt]. *Virginia leitet das darüberhinaus mit der parallelen Aussage ein: „Ich habe ein Bild…" von dem was Linda sagte.*)

08:06 LINDA: Ich soll sie mir als meine Mutter vorstellen?

08:08 VIRGINIA: Ja, das ist richtig. Und gib ihr…

08:10 LINDA: Sie... Hmm...

08:11 VIRGINIA: Sag „Du" zu ihr. Das wird helfen. (*Indem sie „sie"* *gebraucht kann Linda Distanz zu dem Bild ihrer Mutter bewahren und* *ihre emotionale Reaktion gering halten. Der Gebrauch von „Du" wird sie* *in die problematische Interaktion zurückversetzen und ihre Gefühle stärker* *beteiligen* [Assoziierung].)

08:12 LINDA (voller Groll): Okay. Du, Du... Du kannst meine Fröhlichkeit nicht ertragen, und deshalb unterdrückst Du mich ständig und hast immer etwas an mir auszusetzen. (Linda gestikuliert wiederholt mit ihrer Handfläche nach oben in einer schlagenden Bewegung in Richtung auf ihre Mutter.)

08:21 VIRGINIA: Gut, sag ihr jetzt – (Virginia schaut nach links oben nach erinnerten Bildern.) Laß uns einen Dialog daraus machen. Was hat sie an Dir auszusetzen? (*Das ist das erste Mal, daß Linda* *dazu aufgefordert wird, den Platz ihrer Mutter einzunehmen* [Wechsel des Bezugsindex], *indem sie das äußere Verhalten ihrer Mutter über-* *nimmt. Die genauen Worte ihrer Mutter zu hören wird Linda stärker* *beteiligen. Gleichzeitig wird es Virginia spezifische Informationen darüber* *geben, was genau Lindas Mutter sagt und wie sie es sagt.*)

08:24 LINDA (tadelnd): Du bist zu mager! (*Linda übernimmt das* *tadelnde Verhalten ihrer Mutter und wird durch das Rollenspiel zu ihrer* *Mutter* [Wechsel des Bezugsindex].)

08:26 VIRGINIA (leichthin): O, zu mager! Das ist wundervoll. (Linda lächelt.) Das ist wundervoll. (*Indem sie das Wort „wundervoll"* *zweimal gebraucht und in einem leichten Ton von etwas spricht, das Linda* *für ernst und furchtbar hält, hält Virginia Linda in einem positiveren* *Zustand, von dem aus sie ihre Mutter objektiver sehen kann.*) Ist sie dick?

(*Fritz Perls pflegte zu sagen: „Kontakt ist die Würdigung von Unter-* *schieden" – anstatt Unterschiede als etwas Schlechtes wahrzunehmen.* *Indem sie fragt, ob ihre Mutter dick gewesen sei, stellt Virginia einen* *möglichen Unterschied zwischen Linda und ihrer Mutter heraus und stellt* *die Bemerkung „Du bist zu mager!" in den Kontext dieser Unterschiede* [Kontextreframing].)

08:30 LINDA: Stämmig.

08:31 VIRGINIA: Stämmig (scherzhaft, schaut nach links oben). Okay. Gut. Das kann ich verstehen. (Linda und die Gruppe lachen. *Mit dieser scherzhaften Bemerkung erreicht Virginia mehrere Dinge.* *Erstens hellt dieser Scherz Lindas Zustand auf. Probleme lassen sich leichter lösen, wenn man über sie lachen kann.* Zweitens, *sagt diese Bemerkung im wesentlichen aus: „Ich bin wie Deine Mutter", was ein weiteres Beispiel dafür ist, wie Virginia Gleichheit mit den Personen mit denen sie arbeitet betonte.*)

(*Das vielleicht wichtigste ist jedoch, daß diese Bemerkung dazu führt, Lindas Gefühle ihrer Mutter gegenüber zu verändern. Linda hat gerade ihre Wut und Distanz ihrer Mutter gegenüber ausgedrückt. Davor hatte sie ihre tiefe Verbundenheit und ihren Respekt für Virginia ausgedrückt. Das sind zwei entgegengesetzte Gefühle, die Linda nacheinander ausdrückte, als sie ihren Konflikt zum ersten Mal darstellte* [00:22 und 01:02].

Durch diese Gleichsetzung von Virginia und Lindas Mutter, selbst auf diese beiläufige und scherzhafte Weise, beginnen diese zwei Gefühle nun simultan, anstatt wie bisher sequentiell aufzutreten und sich allmählich zu vermischen und aufzulösen.)

08:34 VIRGINIA: Gut, was sagt sie sonst noch?

08:37 LINDA: Gewöhnlich sagte sie – Du sagst mir immer, daß ich zu laut rede, und daß ich ruhiger und leiser sein soll. (*Linda macht eine Bewegung, als würde sie etwas nach unten drücken. Linda beginnt zunächst zu beschreiben, was ihre Mutter tut und geht dann zu Rollenspiel über.*)

08:43 VIRGINIA: Also gut. Okay. Mach Du das jetzt. „Du redest zu laut und Du solltest nicht soviel Lärm machen." (*Virginia schaut kurz nach links oben und dann nach links unten, sich daran erinnernd was Linda vorher gesagt hat.*) Was sonst noch? „Du bist zu mager; Du solltest leiser sein." Obwohl, das ist nicht, was sie Dir sagt. [Sie sagt:] „Mach nicht so einen Lärm."

08:55 LINDA: „Warum fängst Du nicht etwas mit Deinen Fähigkeiten an? Du bist so begabt; Du machst nichts aus Deiner Begabung." (*Diesmal übernimmt Linda vollkommen die Rolle ihrer Mutter.*)

08:58 VIRGINIA: An welche Begabungen denkt sie? Sind das die gleichen, an die Du denkst... (*Virginia beginnt eine Parallele zwischen Linda und ihrer Mutter zu ziehen, doch Linda unterbricht sie. Virginia wird später systematisch darauf eingehen* [24:16].)

09:00 LINDA: Musik.

09:01 VIRGINIA: Also gut, Du bist nicht – Du vergeudest Deine Begabung, äh?

09:03 LINDA: Genau.

09:04 VIRGINIA: Oh, Okay. (Linda lächelt und die Gruppe lacht.) Was sonst noch?

09:06 LINDA (lacht): Reicht das noch nicht?

09:09 VIRGINIA: Nun, wenn wir schon mal dabei sind, warum sollen wir nicht eine lange Liste machen? (*Virginia betont und übertreibt absichtlich Lindas Klagen mit in einem leichten und humorvollen Ton. Das beginnt die Klagen humorvoll erscheinen zu lassen, was es Linda erleichtern wird, sie zu untersuchen und später zu verändern.*)

09:14 LINDA: Okay, hmm: „Du bist genau wie Dein Vater."

09:16 VIRGINIA (leichthin, schaut nach links oben): Oh, wunderbar. Das ist ein toller Vorwurf. (*Virginia bewahrt den Humor indem sie sagt: „Oh, wunderbar." und „Das ist ein toller Vorwurf."* Linda lacht.) Was ist mit Deinem Vater nicht in Ordnung und in welcher Beziehung bist Du genau wie er?

09:20 LINDA: Er ist Ire.

09:21 VIRGINIA: Oh, ich verstehe. Oh, und Du bist dann *halb* irisch.

09:24 LINDA: Stimmt.

09:25 VIRGINIA (scherzhaft): Sag Ihr, daß sie dann nur halb so tadelnd mit Dir sein darf, weil sie die andere Hälfte von Dir ist. (Linda lacht. *Virginia scherzt weiter, um Lindas Ernsthaftigkeit aufzulockern und ihr zu helfen, eine neue, objektivere Perspektive zu gewinnen [Dissoziierung]. Virginia nutzt die Logik, die implizit in der Aussage „Du bist wie Dein Vater und er ist Ire" enthalten ist, um darauf hinzuweisen, daß, da sie nur zur Hälfte irischer Abstammung ist, ihre Mutter nur halb so tadelnd mit ihr sein kann.*) Aber immerhin, okay. (leise) Was ist sonst noch mit Deinem Vater los?

09:32 LINDA: Ah, verantwortungslos.

09:35 VIRGINIA: Heißt das, er gibt ihr nicht so viel Geld wie sie will oder berät sich nicht mit ihr oder...? (*„Verantwortungslos" ist zugleich wertend und allgemein. Virginia fordert Linda auf spezifischer zu sein, indem sie ihr mehrere Möglichkeiten gibt, die eher beschreibend als wertend sind.*)

09:39 LINDA: Sie reden nicht miteinander; sie reden nicht miteinander. (*Linda macht wieder eine kategorische Behauptung, die impliziert, daß sie überhaupt nicht miteinander reden.*)

09:41 VIRGINIA (in herausforderndem Ton): Wieviele Jahre haben sie nicht miteinander geredet? (*Virginia stellt Lindas Übergeneralisierung in Frage, indem sie sie weiter übertreibt: „Wieviele Jahre?"*)

09:43 LINDA: Mein Vater ist jetzt verstorben, also reden sie jetzt *wirklich* nicht mehr, aber – (Lachen) ewig, vierzig Jahre. (*Linda hat eine extreme Generalisierung wiederholt, die nicht wahr sein kann. Bevor Linda ihrer Mutter verzeihen kann, muß sie sie zunächst in einer ausgewogeneren Weise sehen. Virginia wird sie unterbrechen und dann – immer noch auf freundliche und scherzhafte Weise – Lindas Wahrnehmung ihrer Mutter in Frage stellen.*)

09:53 VIRGINIA: Jetzt warte mal einen Moment, einen Moment mal eben. [Wiederholung] Wie glaubst Du, sind sie... (Virginia wendet sich Lindas „Mutter" und Randy zu, der jetzt die Rolle ihres Vaters spielt.) Könnt Ihr Euch bitte mal umarmen? Ich möchte, daß Du (Linda) siehst, wie sie sich umarmen. Ihr (die Eltern) seid jetzt sechzehn und vierzehn. Umarmung bitte. (Lindas „Eltern" umarmen sich und Linda lacht laut.) Ist das die Zeit als sie sich getroffen haben, als sie noch sehr jung waren? Wie alt waren sie? (*Linda war vollkommen auf das Verhalten ihrer Mutter während ihres eigenen Lebens konzentriert. Nun richtet Virginia Lindas Aufmerksamkeit auf das Verhalten ihrer Eltern bevor Linda geboren war. Virginia setzt eine positive Liebesbeziehung voraus, um das Bild, das Linda von ihren Eltern hat, zu bereichern.*)

10:04 LINDA: Nein, sie waren älter. Dreißig, Mitte dreißig.

10:07 VIRGINIA: Also gut, sie sind Mitte dreißig, aber Du weißt, daß das passiert ist.

10:11 LINDA: Daß sie sich umarmt haben?

10:12 VIRGINIA: Ja.

10:13 LINDA: Ich zweifle daran. (Linda und die Gruppe lachen. *Linda macht wieder eine extreme Behauptung, indem sie bestreitet, daß ihre Eltern jegliche positiven Gefühle füreinander hatten. Virginia wird das in Frage stellen, um Lindas Wahrnehmungen von ihrer Mutter realistischer und ausgewogener zu machen.*)

10:14 VIRGINIA: Nun warte mal einen Moment. Warte einen Moment. [Wiederholung] Hat er – hat ihre Mutter mit einem Heiratsvermittler gearbeitet oder? Wie war das? (*Indem sie auf spielerische Weise fragt, ob ihre Eltern sich durch einen Heiratsvermittler getroffen haben, übertreibt Virginia Lindas implizite Behauptung, daß ihre Eltern keine positiven Gefühle füreinander hatten, auf eine Weise, die Linda zu einer Korrektur der Übertreibung veranlassen soll.*)

10:23 LINDA: Ich glaube, sie haben sich auf einer arrangierten Verabredung getroffen, ohne sich vorher zu kennen. (*Linda fährt implizit fort, jeden positiven Grund für die Verbindung ihrer Eltern zu leugnen.*)

10:26 VIRGINIA: Nun, Du kannst – viele Menschen treffen sich zu einer arrangierten Verabredung, und sie treffen sich und gehen gleich weiter. *Diese beiden haben das nicht getan.* (*Virginia fordert Linda wieder dazu auf, positive Gefühle zwischen ihren Eltern zu erkennen.*)

10:31 LINDA: Ich weiß.

10:32 VIRGINIA: Woran liegt das?

10:34 LINDA: Weil sie einsam war und er jemanden wollte, der sie retten konnte.

10:39 VIRGINIA: *Sie* retten?

10:40 LINDA: Hmhmm.

10:41 VIRGINIA: Oder *ihn*?

10:42 LINDA: Ah, *ihn* retten.

10:43 VIRGINIA (leichthin): Nun, das klingt nicht so außergewöhnlich. Okay. (Linda lacht) Hmhmm. (Schaut nach links unten) Also gut, glaubst Du, daß sie beide jemand anderen hätten finden können, er jemand, von der er geglaubt hätte, daß sie einsam war, aber er hätte auch andere Menschen finden können, die einsam waren, und sie hätte jemand anderen finden können, um ihr Gesellschaft zu leisten. Glaubst Du, daß das je passiert ist? Daß sie jemand anderen getroffen haben? (skeptisch) War das der einzige Fang, den sie machen konnten? (*Virginia fragt weiter nach Informationen über die Anziehung, die Lindas Eltern füreinander erlebten, um Lindas Wahrnehmung zu erweitern und zu bereichern und ihre verzerrte Generalisierung in bezug auf ihre Eltern zu verändern.*)

11:12 LINDA (nachdenklich): Das ist eine schwierige Frage... Ich glaube, daß die Zeit einfach reif war, sie waren beide älter und sie hatten das Gefühl, daß sie schnell etwas unternehmen mußten, da es sonst zu spät wäre. (*Linda leugnet implizit weiter, daß ihre Eltern einen positiven Grund hatten, um zu heiraten. Virginia stellt das wieder direkt in Frage.*)

11:23 VIRGINIA (nachdenklich): Glaubst Du das *wirklich*?

11:24 LINDA (mit einem breiten Lächeln): Nein, tu ich nicht! (Lachen)

11:25 VIRGINIA: Gut. Ich auch nicht. Ich auch nicht. (*Virginia betont, daß sie Linda zustimmt. Der Satz „Ich auch nicht" impliziert, daß es Lindas Idee ist und Virginia ihr zustimmt. Dadurch wird es für Linda leichter, das als ihre eigene Wahrnehmung zu erleben und nicht als etwas, das Virginia ihr durch wiederholtes Fragen eingeredet hat.* [9:53-11:23]) Aber das ist die „PR", die rausgeht. (*Indem sie den Begriff „PR" – Public Relations – gebraucht, trifft Virginia eine Unterscheidung zwischen Wahrnehmung und Wirklichkeit* [Modell der Welt]). Ja, weil Du konntest nicht sehen, was damals passiert ist. (*Virginia verlegt mit „nicht gesehen hast" und „damals" Lindas alte Wahrnehmungen in die Vergangenheit und verwendet dann die eingebettete Anweisung „sehen was passiert ist" in der Gegenwart. Als nächstes beginnt sie, ein Bild auszumalen, das für Linda nützlicher sein wird. Dabei geht sie gleichzeitig zu einer tieferen, ernsteren Stimme über.*) Was ich glaube kann ist, daß sie beide schüchtern waren, und ich kann ihn in einer Familie sehen, wo er dafür sorgen mußte, daß alle anderen Kinder zuerst eine Ausbildung erhielten oder so etwas bevor – oder sein Vater starb – ich weiß nicht was. Aber sie mußten das Heiraten aus irgendeinem Grund aufschieben. Und daher wäre das „Flattern der Geschlechtsdrüsen" nicht ganz so offensichtlich gewesen, aber es muß trotzdem vorhanden gewesen sein.

(*Virginia verschiebt Lindas Fokus von dem Verhalten ihrer Eltern auf ihre Gefühle und Motive, indem sie suggeriert, daß sie möglicherweise schüchtern waren oder andere Verantwortungen zu tragen hatten, bevor sie an Heirat denken konnten. Sie baut auch die Präsupposition ein, daß sie sexuell zueinander hingezogen waren, indem sie den ungewöhnlichen und humorvollen Begriff „Flattern der Geschlechtsdrüsen" gebraucht. Es spielt keine Rolle, ob Virginia mit ihren Vermutungen recht hat, so lange sie Lindas Aufmerksamkeit darauf lenken, welche Attraktion ihre Eltern zu Beginn füreinander erlebt haben – womit sie wiederum Lindas Wahrnehmung ihrer Eltern erweitert.*)

11:52 LINDA: Hmmm.

11:53 VIRGINIA: Wie oft haben sie es getan? Wieviele Kinder hatten sie? (*Die indirekte Anspielung auf Sex fordert Linda wieder dazu auf, an die Anziehung zwischen ihren Eltern zu denken.*)

11:56 LINDA: Drei.

11:57 VIRGINIA (*leichthin, als ob sie einen Spielstand beurteilte*): Drei. Nun, das ist ganz gut. (Lachen) Also gut. Wenn Du diese beiden Menschen gesehen hast, konntest Du nicht *das sehen*. (*Indem sie sagt: „Wenn Du sie gesehen hast, konntest Du nicht das sehen", verlegt Virginia Lindas alte Wahrnehmungen in die Vergangenheit und knüpft daran sofort das an, was sie nun in der frühen Beziehung ihrer Eltern sieht. „Gesehen hast... das sehen" ist ein eingebetteter Befehl, der Linda bedeutet: „Immer wenn Du an diese alten Wahrnehmungen denkst, wirst Du das sehen" – die positiveren Gefühle, die ihre Eltern zusammengeführt haben* [Wechsel zeitlicher Prädikate]. *„Konntest Du nicht das sehen" enthält die Präsupposition, daß es da war. Virginia schlägt dann im weiteren Verlauf andere neue Wahrnehmungen vor, die Linda dem alten und unvollständigen Bilde ihrer Eltern hinzufügen kann.*)

12:05 VIRGINIA: Du konntest nicht sehen, was sie zusammengeführt hat. (*Virginia gebraucht wieder die gleiche linguistische Form. Die Negation „Du konntest nicht" leitet einen eingebetteten Befehl ein: „sehen, was sie zusammengeführt hat".*) Mein Verdacht ist, daß sie beide „verschreckte Hühner" waren. (Virginia wendet sich Lindas „Mutter" zu.) Also gut, kannst Du Deine Arme so halten? (Virginia kreuzt ihre Arme über der Brust, und „Mutter" macht es nach.) Ja, zu Tode verängstigt. „Ich will nicht fühlen; ich will nicht – ich habe Angst, daß dies oder jenes geschehen könnte." Was weißt Du darüber, wie sie (zeigt auf Lindas „Mutter") aufgewachsen ist? (*Die Frage nach der Kindheit ihrer Mutter lenkt Lindas Aufmerksamkeit auf zusätzliche Informationen, die Lindas Verständnis ihrer Mutter erweitern und vertiefen werden.*)

12:23 LINDA: *Sehr* schwierig.

12:24 VIRGINIA: Was war schwierig daran? (*Lindas Beschwerde war, daß ihre Mutter ihr das Leben schwer macht. Nun sagt sie, daß die Kindheit ihrer Mutter ebenfalls schwierig war. Diese Ähnlichkeit bietet Linda eine Gelegenheit, ihre Mutter zu verstehen anstatt sie weiter zu bekämpfen. Virginia stellt sich zwischen Linda und ihre „Mutter" und ist Linda zugewandt.*) Sprich jetzt mit mir. (*Virginia fordert Linda auf, mit ihr und nicht mit ihrer „Mutter" zu sprechen, weil sie möchte, daß die Informationen über die Schwierigkeiten ihrer Mutter zunächst von Lindas eigenen Schwierigkeiten getrennt bleiben. Es wird Linda auch leichter fallen, darüber mit Virginia als mit ihrer „Mutter" zu sprechen. Virginia will an dieser Stelle Informationen. Sie wird später eine direkte Begegnung und emotionale Reaktion einleiten, wenn sie die Informationen über die Schwierigkeiten von Lindas Mutter gesammelt hat.*)

12:28 LINDA: Hmm, ein Vater der tyrannisch und vielleicht sogar gewalttätig war und äh –

12:33 VIRGINIA: Sie war also daran gewöhnt, geohrfeigt zu werden.

12:36 LINDA: Stimmt. Italienische Einwanderer, deshalb ging es viel um „Du mußt Dich auf eine bestimmte Weise verhalten, damit die Leute Dich nicht für anders oder verrückt halten", und viel, äh – sie durfte nicht mit Jungen zusammensein oder sich mit Männern verabreden, das war deshalb oft sehr schwierig. Wenn er sie bloß im gleichen Häuserblock mit einem Mann sah, wurde sie bestraft und solche Sachen. *(Lindas Gesten sind sehr ausdrucksvoll, aber schwer in Worte zu fassen.)*

12:53 VIRGINIA: Hat er sie verprügelt?

12:55 LINDA: Hmm, das ist schwer zu sagen, wahrscheinlich schon.

12:58 VIRGINIA: Gut, okay.

12:59 LINDA: Wir haben nicht diese Art von Kommunikation, deshalb weiß ich es nicht sicher.

13:01 VIRGINIA: Gut. Was *fühlst* Du, was *fühlst* Du [Wiederholung] wenn Du das erzählst, wenn Du an die Erfahrungen denkst, die diese Dame hatte bevor sie überhaupt daran dachte, Deine Mutter zu werden – bevor sie überhaupt daran dachte, zu heiraten? *(Virginia hat gerade Informationen über die Kindheit der Mutter gesammelt, die unabhängig von ihren Erfahrungen als Lindas Mutter sind. Virginia fragt sie danach, da es wahrscheinlich ist, daß Linda nützlichere Gefühle als Reaktion darauf erlebt.)*

13:13 LINDA: Ich fühle viel Mitgefühl für sie. *(Das kann als Kontextreframing aufgefaßt werden, da Linda nun positivere Gefühle für die gleiche Person in einem anderen, früheren Kontext ausdrückt. Diese Gefühle hervorzurufen ist ein Schritt in Richtung darauf, diese neuen Gefühle in Lindas gegenwärtige Interaktionen mit ihrer Mutter zu inkorporieren.)*

13:16 VIRGINIA: Okay. Ich frage mich, ob Du das noch weiter in Wertschätzung übersetzen kannst? [Eingebettete Frage] *(Virginia weiß, daß Mitgefühl nicht genug ist, deshalb geht sie sofort dazu über, diese Gefühle zu entwickeln. Indem sie das Wort „übersetzen" gebraucht, verwendet Virginia die Präsupposition, daß Mitgefühl und Wertschätzung gleichbedeutende Inhalte haben und nicht verschiedene Dinge bezeichnen.)* Laß mich Dir sagen, was mir vorschwebt. (leise) Sie bemüht sich immer noch. *(Virginia lenkt jetzt mit leiser Stimme Lindas Aufmerksamkeit auf die guten Absichten ihrer Mutter [Bedeutungsreframing]. In-*

dem sie tilgt, was ihre Mutter immer noch versucht, lädt Virginia Linda
dazu ein, selbst positive Motive einzufügen – Liebe auszudrücken, eine
gute Mutter zu sein, usw.)

13:25 LINDA: Hmhmm.

13:26 VIRGINIA (leise): Was sagt sie Dir? In Wirklichkeit sagt sie
Dir: „Du mußt dick sein, denn wenn Du dick bist, wirst Du wahrscheinlich gesund sein." (*Indem sie Lindas Aufmerksamkeit auf die gute*
Absicht ihrer Mutter lenkt – sie möchte, daß Linda gesund ist – reframt
sie die Bedeutung einer von Lindas Beschwerden, den Vorwurf ihrer
Mutter: „Du bist zu mager".) Das ist eine der Sachen, die die Leute
damals geglaubt haben. (*Indem sie Lindas Aufmerksamkeit auf die*
frühere Umgebung ihrer Mutter lenkt, errichtet Virginia eine neue Ursa-
che-Wirkungsbeziehung: die Besorgnis der Mutter in bezug auf Gewicht
ist die Folge einer veralteten Denkweise.)

13:39 VIRGINIA: Was war eine der anderen Sachen, die Du mir
gesagt hast?

13:41 LINDA: Ich bin zu laut.

13:43 VIRGINIA: Oh, „Du sprichst zu laut". Gut. (leise) Nun, ich
habe das Gefühl, daß eine laute Stimme in ihrem Denken mit Ärger
verbunden ist. (*Das reframt die Bedeutung des Vorwurfs „Du bist zu*
laut" als eine verängstigte Reaktion darauf, in ihrer Kindheit geschlagen
und schlecht behandelt worden zu sein. Es ist daher in keiner Weise eine
Reaktion auf Lindas Verhalten.)

13:53 VIRGINIA: Und ich weiß auch noch etwas anderes. Es war
für Dich leichter, mit Deinem Vater eine Beziehung herzustellen als
es das mit ihr war. (*Der erste Satz bezieht sich auf den zweiten und*
enthält den zweiten Satz, der (im Englischen; Anm. des Übersetzers)
mehrdeutig ist, als Präsupposition. Er kann eine von zwei oder beide der
folgenden Bedeutungen haben: „Es war leichter für Linda, mit ihrem Vater
eine Beziehung herzustellen, als es für Linda war, mit ihrer Mutter eine
Beziehung herzustellen" oder „Es war leichter für Linda, mit ihrem Vater
eine Beziehung herzustellen, als es für ihre Mutter war, mit ihrem Mann
eine Beziehung herzustellen." Die zweite Bedeutung enthält eine implizite
Parallele zwischen Linda und ihrer Mutter: Ihre Mutter hatte auch
Schwierigkeiten damit, Beziehungen mit anderen herzustellen.)

13:58 VIRGINIA: Sie (zeigt auf die „Mutter") sieht Dich also und
sie fühlt alle die verlorenen Teile. (*„Die verlorenen Teile" ist unspezi-*
fisch. Wegen der vorangegangenen Doppelbedeutung kann es sich auf die

Unfähigkeit der Mutter beziehen, mit Linda eine Beziehung herzustellen, oder mit ihrem Mann eine Beziehung herzustellen oder beides.) Das ist nicht Deine Schuld oder ihre Schuld. [Keine Schuldzuweisungen] Aber diese Frau (tritt zur Seite und zeigt auf Lindas „Mutter") hat wirklich nie das Gefühl gehabt, daß sie etwas vom Leben bekommen hat. *(Virginia richtet Lindas Aufmerksamkeit wieder auf die Gefühle, anstatt auf das Verhalten der Mutter.)* Okay? Und, das hilft ihr lediglich dabei, das zu verstehen – hilft *Dir* dabei, das zu verstehen.

(Linda ging anfangs von der Ursache-Wirkungsbeziehung aus: „Das Verhalten der Mutter verursacht meine schlechten Gefühle." Indem sie in die Kindheit der Mutter zurückgeht, etabliert Virginia eine neue Ursache-Wirkungsbeziehung: „Die schwere Kindheit der Mutter verursachte ihre schlechten Gefühle und das tadelnde Verhalten." Das definiert das tadelnde Verhalten der Mutter. Es ist Teil ihrer Reaktion auf eine unerfreuliche Kindheit; es hat wirklich überhaupt nichts mit Linda zu tun.)

14:15 VIRGINIA: Das hat nichts damit zu tun, sie zu lieben. Das hat nichts damit zu tun, daß das angenehm ist. Das hat nichts damit zu tun, daß es *wunderbar* ist, jemanden sagen zu hören, Du seist zu mager.

(Virginia sagt damit, daß die Berücksichtigung der inneren Erfahrungen und Gefühle ihrer Mutter Linda hilft, das Verhalten ihrer Mutter zu verstehen und sie als Person zu würdigen, unabhängig davon, ob ihr gefällt was sie tut. Indem sie mit einer Negation beginnt – „Das hat nichts damit zu tun"– faßt Virginia Lindas Verständnis zusammen und bestätigt es auf eine Weise, die auch Gelegenheiten schafft, um positive eingebettete Befehle zu geben: „sie zu lieben", „daß das angenehm ist" und „daß es wunderbar ist, jemanden sagen zu hören, Du seist zu mager". Achten Sie darauf, welchen Unterschied es machen würde, wenn Virginia etwas gesagt hätte wie z.B.: „Das bedeutet, daß Du immer noch ihr Verhalten haßt und es sehr unangenehm für Dich ist und es schrecklich für Dich ist, zu hören, wie jemand sagt, Du seist zu mager." Das hätte Lindas Erfahrungen auch bestätigt, jedoch nur ihr Unglücklichsein verstärkt, ohne positive Alternativen zu bieten. Die linguistische Form, die Virginia hier verwendet, ist die gleiche, die sie schon zuvor verwendet hat [11:57, 12:05]. Sie beginnt mit einer Negation: „Das hat nichts damit zu tun...", auf die in Form eines eingebetteten Befehls das folgt, was sie Linda erleben lassen möchte. Das ist eine Variante eines negativen Befehls. Aussagen wie: „Denken Sie nicht an rosafarbene Elefanten" oder „Fühlen Sie sich jetzt nicht gut" führen in

der Regel dazu, daß der Zuhörer – und sogar der Leser – an rosafarbene
Elefanten denkt und sich gut fühlt. Man könnte einwenden, Virginia
wollte sicher nicht, daß Linda ,getadelt werden' für etwas Angenehmes
halten sollte; das ist jedoch genau das Verständnis, zu dem Linda viel
später im Verlauf der Sitzung [49:31] gelangen wird.)

14:23 VIRGINIA: Übrigens, ich habe – lebt sie (zeigt auf die Mutter) noch?

14:24 LINDA: Hmhmm.

14:25 VIRGINIA: Wenn sie das das nächste Mal sagt, kannst Du wetten – denn Du hast schon ein System gebildet wo sie das sagen wird, und dann wirst Du tun, was immer es ist, das Du tust. Nun, wenn sie das das nächste Mal sagt – (Virginia wendet sich Lindas „Mutter" zu) könntest Du ihr bitte sagen, daß sie zu mager ist? *(Da Virginia das Verhalten der Mutter allgemein so reframt hat, daß es jetzt bedeutet: „sie hatte ein hartes Leben" anstatt etwas Schlechtes über Linda auszusagen, kann Linda neue Gefühle ihrer Mutter gegenüber erleben. Virginias nächste Aufgabe besteht darin, diese neuen Gefühle mit den spezifischen Verhaltensweisen der Mutter zu verbinden, die Linda früher schlechte Gefühle machten.)*

(Virginia beginnt damit, die kybernetische Schleife von Reiz und Reaktion zwischen Linda und ihrer Mutter zu beschreiben. Sie geht dann dazu über, das in einem Rollenspiel darzustellen, was Linda ein intensiveres persönliches Verständnis vermitteln wird [Assoziierung]. Das wird Virginia auch die Gelegenheit geben, zu intervenieren und Lindas Verhalten zu verändern, wenn es nicht ressourcevoll ist oder wenn es in einer Form erfolgt, die keine nützliche Reaktion von der Mutter hervorrufen würde.)

14:34 „MUTTER": Du bist zu mager.

14:36 VIRGINIA: Kannst Du (Linda) nun zu ihr (zeigt auf die Mutter) hingehen und ihr dafür danken, daß sie Dich bemerkt [Verknüpfung und direkter Befehl]. *(Viele würden den Bedeutungsreframe und direkten Befehl schnell akzeptieren, auch wenn es einen Sprung von der vorangegangenen Diskussion über das Verhalten der Mutter als Folge ihrer schweren Kindheit darstellt. Als Linda zögert, schiebt Virginia sie auf ihre „Mutter" zu. Linda schaut zur Seite und scheint unwillig, geht aber zu ihrer „Mutter" und nimmt ihre Hand. Die Gruppe lacht. Bis jetzt hat Linda immer schnell und bereitwillig getan, worum Virginia sie gebeten hat. Sie sträubt sich jedoch gegen Virginias Versuch, die Bemer-*

kungen ihrer Mutter als Beweis dafür zu sehen, daß sie sie bemerkt; Virginia bleibt beharrlich.) 14:40 VIRGINIA: Nimm ihre Hand und dank ihr dafür, daß sie Dich bemerkt hat [direkter Befehl], und sag dann: „Weißt Du, ich wollte Dir das früher schon sagen. Ich weiß, daß Du mich oft in dieser Weise bemerkt hast, aber ich möchte Dir gerne sagen, welches Gefühl ich in bezug auf meinen Körper habe." Aber *danke ihr zuerst dafür, daß sie Dich bemerkt hat* [direkter Befehl], und sag dann, daß Du ihr erzählen möchtest, was Du in bezug auf Deinen Körper fühlst, denn ich glaube sie denkt, daß Du sterben wirst, wenn Du nicht genug ißt.

(*Virginia wiederholt den Reframe, daß die Sorge der Mutter um Lindas Gewicht ein Zeichen für ihre Anteilnahme ist, aber Linda zeigt nicht, daß sie den Reframe akzeptiert oder dazu bereit ist, Virginias Anweisung zu folgen und ihrer Mutter dafür zu danken, daß sie sie bemerkt. Da Linda nicht voll reagiert, wendet Virginia sich als nächstes der Gruppe zu und verschiebt den Fokus von Lindas spezifischen auf einen allgemeineren Fall.*)

15:59 VIRGINIA: Weißt Du, wie das damals war in diesen Kreisen? Es ist gar nicht sehr lange her, dieses „Ich zeige meine Liebe mit Essen". Und wenn Du mager bleibst bedeutet das, daß Du das nicht verstehst (die engl. Formulierung „you don't get it" ist doppeldeutig: „Du bekommst keine Liebe" oder „Du verstehst das nicht"; Anm. d. Ü.). (*Virginia nimmt die Rolle der Mutter an, indem sie sagt: „Ich zeige meine Liebe durch Essen." Da Linda positive Gefühle für Virginia hat, erleichtert es ihr das, dieses neue Verständnis zu berücksichtigen und zu übernehmen.*)

15:09 LINDA: Nun meine Mutter ist Italienerin. Das wird Dir einiges erklären.

15:12 VIRGINIA: Ja, das weiß ich, aber man braucht kein Italiener zu sein, um das zu tun. (Sie wendet sich der Gruppe zu.) Wieviele von Euch hatten Mütter, die – von denen ihr, von denen ihr Liebe durch Essen bekommen solltet? Laß uns mal sehen? Ja klar. (*Virginia nutzt die Reaktion der Gruppe, um die Besorgnis von Lindas Mutter wegen ihres Gewichts gewöhnlicher erscheinen zu lassen* [Normalisierung].) Machst Du das? (*Virginia fragt Linda ob sie tut, was ihre Mutter tut, um eine weitere Gemeinsamkeit zwischen ihnen zu finden.*)

15:23 LINDA (offensichtlich verwirrt): Was? Ja. (*Es ist nicht klar, ob Linda weiß wozu sie „Ja" sagt.*)

15:26 VIRGINIA: Okay. Nun, vielleicht kannst Du jetzt damit auf-hören. („*Du kannst jetzt damit aufhören*" *bezieht sich eindeutig auf das Essen-Thema. Doch es hat auch eine breitere Bedeutung: „Du kannst altes Verhalten beenden und neue Wahlmöglichkeiten haben.*") Okay, und zeig Deine Liebe mit Deinen Armen und nicht mit Deinem Essen, denn das war nie dafür gedacht. (Leise) Aber *sie* hat das geglaubt. Während Du ihr nun dafür dankst, was fühlst Du da? (*In ihrem fortgesetz-ten Bemühen, Linda dazu zu bringen ihrer Mutter zu danken, setzt Virginia zuerst voraus, daß sie es bereits tut, indem sie sagt: „Während Du ihr nun dafür dankst..." Dann fokussiert sie Lindas Aufmerksamkeit mit „Was fühlst Du da?" gefolgt von einem direkten Befehl.*) Danke ihr *dafür, daß sie Dich bemerkt.* Du dankst ihr nicht dafür, daß sie Dir das sagt, was sie Dir sagt, sondern dafür, daß sie Dich bemerkt. (*Virginia trennt noch einmal die positive Absicht der Mutter von ihrem unangeneh-men Verhalten. Linda schließt ihre Augen, atmet ein, läßt dabei aber ihren Mund fest geschlossen.*) Bist Du Dir dessen bewußt? (*Indem sie sagt: „Bist Du Dir dessen bewußt", wird alles was sie gerade gesagt hat zu einer Präsupposition.*) Was für ein Gefühl ist das?

15:46 LINDA: Ich habe Schwierigkeiten es zu tun.

15:48 VIRGINIA: Ich weiß, weil Du so lang – (Linda lacht) Ich will Dir zeigen, wie sie in Deinen Augen ausgesehen hat. (*Mit „wie sie in Deinen Augen ausgesehen hat" bestätigt sie Lindas Wahrnehmungen. Gleichzeitig verwendet sie die Vergangenheitsform – „ausgesehen hat" – und führt mit „in Deinen Augen" die Präsupposition ein, daß es sich dabei um Lindas Wahrnehmungen handelt und daß Lindas Mutter in Wirklich-keit anders war als sie erschien* [Modell der Welt].) Kannst Du Deine Finger mal so halten? (*Virginia führt es Linda vor, indem sie jeweils einen Finger wie ein Teufelshorn an jede Schläfe legt und damit Lindas Wahrnehmungen in einer Weise übertreibt, die sie fast dazu zwingt, sie neu zu beurteilen. Linda und ihre „Mutter" legen beide auf die gleiche Weise ihre Finger an die Schläfe. Linda lächelt und die Gruppe lacht.*) So ist es richtig. (Linda nimmt ihre Hände wieder herunter, während ihre „Mutter" ihre Finger an ihren Schläfen läßt.) Und, daß sie versucht hat, Dein Leben unerträglich zu machen. Stimmt's? (*Da Linda nicht auf Virginias Versuche reagiert hat, dem Verhalten ihrer Mutter positive Absichten zuzuschreiben, kehrt Virginia ihr Vorgehen um und übertreibt die entgegengesetzte Möglichkeit – daß ihre Mutter böse war und schlechte Absichten hatte. Das stellt den Rapport mit Linda*

wieder her. Selbst während sie das tut, lockert Virginia Lindas Glaubens-
sätze über ihre Mutter in subtiler Weise, indem sie die Vergangenheitsform
gebraucht [Modell der Welt] *und die Aussagen über ihre Bosheit so sehr*
übertreibt, daß sie beginnen lächerlich zu erscheinen.)
   15:59 LINDA (mit Nachdruck): Auf jeden Fall!
   16:00 VIRGINIA: Okay. Alles was Du gesehen hast, hat das in
gewisser Weise bestätigt, und in Deiner Situation war das das
Verständnis, das Du davon hattest. (*Virginia verwendet wieder die*
Vergangenheitsform „gesehen", „bestätigt", „war" – um Lindas Wahr-
nehmungen und Auffassungen zu beschreiben. [Modell der Welt]) Aber
sie ist in Wirklichkeit keine böse Person. [Wechsel zeitlicher Prädi-
kate] (Lindas „Mutter" hält immer noch ihre Finger an die Schläfen.
Linda lacht.) Sie *sieht* nur so aus. (Die Gruppe lacht.) Stimmt's?
(*Virginia fährt fort, die Unterscheidung zwischen Lindas Wahrnehmung*
ihrer Mutter in der Vergangenheit und dem, wie sie in der Gegenwart
wirklich ist, auf eine Weise zu treffen, die Lindas Wahrnehmungen betont
und bestätigt [Modell der Welt].)
   16:14 LINDA (lacht): Ja!
   16:15 VIRGINIA: Gut, was fühlst Du jetzt in diesem Augenblick
wenn Du sie ansiehst?
   16:18 LINDA (lacht): Sie sieht lächerlich aus! (Die Gruppe lacht.
Zuvor war es Linda sehr ernst, daß ihre Mutter ein „Teufel" sei. Nun lacht
sie darüber – auch wenn sie es immer noch glaubt.)
   16:20 VIRGINIA (zu Lindas „Mutter"): Also gut, nimm Deine Hände erst mal wieder herunter. (Zu Linda, während sie ihren Ellbogen
berührt) Worum ich Dich nun bitten möchte – (Virginia schaut nach
links unten und erinnert sich daran, was Linda zuvor gesagt hat.)
Als Du hier hoch gekommen bist, hast Du gesagt, daß Du Power
spürst und dann auch dieses schwächliche Gefühl hast. Hast Du mir
das nicht gesagt?
   16:31 LINDA: Hmhmm.
   16:32 VIRGINIA (scherzhaft): Ich rede also noch mit der richtigen
Person, okay. Wenn Du Dich, wie Du sagst „schwach" fühlst –
Kannst Du („Mutter") ihr... zeig mit dem Finger auf sie (Virginia
und Lindas „Mutter" zeigen beide mit dem Finger auf Linda) und
sag: „Du bist zu mager und Du sprichst zu laut und Du vernachläs-
sigst Deine Musik. Du bist mit diesem Talent gesegnet, und ich muß
hier sitzen und mir mitansehen, wie Du nichts damit anfängst. Du

machst das nur aus Trotz mir gegenüber. Du weißt, daß ich mir eine Konzertpianistin wünsche, oder wie das heißt, aber das spielt auch keine Rolle, denn die Botschaft ist die gleiche." Sag ihr das alles. (*Das bringt Linda in eine assoziierte Erfahrung in der schwierigen Interaktion mit ihrer Mutter und erlaubt es Virginia herauszufinden, was genau Lindas Reaktion in diesem Moment ist, was ihr wertvolle Hinweise in bezug auf mögliche weitere Schritte bietet.*)

16:57 LINDAS „MUTTER" (zeigt immer noch mit ihrem Finger auf Linda): Du bist zu mager und Du sitzt bloß herum und fängst nichts mit Deinem Talent an, und das ist in Wirklichkeit eine Aussage über mich. Ich möchte bloß, daß Du powervoller bist und leiser sprichst und –

17:13 LINDA: Spffft. („Bronx cheer"-Ausdruck spöttischen Unglaubens; Anm. des Übersetzers)

17:14 VIRGINIA: Okay, was war das, als Du das gemacht hast? Wie hast Du das aufgenommen, was sie Dir gegeben hat? (*Indem sie fragt: „Wie hast Du das aufgenommen...", setzt Virginia voraus, daß Linda eine Wahl zwischen verschiedenen Alternativen hat. Indem sie das Wort „gegeben" verwendet, baut Virginia die Präsupposition ein, daß das Verhalten von Lindas Mutter ein Geschenk ist – nicht eine „Gardinenpredigt" oder ein „Angriff".* Sie wendet sich an Lindas „Mutter".) Du kannst das (den Zeigefinger) jetzt herunternehmen.

17:27 LINDA: Ich habe dieses brennende Gefühl gespürt – hier in diesem Bereich in der Mitte (zeigt auf einen Bereich genau unterhalb ihrer Rippen) und ich – dann habe ich nur noch gehört – es ist die gleiche „Platte" (macht Bewegungen mit ihren beiden Händen auf sich zu, wie Wellen, die über sie hinweggehen) und deshalb habe ich einfach angefangen – ich habe gespürt, wie ich etwas mehr zumache (bewegt ihre beiden Hände vor ihrem Gesicht in einer schließenden Bewegung) und dann dieses Gefühl von Wut, das – wo ich nicht – ich bin verwirrt über das, was Du gesagt hast. Wann soll ich ihr sagen: „Ich will das nicht mehr hören" (schüttelt ihren Kopf), und wann soll ich sagen (macht einen Schritt auf ihre „Mutter" zu): „Ach Mom, danke, daß Du mir das gesagt hast und mich bemerkst. Wie wunderbar von Dir das zu bemerken." Wann –?

17:48 VIRGINIA: Ja, das ist der erste Schritt. Das ist der erste Schritt. (Virginia schaut Linda schweigend mit hochgezogenen Augenbrauen an und nickt leicht. Linda schaut zurück, sagt fünf

Sekunden lang nichts und lächelt dann. *Virginia weiß, was Linda dabei helfen würde, sich auf Vergebung zuzubewegen und konfrontiert sie direkt damit, daß sie zunächst zu Wertschätzung gelangen muß, bevor sie Vergebung und Auflösung erreichen kann.*)

17:56 LINDA: Ist ihr Bescheid zu sagen...? (*Lindas Reaktion zeigt, daß ihre frühere Weigerung „Danke, daß Du mich bemerkst" zu sagen, von der Überzeugung stammt, daß sie ihrer Mutter konfrontativ gegenübertreten muß, um ihren Groll ihr gegenüber auflösen zu können – ein häufiges Mißverständnis. Obwohl Virginia mehrfach zwischen Absicht und Verhalten unterschieden hat, hat Linda immer noch nicht gefühlsmäßig erfahren, daß sie ihrer Mutter für ihre guten Absichten danken kann, auch wenn ihr ihr tadelndes Verhalten mißfällt.*)

17:58 VIRGINIA (kurz): Nein. (*Virginia weiß, daß Konfrontation nur noch mehr Schwierigkeiten schaffen würde.*)

17:59 LINDA: Oh.

18:00 VIRGINIA: Das ist nicht der erste Schritt. Ihr dafür zu danken, daß sie Dich bemerkt, ist der erste Schritt.

18:03 LINDA: Oh, ihr zu danken.

18:15 VIRGINIA: Das ist der erste Schritt. Was mußt Du tun, um ihr dafür zu danken, daß sie Dich *bemerkt?* (*Sehen Sie, wie oft Virginia den Satz „Danke ihr dafür, daß sie Dich bemerkt" wiederholt hat. Indem sie fragt: „Was mußt Du tun, um ihr zu danken...?" sammelt Virginia Informationen darüber, was zuerst geschehen muß, damit sie es tut, was wieder die Präsupposition enthält, daß Linda es schließlich tun wird.*)

18:17 LINDA: Es scheint, daß ich meine Wahrnehmungen ändern... (*Linda bewegt beide Hände in einem horizontalen Kreis vor und zurück – eine exquisite Geste, die ihre Fähigkeit ausdrückt, die Wahrnehmungsposition ihrer Mutter einzunehmen*) und anstatt es als Kritik und Abwertung wahrzunehmen (macht eine stechende Bewegung mit dem rechten Zeigefinger), es als ihre Art mich zu lieben sehen muß. (*Linda macht eine Geste von ihrer „Mutter" auf ihre Brust zu, die gleiche beredte Geste der Verbundenheit, die sie zuvor mit Virginia gebraucht hat, als sie liebevolle Verbundenheit beschrieb [3:25]. Sowohl verbal wie nonverbal bietet Linda Virginia eine spezifische Möglichkeit, das Tadeln der Mutter zu reframen, indem sie es als „ihre Art [Linda] zu lieben" sieht.*)

18:32 VIRGINIA: Nun, vielleicht ist es das nicht, aber ich glaube, es ist ein Teil davon. Hast Du Kinder?

18:36 LINDA: Nein. (*Linda hat ihre Mutter streng verurteilt – dafür, daß sie von ihr verurteilt worden ist! Indem sie nach Kindern – und etwas später nach „(jemandem), der Dir nahesteht" – fragt, sucht Virginia nach einer Person, mit der sie Linda helfen kann, zu entdecken, wie sie selbst in einem Kontext von Nähe und liebevollen Gefühlen urteilt – ein Beispiel, was zeigen wird, daß sie jemanden verurteilen kann, den sie innig liebt.*)

18:37 VIRGINIA: Hast Du jemand, der Dir nahesteht?

18:38 LINDA (leise): Ich habe einen wunderbaren Ehemann.

18:39 VIRGINIA: Gut, suche ihn Dir hier aus. (Virginia zeigt auf die Gruppe.) Ich möchte sehen, was Du mit ihm machst. Irgendein beliebiger Ehemann tut es für unsere Zwecke. (Linda und die Gruppe lachen.)

18:47 LINDA (schaut sich in der Gruppe um und zeigt dann auf einen Mann): Irgendein beliebiger Ehemann tut es für unsere Zwecke.

18:49 VIRGINIA: Ja, klar. Okay. Nun sag mir, wie Du ihn beurteilst. (Lindas „Ehemann" kommt nach oben und stellt sich vor Linda.)

18:55 LINDA: Er ist – wie beurteile ich ihn?

18:56 VIRGINIA: Ja, ja, was –

18:57 LINDA: Er ist wundervoll und freundlich und sensibel.

18:59 VIRGINIA: Ist nichts an ihm verkehrt?

19:01 LINDA (leise): Doch.

19:02 VIRGINIA: Ah ja, sag mir, was mit ihm nicht in Ordnung ist.

19:03 LINDA: Nun, er ist manchmal ein bißchen schlappschwänzig.

19:05 VIRGINIA: Also gut, okay. (Linda und die Gruppe lachen.) Also, „Du bist bloß ein Schlappschwanz". (Virginia zeigt mit dem Finger auf Lindas „Ehemann".) Machen wir das mal. (Virginia greift Lindas rechte Hand und bringt ihren Arm in eine ausgestreckte Position.) Ich übertreibe jetzt mal. „Du bist bloß ein Schlappschwanz –" (*Virginia fordert Linda dazu auf, ihr eigenes verurteilendes Verhalten voll zu erleben, indem sie es in der Gegenwart darstellt [Assoziierung]. Indem sie es eine Übertreibung nennt, hat Virginia eine größere Chance, Linda dazu zu bringen, es zu tun, ohne es erklären oder kommentieren zu müssen.*)

19:10 LINDA: Aber das mache ich nicht mit ihm. (*Linda ist widerstrebend.*)

19:11 VIRGINIA: Ich weiß.

19:11 LINDA: Okay.

19:12 VIRGINIA: Du *denkst* es aber.

19:13 LINDA: Na ja, nein, wir reden darüber. (*Linda widerstrebt zunächst noch, ist dann aber bereitwillig.*) Okay. Du bist bloß ein Schlappschwanz. (Mit Groll) Warum kannst Du nicht – warum kannst Du Dich nicht wenigstens manchmal durchsetzen, anstatt es immer auf mich abzuwälzen, anderen „Nein" zu sagen? (Virginia nickt zustimmend.)

(*Linda hat gerade in kongruenter Weise ihren Mann kritisiert, den sie zuvor als jemanden beschrieben hatte, den sie liebt – „wundervoll, freundlich und sensibel". Dieses Beispiel zeigt, daß sie jemanden tadeln kann, den sie sehr liebt. Das ist ein Gegenbeispiel für Lindas Glaubenssatz, daß die Vorwürfe ihrer Mutter ein Beweis für ihren Mangel an Liebe sind. Als nächstes wird Virginia eine Parallele zwischen Lindas verurteilenden Wertungen und den verurteilenden Wertungen ihrer Mutter voraussetzen. Wenn Linda jemanden verurteilen kann, den sie liebt, kann ihre Mutter das auch tun.*)

19:22 VIRGINIA: Gut. Schließ jetzt Deine Augen und laß Dich einfach („Schließ jetzt Deine Augen und..." verknüpft eine einfache Aufgabe mit dem, was darauf folgt [Verknüpfung]. „Laß Dich einfach..." enthält die Präsupposition, daß alles, was sie als nächstes sagt, automatisch geschehen wird, solange Linda nicht eingreift. Virginia legt ihre Hand sanft auf Lindas Rücken) erleben, welches Gefühl Du für diesen wundervollen Richter in Dir hast (*Indem sie auf warme, kongruente Weise „wundervoll" sagt, erleichtert Virginia es Linda, ihr eigenes Urteilen zu erkennen und zu akzeptieren. Virginia richtet Lindas Aufmerksamkeit auf ihre gefühlsmäßige Reaktion darauf, ein Richter zu sein.* Linda lächelt und lacht dann kurz), den Deine Mutter auch hat. (Mit „den Deine Mutter auch hat" bringt Virginia auf elegante Weise die Präsupposition ins Spiel, daß eine Übereinstimmung zwischen Linda und ihrer Mutter besteht.)

19:30 LINDA: Es gefällt mir nicht.

19:31 VIRGINIA: Ich möchte, daß Du Deine Augen geschlossen läßt und Dir diesen Richter anschaust [Verknüpfung]. (*Virginia fordert Linda jetzt dazu auf, das urteilende Verhalten, das sie gerade ausgedrückt hat, als von ihr getrennt wahrzunehmen* [Dissoziierung].)

19:35 VIRGINIA: Dieser Richter stellt eine Möglichkeit für Dich dar, Dir anzuschauen – die Art von Richter, die Du hast, und die Art von Richter, die Deine Mutter hatte, war ziemlich streng mit Euch beiden. (*Virginia stellt wieder die Übereinstimmung zwischen Linda und ihrer Mutter heraus und schließt dann die Mutter ebenfalls als Opfer dieses Urteilens ein, anstatt sie als Richter darzustellen. Die als Präsupposition enthaltene Botschaft lautet: „Deine Mutter hat auch einen Richter, der streng mit ihr ist." Der Richter ist nicht mehr die Mutter, sondern wird als von der Mutter unabhängig dargestellt, die ebenfalls in der unerfreulichen Situation ist verurteilt zu werden. Linda nickt.*) Siehst Du das? (*Enthält alles was zuvor gesagt geworden ist als Präsupposition.*)

19:45 LINDA: Hmhmm.

19:46 VIRGINIA: Okay. Richter können Menschen freisprechen; sie können sie ins Gefängnis schicken. Sie können *auch* (Virginia gestikuliert mit ihrer Handfläche nach oben vor Lindas Gesicht) Anleitung geben. Welche Art von Richter wünschst Du Dir für Dich? (*Virginia bietet Linda anscheinend die Wahl zwischen drei Möglichkeiten. Tatsächlich beschränkt sie Lindas Wahlmöglichkeiten auf diese drei, da es unwahrscheinlich ist, daß Linda sich die Zeit nehmen wird, um sich eine vierte Möglichkeit auszudenken. Und da man vorhersehen kann, daß die ersten zwei Wahlmöglichkeiten – Freiheit und Gefängnis – für Linda nicht akzeptabel sein werden, handelt es sich genaugenommen um gar keine Wahl, sondern um eine elegante Weise, Linda ein neues Verhalten anzubieten, das ein ausgewogenes Maß zwischen Verurteilen und Gleichgültigkeit trifft. Das wird durch Virginias Gesten unmittelbar vor Lindas Gesicht zusätzlich betont.*)

19:58 LINDA: Einen Richter, der Anleitung gibt.

20:00 VIRGINIA: Gut. Öffne Deine Augen jetzt und denke Dir: „Ich habe nun einen Richter in mir, der Anleitung gibt." Okay? (*„Öffne Deine Augen jetzt" ist eine Aufforderung, der sie leicht nachkommen kann. „Und" ist eine hypnotische Verknüpfung mit dem, was Virginia als nächstes von ihr verlangen wird, was impliziert, daß es auch einfach sein wird. Linda dazu aufzufordern, sich vorzustellen, daß sie einen Richter habe, der Anleitung gibt, stellt den ersten Schritt dar, um vorauszusetzen, daß sie einen habe. Da man sich alles Mögliche denken kann, wird Linda nichts dagegen einzuwenden haben. Als nächstes wird Virginia dazu übergehen, vorauszusetzen, daß sie einen solchen Richter hat.*)

20:05 LINDA: Hmhmm.

20:07 VIRGINIA: Gut, wenn Du diesen Anleitung gebenden Richter nun hast („*Wenn" setzt voraus, daß sie ihn hat*), wie kannst Du diesen Anleitung gebenden Richter nutzen („*Wie kannst Du ihn nutzen"* setzt voraus, daß Linda es tun wird; die Frage ist nur wie), um Deinem Mann mitzuteilen – wie Du es später mit Deiner Mutter tun kannst – *(Das enthält die Präsupposition, daß Linda später das gleiche mit ihrer Mutter tun wird. Das ist ein weiteres eindeutiges Zeichen dafür, daß Virginia einen klaren Plan dafür hat, was sie im weiteren Verlauf der Sitzung mit Linda tun will.)* „Ich verstehe Dich. Ich verstehe Dich, und ich möchte Dir sagen, was mit *mir* geschieht, wenn das passiert." Das ist Dein Anleitung gebender Richter. Laß die Worte einfach aus dieser Deiner entzückenden Kehle kommen und schau was geschieht. (*„Laß die Worte kommen" enthält die Präsupposition, daß sie von selbst herauskommen werden; Linda braucht es nur zuzulassen. Virginia gebraucht ein Kompliment als Präsupposition – „aus dieser Deiner entzückenden Kehle" –, um Linda dabei zu helfen, in einen positiven, liebevollen Zustand zu gelangen, von dem aus sie „richten" kann.)*

(Zusammengefaßt sagt Virginia in diesem Absatz: „Wenn Du denkst, daß Du einen Anleitung gebenden Richter hast, wirst Du einen Anleitung gebenden Richter haben, und deshalb wirst Du Deinem Mann – und später Deiner Mutter – nützlichere Dinge sagen, und alles das wird ohne bewußte Anstrengung geschehen." Diese Art hypnotischer Kommunikation mag nicht „logisch" sein, aber sie ist unwiderstehlich, wenn sie als Präsupposition gebraucht und kongruent vermittelt wird.)

20:34 LINDA (schweigt sechs Sekunden lang, lächelt dann etwas und spricht mit leiser Stimme): Ich – (bringt beide Füße ein paar Zentimeter näher an ihren „Ehemann" heran). Es würde mir helfen... (*Linda macht Gesten mit ihrer linken Hand, Handfläche nach oben – was ein Hinweis auf stärkere gefühlsmäßige Beteiligung ist, als das frühere Zeigen und Verurteilen)* wenn Du... Dich manchmal durchsetzen würdest und derjenige wärest, der Leuten am Telefon „Nein" sagen würde, denn es ist wirklich schwierig (Linda legt ihre linke Hand auf ihre Brust) für mich, immer in dieser Rolle zu sein.

(Lindas Kommunikation mit ihrem „Ehemann" ist geradlinig und direkt – im Gegensatz zu ihrem früheren übelnehmenden Beschuldigen [19:18]. Da Virginia die Präsupposition verwendet hat, daß Linda später das gleiche mit ihrer Mutter tun wird [20:17], handelt es sich hierbei genaugenommen um eine Probe, um später direkt mit ihrer Mutter zu sprechen.)

20:47 VIRGINIA (leise): Okay, schließ jetzt Deine Augen, und ich möchte Dich bitten, daß Du Dich fragst: „Ist es möglich, daß du je...

das gleiche getan hast?" [Verknüpfung und Verschiebung des Bezugsindex] *(Durch die elegante Frage „Ist es möglich...* " [konversationelle Forderung] *macht Virginia es Linda leichter, mit „Ja" zu antworten, als wenn sie gefragt hätte: „Hast Du das gleiche getan?" oder „Bist Du genauso schlecht wie er?")*

20:58 LINDA: Du meinst, ob ich je ein Schlappschwanz gewesen bin?

21:00 VIRGINIA: Ja.

21:01 LINDA: Natürlich.

21:02 VIRGINIA: In Deinen Worten.

21:03 LINDA: Hmhmm.

21:04 VIRGINIA (leise): Gut, schau ihn jetzt mit Deinen schönen Augen an und sage. „Ich weiß was es bedeutet, den Schwanz einzukneifen, ich arbeite selbst auch daran." [Verknüpfung] *(Durch den Gebrauch des eingebetteten Kompliments „Deine schönen Augen" fügt Virginia ein Gefühl von Liebe und Akzeptanz einer Aussage hinzu, die sonst als Eingeständnis eines Fehlers erscheinen könnte. Linda und die Gruppe lachen von Herzen.)*

21:11 LINDA: Hmhmm. *(Obwohl Linda nicht nach außenhin getan hat, um was Virginia sie gebeten hat, zeigt ihre Reaktion eindeutig, daß sie es bereitwillig in ihrer inneren Erfahrung ausgeführt hat, weshalb es nicht nötig ist, sie aufzufordern es laut zu wiederholen. Indem Virginia Linda den gleichen Mangel in sich selbst eingestehen läßt, hilft sie ihr, anstatt einer Beziehung zwischen Richter und Verurteiltem, eine gleichberechtigte Beziehung zwischen sich und ihrem Mann herzustellen. Dadurch, daß Linda diese Gleichheit internalisiert, wird sich ihr Verhalten ändern, und das wird andere empfänglicher dafür machen, was sie zu sagen hat. Durch das Eingeständnis der Gleichheit zwischen sich und ihrem Mann bestätigt Linda auch implizit ihre Ähnlichkeit mit ihrer Mutter, da Virginia zuvor Lindas Ehemann mit der Mutter gleichgesetzt hat [20:17].)*

21:13 VIRGINIA: Gut. Als Du nun (Virginia schaut Linda direkt an und hält ihre beiden Hände) Deine eigene Schlappschwänzigkeit – wie Du gesagt hast, Du hast genickt –

21:18 LINDA: Hmhmm. Ja.

21:19 VIRGINIA: Gut, eine der Sachen, die Dich daran gestört hat – als Dein Mann es getan hat – war, daß es Dich in eine Lage bringt, in der Du nicht sein wolltest.

21:31 LINDA: Ständig.

21:32 VIRGINIA: Nun, Du hast es so akzeptiert.

21:34 LINDA: Okay.

21:35 VIRGINIA: Okay. Es gibt keinen Grund, warum Du es akzeptieren mußt, aber Du hast es akzeptiert. (*Virginia hilft Linda hier, den Fokus auf ihren eigenen Anteil an der Interaktion zu richten. Anstatt sich dem Verhalten ihres Mannes gegenüber als „hilflos" zu erleben, kann sie wählen, ob sie es akzeptieren will oder nicht. Das versetzt Linda von einer passiven in eine aktive Rolle.*)

21:38 LINDA: Okay.

21:39 VIRGINIA (tritt zur Seite, damit Linda ihre „Mutter" wieder sehen kann, hält Lindas linke Hand weiter mit ihrer rechten und wendet sich an Lindas „Mutter"): Gut. Stell Dich jetzt nur ein wenig weiter außen hin. Und (Linda) erinnere Dich daran als ich gesagt habe: „Kannst Du ihr dafür danken (zeigt auf Lindas „Mutter"), daß sie Dich bemerkt?" [15:26]

21:48 LINDA: Hmhmm.

21:49 VIRGINIA: Und Du hast gesagt: „Ich will es nicht tun." [15:46] Was hat es für Dich *bedeutet*, ihr (zeigt auf Lindas „Mutter") dafür zu danken, daß sie Dich bemerkt? (*Virginia beginnt damit, das Ereignis in der Vergangenheit zu beschreiben: „erinnere Dich daran", „Du hast gesagt", „was hat es bedeutet..." Sie hätte auch die Gegenwartsform verwenden können: „Was bedeutet es..." Die Verlegung von Lindas Einwand in die Vergangenheit ist eine sanfte Aufforderung, sich davon zu dissoziieren, was es Linda erleichtert, an die „frühere" Bedeutung zu denken. Es ist auch eine Aufforderung, den Einwand in der Vergangenheit zu belassen und zu einer neuen Bedeutung überzugehen, die es zulassen würde, ihrer Mutter zu danken. Linda folgt Virginia und beschreibt das Ereignis in der Vergangenheit.*)

22:00 LINDA: Ich glaube, was ich gemeint habe ist... wenn ich anerkannt hätte, daß... sie – Moment mal... daß ich mich vielleicht hätte noch *mehr* verteidigen müssen. Wenn ich anerkannt hätte, daß sie bemerkt, daß ich dünn bin, hätte ich damit ein ganz neues Gebiet –

22:19 VIRGINIA (mit Nachdruck): *Nein, das ist nicht das, was ich gesagt habe.*

22:21 LINDA: Oh.

22:22 VIRGINIA: Das ist etwas ganz anderes als „*mich zu bemerken*". (*Da „mich zu bemerken" mit Nachdruck als eingebetteter Befehl heraus-*

gestellt ist, hat es auch die Bedeutung, Linda mitzuteilen, auf das zu achten und das zu bemerken, was Virginia ihr sagt.)

22:24 LINDA: Okay, sag mir, was Du meinst. *(Virginia hat bisher den gleichen Satz zehn mal verwendet [14:38, 14:40, 14:50, 15:33, 15:36, 15:40, 18:00, 18:05, 21:39, 22:49], beharrt aber weiter darauf, da Linda ihn noch nicht verstanden hat.)*

22:27 VIRGINIA: Ich habe gesagt: „Danke dafür, daß Du mich bemerkst." *(„Mich bemerkst" ist nicht das gleiche wie „bemerken, daß ich mager bin".)*

22:31 LINDA: Hmhmm! (Linda schaut auf, als habe sie plötzlich verstanden und lacht.)

22:33 VIRGINIA: Ist es nicht besser, bemerkt zu werden, ganz gleich wofür?

22:38 LINDA: Junge, Junge! (lächelt und schüttelt langsam ihren Kopf, immer noch unsicher)

22:40 VIRGINIA: Laß uns mal sehen, was mit Dir geschieht. (zu ihrer „Mutter") Kannst Du etwas zurückrücken? (zu Linda) Und sag einfach, laß Deinen Körper einfach sagen *(Virginia gebraucht wieder „laß" und fügt hinzu „Deinen Körper", was die Präsupposition enthält, daß Lindas Körper – nicht ihr Verstand – sprechen wird, wenn sie es nur geschehen läßt.)* „Danke, daß Du mich bemerkst."[direkter Befehl] Laß uns mal sehen was geschieht. *(Indem sie sowohl am Anfang wie am Ende sagt „Laß uns mal sehen was geschieht", richtet Virginia Lindas Aufmerksamkeit darauf, was geschehen wird, während und nachdem sie das tut, um was Virginia sie gebeten hat. Das enthält die Präsupposition, daß sie es tun wird und lenkt Lindas Aufmerksamkeit von der Beschäftigung mit der Frage ab, ob sie es tun will oder nicht.)*

22:49 LINDA (widerstrebend): Danke, daß Du mich bemerkst.

22:51 VIRGINIA: Gut. Das ist alles, wofür Du ihr dankst.

22:54 LINDA: Hmhmm.

22:55 VIRGINIA: Gut. Wie hat sich das innen angefühlt?

22:57 LINDA: Unehrlich.

22:58 VIRGINIA: Aha, was ist unehrlich daran?

23:01 LINDA (zeigt mit ihrer rechten Hand, Handfläche nach oben, auf ihre „Mutter") : Weil ich es *satt* habe, nur in negativer Weise von ihr bemerkt zu werden.

23:05 VIRGINIA (ungeduldig): Du möchtest auf andere Weise bemerkt werden, und ich zeige Dir einen Weg, wie Du das *tun kannst.*

[eingebetteter Befehl] (*Virginia bestätigt Lindas Wunsch nach einer positiveren Reaktion von ihrer Mutter und verknüpft diese Motivation mit dem, was sie von ihr verlangt.*)

23:07 LINDA: Oder *gar nicht* – ich wäre sogar bereit, gar nicht bemerkt zu werden.

23:09 VIRGINIA: Ich *weiß*, und das wäre *schrecklich.* (*Virginia weiß, daß die Isolierung, die erfolgt, wenn man überhaupt nicht bemerkt wird, viel schädlicher wäre als der Konflikt, der entsteht, wenn man nur in negativer Weise bemerkt wird – eine Tatsache, die kleine Kinder, die ignoriert werden, unmißverständlich deutlich machen, indem sie beständig versuchen, Aufmerksamkeit zu bekommen, ganz gleich wie schmerzhaft sie sein mag.* Linda lacht.)

23:13 VIRGINIA: Sag mir, worum es bei dieser Einwand-Geschichte geht. (*Da Linda einen Einwand dagegen hat, zu tun, um was Virginia sie bittet, muß Virginia herausfinden, womit der Einwand zu tun hat und auf ihn eingehen, bevor Linda kongruent weitermachen kann.*)

23:17 LINDA: Weil ich glaube, daß meine Mutter mich nur in negativer Weise bemerkt. (*Linda fokussiert weiterhin auf das Verhalten ihrer Mutter und ihre eigenen Gefühle, mit denen sie auf dieses Verhalten reagiert, anstatt die positive Absicht ihrer Mutter zu bemerken.*)

23:21 VIRGINIA: Okay, möchtest Du das *verändern*? (*Virginia nutzt Lindas Einwand, um Motivation aufzubauen und gibt den eingebetteten Befehl „verändern".*)

23:23 LINDA (mit Nachdruck): Ja!

23:24 VIRGINIA: Gut. Nun –

23:25 LINDA: Ich glaube. (*Linda lächelt, als sie ihre Ambivalenz erkennt.*)

23:26 VIRGINIA: „Du glaubst?" (Linda lacht und nickt und Virginia und sie lächeln beide; die Gruppe lacht. Virginia schaut nach links unten.) Gut, ich möchte jetzt ein Konzept daraus basteln und laß uns einfach sehen, was passiert.

23:31 LINDA: Okay.

23:33 VIRGINIA: Deine Mutter hat nie wirklich geglaubt, daß Du sie geliebt hast. (*Virginia fordert Linda wieder dazu auf, die Gedanken und Gefühle ihrer Mutter zu berücksichtigen, damit sie das Verhalten ihrer Mutter auf eine neue Weise verstehen kann. Genaugenommen greift sie Lindas impliziten Vorwurf auf – „Meine Mutter hat mich nicht geliebt" – und kehrt ihn um zu „Du hast Deine Mutter nicht geliebt". Sie mildert*) *das jedoch ab, indem sie kenntlich macht, daß es sich dabei um einen Glaubenssatz der Mutter* [Modell der Welt] *und nicht um eine Tatsache handelt.)*

23:37 LINDA: Hmhmm.

23:38 VIRGINIA: Ich bin sicher. Ich bin sicher, daß sie geglaubt hat, daß Du Deinen Vater viel mehr liebst als sie [Modell der Welt].

(Virginia weiß bereits, daß Linda dem voll zustimmen wird, die Wiederholung verleiht dem erneuten Versuch mehr Nachdruck, Linda dazu zu bewegen, die Gefühle und Motive ihrer Mutter zu berücksichtigen – wodurch das kritische Verhalten der Mutter neue Bedeutung erhalten wird.)

23:40 LINDA: Hmmm.

23:41 VIRGINIA: Kannst Du Dir ein Bild davon machen (schaut nach oben) oder überhaupt in irgendeiner Weise verstehen, wie sich eine Frau fühlen mag, wenn sie das Gefühl hat, daß eines ihrer Kinder (Virginia zeigt auf Linda) sie nicht liebt? (Virginia zeigt auf die „Mutter". *Der Gebrauch von „ein Bild machen" fordert Linda mit Hilfe einer konversationellen Forderung dazu auf, in dissoziierter Weise daran zu denken und schließt dann mit „oder überhaupt in irgendeiner Weise verstehen" allgemeinere Möglichkeiten mit ein, die als Brücke zur Assoziierung und Identifizierung mit ihrer Mutter dienen können. Der Gebrauch der Formulierung „eine Frau" anstelle von „Deine Mutter" erleichtert es Linda, in allgemeiner Weise über diese Situation nachzudenken oder sich sogar mit ihrer Mutter zu identifizieren – denn Linda ist schließlich auch eine Frau. Linda ging davon aus, daß ihre Mutter sie nicht liebte. Virginia kann also davon ausgehen, daß Linda weiß wie es ist, von jemandem nicht geliebt zu werden. Linda hat auch entschieden behauptet, daß sie und ihre Mutter sehr verschieden sind. Diese allgemeine Frage bringt Linda auf sanfte Weise dazu, zu erkennen, daß sie und ihre Mutter eher ähnlich als verschieden sind.)*

23:47 LINDA: Hmhmm. *(Obwohl Linda zustimmt, reagiert sie nicht so vollständig, wie es möglich wäre, weshalb Virginia weiter versucht, Linda erleben zu lassen, was ihre Mutter gefühlt haben muß.)*

23:48 VIRGINIA: Gut. Hast Du schon mal das Gefühl gehabt, daß jemand Dich nicht liebte? Daß andere Sachen ihnen wichtiger waren? *(Virginia hätte unvermittelt sagen können: „Schau, Du hast das Gefühl, daß Deine Mutter Dich nicht geliebt hat." Statt dessen verwendet sie eine allgemeine Frage. „Hast Du schon mal das Gefühl gehabt, daß jemand Dich nicht liebte?" Das erlaubt es Linda, ein beliebiges Beispiel dafür zu finden, ohne daß Virginia sie direkt mit der Ähnlichkeit zwischen sich und ihrer Mutter konfrontieren muß. Gleichzeitig ist es eine explizite Anweisung an Linda, sich, was dieses Gefühl betrifft, „an die Stelle ihrer Mutter zu versetzen"* [Wechsel des Bezugsindexes].)

23:53 LINDA: Oh, klar! *(Linda reagiert nun voll.)*

23:54 VIRGINIA: Gut. Du weißt also, was für ein Gefühl das ist.

23:56 LINDA: Hmhmm.

23:57 VIRGINIA: Deine Mutter (zeigt auf die „Mutter") hat, glaube ich, das gleiche Gefühl. Laß uns jetzt mal sehen, was passiert. Deine Mutter muß sich Dir gegenüber schützen. Kannst Du sehen, warum das der Fall sein könnte? [konversationelle Forderung mit „eingebettetem Befehl"] *(Linda hat vorher gesagt, daß sie sich vor der Lieblosigkeit ihrer Mutter schützen muß. Indem Virginia sagt, daß die Mutter sich schützen muß, zieht Virginia eine weitere explizite Parallele zwischen Linda und ihrer Mutter.)*

24:09 LINDA: Hmhmm.

24:10 VIRGINIA: Gut. Sie möchte jemand sein, sie möchte jemand sein, der wichtig für Dich ist. *(Virginia führt eine weitere positive Absicht der Mutter auf, eine Absicht, die Linda mit hoher Wahrscheinlichkeit begrüßen und akzeptieren wird, da sie auch für ihre Mutter wichtig sein möchte.)* Schau Dir an, was sie sich ausgesucht hat. Dein Gewicht, Deine Stimme und Deine musikalische Begabung. Glaubst Du möglicherweise daran, daß Du zu dünn bist? *(Virginia sucht hinsichtlich der spezifischen Vorhaltungen, die Lindas Mutter macht, nach Übereinstimmungen zwischen Linda und ihr und verstärkt so das Argument der Ähnlichkeit zwischen ihnen.)*

24:26 LINDA: Ich glaube, daß ich zu dünn bin, aber (lacht) ich kann nichts daran machen. *(Linda ignoriert vollkommen die Übereinstimmung, weshalb Virginia unterbricht, um sie darauf hinzuweisen.)*

24:29 VIRGINIA: Jetzt warte mal einen Moment.

24:30 LINDA: Oh.

24:30 VIRGINIA: Warte mal einen Moment. [Wiederholung]

24:31 LINDA: OK.

24:31 VIRGINIA: Du bist Dir also mit Deiner Mutter einig. „Danke. Ich habe das auch beobachtet."

24:35 LINDA (lacht): Das werde ich meiner Mutter *nicht* sagen! *(Auch wenn Linda sich weigert, es zu sagen, gesteht sie implizit ein, daß sie zustimmt.)*

24:37 VIRGINIA: Gut, sei einfach weiter stur. *(Virginia setzt voraus, daß Linda stur gewesen ist. An dieser Stelle reicht es, daß Linda ihre Übereinstimmung mit Virginia zugibt; sie braucht es nicht tatsächlich ihrer Mutter zu sagen, wogegen sie sich an dieser Stelle ausdrücklich wehrt.)* Das ist okay. Und nun zu Deiner Stimme. Wird die manchmal wirklich zu laut. Hast Du das schon einmal bemerkt?

24:47 LINDA: Ja, klar.

24:48 VIRGINIA: Gut, was Du damit sagst ist: „Ich habe das Gleiche bemerkt." *(Mit „was Du damit sagst" schafft Virginia eine Situation, die kaum anders ist, als wenn Linda es tatsächlich ihrer Mutter sagen würde. Wenn Linda später daran denkt, wird sie sich möglicherweise nicht daran erinnern können, ob sie es gesagt hat oder nicht.)* Nun, hast Du bemerkt, daß Du... äh... Deine Musik vernachlässigt hast?

24:59 LINDA: Vielleicht verglichen mit dem, was sie möchte. Ich habe das Gefühl, daß ich meine Musik recht häufig gebrauche.

25:03 VIRGINIA: Okay, also Du bist mit Deiner Musik in einer Weise verbunden, von der sie nichts versteht. *(Diese Aussage reframt auf behutsame Weise das Tadeln der Mutter als „nicht verstehen". [Bedeutungsreframing])* Oder, wenn sie es versteht, verträgt es sich nicht mit dem, was sie sich wünscht. *(Virginia reframt diesen Gegensatz einfach als das Resultat verschiedener Vorlieben. [Bedeutungsreframing])*

25:10 LINDA: Hmhmm.

25:11 VIRGINIA: Mir fällt auf, daß Du mir viel Widerstand leistest. (Linda lacht) Und das ist typisch, denn es wäre so als ob ich... Schau, das ist das Spiel, das die Leute spielen. *(Mit der allgemeinen Bezeichnung „Leute" kehrt Virginia zu einer universellen Behandlung von Lindas Problem zurück. Sie setzt auch voraus, daß Menschen in der aktiven Rolle des Spielespielens sind. Durch den Gebrauch des Wortes „Spiel" wird das, worum Linda so besorgt ist, als „nicht ganz wirklich" beschrieben. [Modell der Welt] Virginia senkt ihre Stimme.)* Und es ist ein *trauriges* Spiel. Und das Spiel heißt: „Ich teile meine Eltern in Teufel und Heilige ein".

25:25 LINDA: Hmhmm.

25:26 VIRGINIA: Und wenn meine Eltern (zeigt auf die „Mutter")
mich wirklich lieben würden, wäre meine Mutter anders mit mir
umgegangen (macht Handbewegungen zwischen Linda und ihrer
„Mutter") oder wäre mein Vater anders mit mir umgegangen.
(*Obwohl Virginia in allgemeinen Begriffen spricht, weist ihr nonverbales Verhalten eindeutig darauf hin, daß sie von Linda und ihrer Mutter
spricht. Indem sie „Zitate" gebraucht, so als ob sie selbst zu diesen
„Leuten" gehöre, erleichtert sie es Linda, das als eine Beschreibung ihrer
Situation zu sehen – einer Beschreibung, die sich mit Virginias früherer
Aussage darüber, daß Lindas Mutter sich ungeliebt fühlt, deckt* [23:33].
*Das zieht eine weitere Parallele zwischen Linda und ihrer Mutter. Die
letzten zwei Minuten waren ganz dem Herausstellen von Ähnlichkeiten
zwischen Linda und ihrer Mutter gewidmet.*)
25:35 VIRGINIA: Was ich nun – in gewisser Weise verlange ich
sehr, sehr viel von Dir – und zwar die Tatsache zu *respektieren* (greift
die Schulter von Lindas „Mutter" und spricht mit leiser Stimme),
daß sie so aufgewachsen ist, wie sie aufgewachsen ist. (*Indem sie sagt,
daß sie „sehr, sehr viel" von Linda verlangt, erkennt Virginia die Bedeutung von Lindas Einwand an. Sie wendet Lindas Aufmerksamkeit wieder
auf den „ersten Grund" für das Verhalten ihrer Mutter – ihre Kindheit.*)
25:44 LINDA (nickt): Hmhmm.
25:45 VIRGINIA: Sie ist aufgewachsen, ohne zu lernen wie sie
Zuneigung zeigen kann. Sie wußte nicht, wie. (Linda nickt) Sie hatte
niemanden, der ihr sagte (bewegt sich auf die „Mutter" zu und
nimmt sanft ihren Arm): „Oh, Du bist wundervoll."
Was sie statt dessen bekommen hat war (mit harter Stimme):
„Warum tust Du das?" (Virginia versetzt der „Mutter" einen leichten Schlag auf den Arm. Linda nickt.) „Immer ungehorsam. (Virginia hebt ihren linken Arm in einer drohenden Gebärde, als ob sie
zu einem Schlag ausholte. Sie wiederholt diese Geste nach jedem
der drei folgenden Sätze.) Ich werde Dir schon eine Tracht verpassen." (Linda nickt) „Wahrscheinlich kommst Du in ein paar Minuten schwanger nach Hause." (Linda lacht) Ich weiß es nicht sicher,
(mit leiser Stimme) ich denke, das ist es, was sie zu hören bekommen
hat, okay?
(*Virginia reframt das Verhalten der Mutter – das Linda für eine Folge
böser Absichten gehalten hat – weiterhin einfach als Resultat von Unwissenheit, Unvermögen und Verwirrung, die auf eine unzureichende Erziehung*

107

zurückzuführen sind. Das Ausagieren erleichtert es Linda, in lebhafter Weise zu sehen, wie das Leben ihrer Mutter gewesen sein muß und macht es wahrscheinlicher, daß sie mit Mitgefühl darauf reagieren wird. Nachdem sie mit ernster Stimme drei Beispiele aufgeführt hat, setzt Virginia bei dem letzten Beispiel [„in ein paar Minuten schwanger nach Hause kommen"] Humor ein.)

26:07 LINDA: Hmhmm.

26:08 VIRGINIA: Nun... ich möchte, daß Du spürst (Virginia macht eine lange bogenförmige Handbewegung von Linda zu ihrer „Mutter"), welche Gefühle es in Dir auslöst (*Virginia setzt voraus, daß es Gefühle auslöst*), jetzt mit etwas in *ihrem* Inneren in Kontakt gekommen zu sein. Was ist das? (*Virginia fordert Linda in der Szene, die sie gerade konstruiert hat, dazu auf, einen Wechsel des Bezugsindexes mit ihrer Mutter zu machen und die Gefühle wahrzunehmen, die sie als ihre Mutter hat: „Jetzt mit etwas in ihrem Inneren in Kontakt gekommen zu sein.")* Was passiert für Dich? (*Virginia setzt voraus, daß etwas passiert.*)

26:24 LINDA (mit leiser Stimme): Ich glaube – ich habe richtig Angst, die Tiefe ihres Schmerzes zu spüren. (*Linda macht mit ihrer Handfläche nach oben Gesten in Richtung auf ihre „Mutter". Zuvor sah Linda ihre Mutter als nachtragend; jetzt spricht sie von „der Tiefe ihres Schmerzes".)*

26:29 VIRGINIA (nickt): Okay. Ich glaube, das ist etwas sehr Wichtiges.

26:32 LINDA: Hmhmm.

26:33 VIRGINIA: Das ist immer schon wahr gewesen und um Dich herum passiert. Dein Vater konnte es nicht tun, weil es zu viel war; der Schmerz war zu stark. Er hat auch, ich glaube, er hat auch alles getan, was er konnte, um ihr Leben leichter zu machen. (*Virginia setzt voraus, daß Lindas Vater auch Schmerz erlebt hat, was eine Ähnlichkeit zwischen der Mutter und ihm darstellt.)*

26:46 LINDA (nickt): Hmhmm.

26:47 VIRGINIA: Und das *zusätzlich* zu der Verpflichtung, sich um die Kinder zu kümmern. (Linda nickt) Und das Verhalten, das daraus folgte, war Zurückweisung – aber nicht, weil *sie* zurückweisen wollte. Okay. Aber Du konntest das nicht wissen. (*Virginia reframt jetzt Lindas alte Wahrnehmungen und Reaktionen – in der Vergangenheit – als eine vernünftige Reaktion auf einen Mangel an Informationen. [Bedeutungsreframing] Indem sie mit „Du konntest das nicht*

108

wissen" die Vergangenheitsform gebraucht, setzt Virginia voraus, daß es wahr ist und Linda es jetzt wissen kann.)

26:59 LINDA (nickt): Hmhmm.

27:00 VIRGINIA: Wenn Du ein kleines Kind bist – kannst Du Dich mal hinknien, um zu zeigen, daß Du klein bist? *(Linda kniet sich hin, was ihr eine Perspektive gibt, die sie vermutlich nur gelegentlich hatte, seit sie ein kleines Kind war. Das stellt eine nonverbale Aufforderung dazu dar, wieder ein Kleinkind zu werden. Virginia läßt Lindas Hand los, die sie bis jetzt gehalten hat.)* Gut. Und sie fängt jetzt mit ihrer „Erziehung" an. *(„Erziehung" impliziert wieder eine positive Absicht hinter dem Tadeln der Mutter.* Virginia zeigt auf Linda) Dein Haar ist nicht in Ordnung. (Virginia stößt Lindas linke Schulter) Du mußt mehr essen. (Virginia stößt Lindas rechte Schulter) Du hast die falschen Freunde. (Virginia stößt Lindas linke Schulter) Was sonst noch – es spielt eigentlich gar keine Rolle. Du weißt, was es ist.

27:15 VIRGINIA: Jetzt kommt Dein Vater her (zieht Lindas „Vater" auf Linda zu) und er – ohne zu viel Aufhebens davon zu machen – zieht Dich ein bißchen zu sich herüber (Virginia zieht ihn näher heran und er legt seine Hand auf Lindas Schulter. Linda, die immer noch kniet, legt ihren Arm um seine Hüfte) und aus der Sicht Deiner Mutter fort und Du teilst etwas mit ihm. War es nicht so? *(Während dieser Beschreibung hat Virginia die Gegenwartsform gebraucht, was Linda dazu einlädt, in die Vergangenheit zu assoziieren. Im letzten Satz wechselt sie dann von der Gegenwarts- zur Vergangenheitsform. [Wechsel zeitlicher Prädikate])*

27:29 LINDA (leise, lächelnd, mit „kleiner" Stimme): Ja, er war lieb.

27:31 VIRGINIA: Er war lieb. Ja. Okay. Du mußt Dich fragen: „Wie kommt es, daß er so lieb und sie so ein Teufel war?" Aber das ist eine andere Frage. *(Virginia gibt Linda einen direkten Befehl – „Du mußt Dich fragen" wie ist es möglich, daß ein solcher Teufel mit einem solchen Heiligen verheiratet ist – und fegt ihn dann mit einer Handbewegung zur Seite, so daß Linda sich mit dieser Frage auseinandersetzen muß, ohne jedoch die Gelegenheit oder die Verpflichtung zu haben, offen darauf zu antworten. Sofort nachdem Virginia das gesagt hat, wendet Linda, die bis dahin Virginia direkt angeschaut hat, ihren Blick ab, sieht nach rechts oben, vier Sekunden lang, zwinkert neun Mal und lächelt etwas, ein starker Hinweis darauf, daß sie über die Frage nachdenkt. Die Antwort auf*

Virginias Frage lautet strenggenommen, daß es nicht möglich ist, weshalb Lindas Wahrnehmung ihrer Eltern falsch sein muß.)

27:38 VIRGINIA: Gut, bis jetzt (Linda wendet sich wieder Virginia zu), von der Zeit an als Du sehr klein warst, mit den Augen, die du hattest, hast Du genau das getan, was Du tun mußtest, weil niemand da war. (*Virginia verstärkt ihren früheren Reframe, daß Lindas Wahrnehmung aus dem begrenzten Verständnis eines kleinen Kindes erwuchs. Diese Wahrnehmung, die in der Vergangenheitsform beschrieben wird, ist nun mit der knienden Stellung und der Vergangenheit verknüpft.*) Du warst noch nicht zu diesem Seminar gekommen. (*Das enthält die Präsupposition, daß Linda, da sie zu dem Seminar gekommen ist, ein neues Verständnis erwerben kann.* Linda lacht) Und Deine Mutter auch nicht. (*Das enthält die Präsupposition, daß Lindas Mutter, da sie nicht zu dem Seminar gekommen ist, immer noch kein neues Verständnis erlangen kann. Zusammen mit der vorhergehenden Aussage impliziert das, daß Linda die einzige ist, die sich ändern kann, um die Kommunikation mit ihrer Mutter zu verbessern.*)

27:52 VIRGINIA: Jetzt bist Du erwachsen und es ist so, als hättest Du alle diese Lernerfahrungen genommen und gesagt – Möchtest Du jetzt aufstehen? (Virginia nimmt Lindas rechte Hand, zieht sie vorsichtig hoch und hält weiter ihre Hand. *Indem sie sagt „Jetzt bist Du erwachsen" und Linda in eine stehende Stellung hochzieht, lädt Virginia sie dazu ein, altes Verhalten aus der Kindheit hinter sich zu lassen. Das wird dadurch unterstützt, daß Virginia Lindas Kindheit in der Vergangenheitsform beschreibt* [Dissoziation].) Du hast so etwas gesagt wie: „Meine Mutter fand mich nicht akzeptabel. Sie fand mich nicht liebenswert." (Linda hat ihre Hand immer noch auf dem Rücken ihres Vaters. Virginia hält nach wie vor Lindas rechte Hand mit ihrer linken und spricht leise. *Virginia gebraucht das Wort „finden" im Zusammenhang mit Lindas „akzeptabel" und „liebenswert" sein, was die Präsupposition enthält, daß sie akzeptabel und liebenswert ist.*)

28:08 VIRGINIA (mit harter Stimme): „Und das werde ich ihr heimzahlen!" (Virginia schaut eindringlich auf Linda und bewegt ihren erhobenen Finger wiederholt direkt vor Lindas Gesicht.) Das ist die Art von Rache, die daraus entsteht. (*Virginia wechselt zur Gegenwartsform über, als sie den Wunsch nach Rache beschreibt – als eine Folge von Schlußfolgerungen aus der Kindheit* [Wechsel zeitlicher Prädikate]. *Virginia spielt Linda gegenüber die Rolle der rachsüchtigen*

Linda, wodurch diese in die Empfängerrolle dieser Kommunikation ver-
setzt wird. Das führt dazu, daß Linda in die Lage ihrer Mutter versetzt
wird [Wechsel des Bezugsindex]. Linda nickt und Virginia wendet
sich der Gruppe zu.) Wie viele von Euch kennen das: „Das werde
ich Dir heimzahlen!" (Virginia wiederholt den Satz mit der gleichen
Intensität und Geste der Gruppe gegenüber. Linda und die Gruppe
lachen [Normalisierung].) Gut, ich möchte – wenn Du das hörst, will
ich nicht, daß Du Dich jetzt dafür selbst fertigmachst (Virginia
wendet sich wieder Linda zu), aber die Schlußfolgerungen lauteten,
daß wenn Du – wenn sie überhaupt etwas getaugt hätte, (mit leiser
Stimme) *hätte* sie Dich liebenswert gefunden. (*Virginia beginnt den
letzten Satz in der Gegenwartsform und geht dann zu der Vergangenheitsform über, wenn sie die alten Schlußfolgerungen beschreibt* [Wechsel
zeitlicher Prädikate]. *Durch das Wort „gefunden" wird vorausgesetzt,
daß Linda liebenswert war.*) Gut. Du bist jetzt älter und wie alt ist sie
jetzt, so um die siebzig? (*An dieser Stelle nach dem Alter der Mutter zu
fragen, schafft eine Trennung zwischen der Mutter aus Lindas Vergangenheit, die Rache „verdiente", und der Mutter von heute, die eine alte
Frau ist.*)

28:38 LINDA: Dreiundachtzig.

28:39 VIRGINIA: Dreiundachtzig. Okay. Sie versucht immer noch
einen Weg zu finden, Bedeutung für Dich zu haben. (*Indem sie sagt:
„Sie versucht immer noch..." setzt Virginia den Rest des Satzes voraus.*
Linda nickt) Ich will Dir nicht etwas die Kehle hinunterstopfen.
(Linda nickt) Was ich sage ist, daß es wie mit zwei Kindern in einer
Familie ist die sich prügeln, und das eine will das andere umbrin-
gen. (Linda nickt) Und eines von ihnen wird sagen: „Ganz gleich
was Du sagst, *ich mach's einfach nicht!* Damit Du's weißt! Zuerst lege
ich Dich um!" Und das andere sagt: „Nicht bevor ich Dich umgelegt
habe."

(*Mit der Metapher der zwei Kinder macht Virginia es leichter für Linda,
in einer leichteren und dissoziierten Weise über ihre Situation nachzudenken. Diese Metapher enthält auch die Präsupposition, daß der Streit die
Folge eines begrenzten Verständnisses ist und von Gefühlen, die momen-
tan intensiver sind als die Situation es rechtfertigt. Gleichheit und Sym-
metrie sind ebenfalls in der Geschichte vorausgesetzt; keiner trägt die
Schuld.*)

29:04 VIRGINIA: Gut (schaut nach links unten). Was machen wir hier? Wir reden über die Verletzlichkeit. *(Indem sie sagt „die Verletzlichkeit", läßt Virginia es im Unklaren, ob sie von Linda oder ihrer Mutter spricht, was die Ähnlichkeit zwischen ihnen weiter verstärkt.)* Und Du hast immer noch das Gefühl, daß sie Dich zurückweist. *(Indem sie sagt „immer noch", bringt Virginia die Präsupposition ein, daß dieses Gefühl zu einer früheren Zeit gehört und setzt außerdem eine Unterscheidung voraus zwischen zurückgewiesen werden und sich zurückgewiesen fühlen.* [Modell der Welt] Linda nickt) Als ich nun zu Dir gesagt habe: „Kannst Du die Tatsache würdigen, daß sie Dich bemerkt hat?" – das war schwierig *(Virginia beschreibt Lindas Schwierigkeit – „das war schwierig" – in der Vergangenheitsform, was Linda dazu einlädt, es in der Vergangenheit zu belassen. Dann geht Virginia für die nächste Aufgabe zur Gegenwartsform über.* [Wechsel zeitlicher Prädikate]) Ich möchte, daß Du ihr (Lindas „Mutter") eine Frage stellst, und Du (Lindas „Mutter") antwortest was Dir gerade einfällt. „Hast Du mich je geliebt und gemocht?" (zu Linda) Frage sie das. *(Virginia versucht einen anderen Zugang, um Lindas Überzeugung zu verändern, daß ihre Mutter sie nicht geliebt hat – sie fragt „sie" direkt.)*

29:29 LINDA: Hast Du mich je geliebt und gemocht?

29:31 „MUTTER": Ja, aber ich konnte es Dir nicht sagen. (Linda nickt)

29:35 VIRGINIA (zu Lindas „Mutter"): Nicht nur das. Du hast Dir erträumt, daß sie sein könnte, was Du nicht warst. (Linda lächelt) Sag ihr das. *(Virginia setzt diese Träume voraus. Sie verläßt sich nicht auf die Person, die die Rolle spielt, sondern fügt hinzu, was, wie sie weiß, nützlich sein könnte, um Lindas Glaubenssatz zu verändern.)*

29:44 „MUTTER": Ich habe mir alles das für Dich gewünscht, was ich nicht hatte oder haben konnte.

29:49 VIRGINIA (zu Linda): Glaubst Du das?

29:50 LINDA (nickt): Hmhmm.

29:51 VIRGINIA (mit leiser Stimme): Komm näher, bloß einen Schritt näher (Linda geht näher an ihre „Mutter" heran), während Du Dir erlaubst, das zu glauben. *(Virginia verknüpft wieder etwas Leichtes – näherkommen – mit etwas, das sie bewirken will. „Während" setzt voraus, daß das folgende wahr ist. „Erlaube Dir" setzt voraus, daß es von alleine geschehen wird.)* Und sie hat, was so viele Menschen in dieser Welt haben, eine Trainings- und Lehrmethode, die etwa so lautete: „Wie schlecht Du bist" und „Warum bist Du nicht anders?" (*Virginia hebt wieder den begrenzten Hintergrund der Mutter als Grund für ihr Tadeln hervor und umschreibt es als eine „Trainings- und Lehrmethode".*) Und ich weiß, daß Du eine Menge darüber weißt. (*Das ist mehrdeutig, es kann sowohl bedeuten: „Du hast das von Deiner Mutter erfahren" wie auch „Du hast das auch getan".*) Wenn Du sie jetzt anschaust, was fühlst Du da? (*Diese Frage bietet Virginia die Gelegenheit zu überprüfen, wie ihre Reframes und Präsuppositionen gewirkt haben.*)

30:11 LINDA (beginnt zu weinen): Äh, ich fühle Liebe.

30:14 VIRGINIA: Okay.

30:15 LINDA: Und Trauer.

30:16 VIRGINIA (leise): Okay. Worum ich Dich nun bitten möchte ist, einfach einen Moment lang dabei zu bleiben. (Linda nickt) Denn während Du (eine Träne rollt Lindas Wange hinunter) diese *Liebe und Trauer spüren* kannst, [eingebetteter Befehl] (Linda nickt) beginnst Du, hier etwas anderes zu fühlen. (*Virginia zeigt auf Lindas Körpermitte. Mit „während Du diese Liebe und Trauer spüren kannst", setzt Virginia voraus, daß Linda diese Gefühle weiter spüren wird und verknüpft das dann – immer noch durch Präsupposition – mit dem Beginn eines anderen Gefühls.*)

30:26 LINDA (nickt und schließt ihre Augen): Hmhmm.

30:29 VIRGINIA (*die nächsten Sätze – bis [31:13] –, stellen genaugenommen eine hypnotische Induktion dar, und sind mit leiser Stimme gesprochen*): Weißt Du, Linda, eine der Sachen, die mich so traurig machen, ist, wie viele Menschen in ihrem Leben keine Liebe finden (Linda nickt), weil niemand da war, der ihnen half, sie zu entdecken. (Linda nickt. *Virginia verwendet eine beabsichtigte Ambiguität; „viele Menschen" bezieht sich auf Linda und ihre Mutter, ohne eine der beiden offen zu erwähnen. Liebe als etwas aufzufassen, das man entdeckt, setzt voraus, daß es bereits da ist und darauf wartet, gefunden zu werden. Das ist anders als Liebe z.B. als etwas zu sehen, das man tut, bekommt oder gibt.*)

30:44 VIRGINIA (mit leiser Stimme): Wenn wir kleine Kinder sind, versuchen wir zurechtzukommen so gut wir können. (Linda nickt. *Virginia gebraucht wieder die Schlüssel-Präsupposition, daß Menschen ihr Bestes tun. Indem sie das allgemeine „Wir" dreimal gebraucht, spricht sie gleichzeitig von sich selbst, Linda und ihrer Mutter. Die Präsupposition läßt sich am einfachsten bestätigen wenn man an kleine Kinder denkt, deren Mangel an Verständnis, begrenztes Wissen und Können so offensichtlich sind. Wenn jemand die Präsupposition glaubt, daß Menschen immer ihr Bestes tun, dann gibt es keinen Anlaß für Schuldzuweisungen, Wut oder Übelnehmen. Wenn jemand sich falsch verhält, so ist das lediglich etwas, das es zu verstehen – und wenn möglich zu ändern – gilt, oder das man zu vermeiden hat, wenn es sich nicht ändern läßt.)*

30:50 VIRGINIA (mit leiser Stimme): Deine Mutter, das kann ich Dir sagen, würde in einer Million von Jahren nicht *ein einziges Mal* daran gedacht haben, daß sie Dich in irgendeiner Weise herabwürdigte. (Linda nickt) Sie kam aus einer Zeit der Unwissenheit, und aus einer Zeit, in der sie das Gefühl hatte, daß sie selbst nichts wert sei. (Linda nickt) Und sie verfolgte das gleiche alte „Tu-das-nicht!"-Muster. (*Virginia setzt wieder den Reframe ein, daß das kritisierende Verhalten der Mutter aus guten Absichten entspringt, die jedoch durch Unwissenheit und falsche Auffassungen untergraben werden.*)

31:13 LINDA (nickt): Hmhmm.

31:15 VIRGINIA: Zum jetzigen Zeitpunkt – wo ist Dein Mann? Kannst Du herkommen und Dich neben Deine Schwiegermutter stellen? Okay. Was Du über ihn gesagt hast, „Er ist wundervoll"... ich möchte, daß Du ihn anschaust, und während Du daran denkst, daß er wundervoll ist, kannst Du da laut sagen: „Ich bin auch wundervoll." Schau, was mit Dir passiert. (*„Ich möchte, daß Du ihn anschaust" ist eine leicht zu erfüllende Forderung. „Und" verknüpft es mit der Präsupposition „während Du daran denkst, daß er wundervoll ist" und der darauffolgenden Aufforderung, ihm zu sagen: „Ich bin auch wundervoll". „Schau, was mit Dir passiert" lenkt Lindas Aufmerksamkeit zugleich davon ab, der Aussage „Ich bin auch wundervoll" wie auch von der Aufforderung diese laut zu sagen, zustimmen oder widersprechen zu müssen. Lindas „Mann" auf die Bühne zu bringen bietet die Gelegenheit, positive Selbstwertgefühle ins Spiel zu bringen. Ihn neben Lindas „Mutter" zu stellen, wird dabei helfen, dieses wundervolle Gefühl auch mit ihr zu verbinden.*)

31:33 LINDA: Ich bin auch wundervoll.

31:34 VIRGINIA: Wie hast Du Dich dabei gefühlt?

31:36 LINDA (nickt): Es war – wundervoll. (Linda lacht)

31:38 VIRGINIA: Okay. Ich möchte Dich jetzt um folgendes bitten: Sieh nun Deine Mutter an und mache Dir bewußt, daß wenn sie wüßte, was Du jetzt weißt, sie das gleiche sagen könnte. [Wechsel des Bezugsindex] (*Virginia verwendet „und", um eine leichte Aufgabe – „Sieh nun Deine Mutter an" – mit den Präsuppositionen zu verknüpfen, die darauf folgen. Zuvor hatte Virginia Linda gebeten zu sagen: „Ich bin wundervoll", und Linda berichtete, daß es wundervoll gewesen sei, das zu sagen. Mit „was Du jetzt weißt" setzt Virginia voraus, daß Linda jetzt mehr weiß als vorher und daß es ihr ermöglichte zu sagen: „Ich bin wundervoll." Das ist ein Beispiel für die Annahme, daß Menschen ändern können, was sie tun, wenn sie einen besseren Weg finden. Virginia setzt ausdrücklich voraus, daß Lindas Mutter sich hätte ändern können, wenn sie zu dem Seminar gekommen wäre. Da jedoch Linda diejenige ist, die das Seminar besucht, ist sie auch diejenige, die sich ändern kann.* Linda nickt) Wie fühlst Du Dich jetzt damit?

31:52 LINDA: Es ist – (schließt kurz die Augen) es ist interessant. Ich habe das Gefühl, wenn ich einige der Sachen sagen würde, die ich ihr wirklich sagen will (Lindas Stimme zittert) – schmerzhafte wie wundervolle –, daß das sehr beängstigend wäre.

32:06 VIRGINIA (nickt): Ja, sie würde weinen.

32:07 LINDA: Es würde all diese Gefühle in ihr entfesseln, denn ich habe sie in meinem ganzen Leben nicht weinen gesehen, weißt Du – diese ganzen Sachen.

32:11 VIRGINIA: Kannst Du, falls sie weinen sollte, eine Schachtel Kleenex mitbringen? (*Virginia besänftigt Lindas Angst, indem sie mit humorvoller Stimme spricht und eine konversationelle Forderung gebraucht, die ihr einen einfachen und direkten Weg gibt, mit den Tränen ihrer Mutter umzugehen.* Linda nickt) Das ist fast das einzige was passiert, wenn Menschen weinen – es rollen Tränen. [Wiederholung] (Linda lacht) Ich habe noch nie gesehen, daß ein Gebäude in die Luft geflogen ist. (*Die Erwähnung eines explodierenden Gebäudes [Übertreibung] rückt Lindas Angst vor einer möglichen Katastrophe, wenn ihre Mutter ihre Gefühle ausdrücken sollte, in einen neuen Zusammenhang.*) Und wenn Du glaubst, daß es Tränen geben wird, dann halte ich es immer für eine freundliche, aufmerksame und liebevolle Geste, Kleenex mitzubringen. (*Virginia bietet wieder einen einfachen, direkten und spezifischen Weg, um mit den Tränen der Mutter umzugehen. Ihre Darstellung enthält die Präsupposition, daß die richtige Art mit Tränen umzugehen, Freundlichkeit und Liebe ist.*)

32:29 LINDA (nickt): Ich auch.

32:30 VIRGINIA: Gut. Wenn Du sie nun anschaust und mit ihr Kontakt aufnehmen kannst und über die Dinge sprechen kannst, die Du schmerzhaft und wundervoll gefunden hast, was für ein Gefühl ist das für Dich? (*Mit „Wenn Du sie jetzt anschaust und..." setzt Virginia voraus, daß Linda „mit ihr Kontakt aufnehmen ...und über die Dinge sprechen (kann), die sie schmerzhaft und wundervoll (fand)", und daß Linda Gefühle als Reaktion darauf erlebt. Um die Frage „was für ein Gefühl ist das für Dich?" beantworten zu können, muß Linda den Rest der Anweisung befolgen. Lindas Aufmerksamkeit auf das zu richten, was nach der Anweisung kommt, führt in der Regel dazu, ihr die Erfahrung zu vermitteln, die sie hätte, wenn sie die Anweisung ausführte.*)

32:44 LINDA: Sehr ängstlich. (*Da Linda einen weiteren Einwand hat, muß Virginia weiter zurückgehen und ihn aufgreifen.*)

32:46 VIRGINIA: Okay. Gut. Wenn Du an das Beängstigende denkst, was für ein Bild kommt Dir da? (*Virginia setzt voraus, daß ein Bild kommen wird und sie macht Handbewegungen in der Luft, um einen Ort für das Bild anzudeuten. Virginia fragt Linda nach dem Bild, das sie hat, nicht nach dem, was ihre Mutter tun würde.* [Modell der Welt]) Das Beängstigende. (Virginia macht wieder Handbewegungen) Was für Bilder siehst Du, die es beängstigend machen?

33:00 LINDA: Das einzige – ich sehe kein Bild, bloß – ich habe ein Gefühl von... endlich jemandem so nahe zu sein. (*Linda stellt explizit den Zusammenhang dar zwischen der Schwierigkeit mit ihrer Mutter und dem anfangs geäußertem Wunsch, mit anderen eine Beziehung herstellen und ihnen nahe sein zu können.* [0:22, 1:02])

33:10 VIRGINIA (nickt): Okay.

33:10 LINDA: Diese Verletzbarkeit oder diese Anrührung (Virginia nickt) oder meine Mutter dabei zu sehen, wie sie etwas tut, was ich sie nie zuvor habe tun sehen – andere Gefühle auszudrücken als Wut.

33:18 VIRGINIA (nickt): Okay. Gut.

33:19 LINDA: Es macht mir einfach Angst.

33:20 VIRGINIA: Okay. Das ist, weil es *neu* ist. (*Virginia reframt die Angst als eine Reaktion auf die Neuheit – und nicht auf eine implizite Gefahr.* [Bedeutungsreframing])

33:24 LINDA: Ja, in unserer Beziehung.

33:26 VIRGINIA: Okay. Sind die Chancen – und damit meine ich zu diesem Zeitpunkt – groß genug (*Virginia setzt voraus, daß die*

Chancen zu diesem Zeitpunkt groß sind), damit Du sagst: „*Ich gehe das Risiko ein, etwas Neues zu sehen, das Du nie zuvor gesehen hast*"? [eingebetteter Befehl]

33:38 LINDA: Ich habe mich das häufig gefragt – aber nur hinsichtlich meiner Mutter. *(Da Linda die Frage immer noch in Beziehung zu ihrer Mutter überdenkt, ist sie immer noch widerstrebend, weshalb Virginia die Aufmerksamkeit auf Linda selbst lenkt.)*

33:42 VIRGINIA: Nun, laß uns mal sehen wie es mit Dir steht, denn das hat tatsächlich mit *Dir* zu tun. *(Virginia wiederholt die Unterscheidung, die sie zuvor [8:03, 15:48, 16:00, 32:46] zwischen der Mutter selbst und Lindas Bild ihrer Mutter getroffen hat.* [Modell der Welt])

33:47 LINDA: Ich tue – ich habe das Gefühl, daß ich das tue –

33:49 VIRGINIA: Schaue sie Dir jetzt an. *(Wenn Linda ihre Fähigkeit, mit anderen in Kontakt zu kommen, wirklich verändert hat, wird das im Rollenspiel deutlich werden. Mit „Schaue sie Dir jetzt an" beginnt Virginia, das in der unmittelbaren Erfahrung zu überprüfen.)*

33:50 LINDA: – in anderen Beziehungen. Ich habe das Gefühl, daß ich in anderen Beziehungen an der Beziehung mit meiner Mutter arbeite.

33:56 VIRGINIA: Das wird nicht das gleiche sein. Andere Leute sind nicht Deine Mutter. (Zeigt auf Lindas „Mutter") Das ist Deine Mutter. *(Virginia weiß, daß „in anderen Beziehungen daran zu arbeiten" nicht annähernd so wertvoll sein wird, wie den Groll, den sie der Erzfeindin ihrer Kindheit gegenüber empfindet, aufzulösen. Wenn Linda mit ihrer Mutter zu einer Auflösung gelangen kann, wird das auf alle anderen wichtigen Beziehungen generalisieren.)*

34:05 VIRGINIA: Weißt Du, was ich für eine Vermutung habe? Du möchtest nicht verlieren. (Linda lacht) Und du denkst, daß Deine Mutter gewonnen haben wird, wenn Du anfängst mit ihr in dieser Weise zu reden. Das ist eine starke Ahnung, die ich habe. Ist da etwas dran? Irgendwelche Gültigkeit? *(Virginia drückt eine „Ahnung" aus und behandelt Linda damit als Expertin für ihre eigenen Gefühle.)*

34:19 LINDA (zögernd): Nein, ich... ich *fühle* das nicht. *(Auch wenn Linda es bewußt verneint, betont sie unbewußt das Wort „fühle" – während der Rest des Satzes zögernd und unsicher klingt, was ein Zeichen dafür ist, daß etwas Wahres an dem ist, was Virginia gesagt hat.)*

34:24 VIRGINIA: Was fühlst Du? (*Virginia nimmt ohne weiteres Lindas Zurückweisung ihrer Vermutung an und fragt einfach danach, was sie fühlt.*)

34:31 LINDA: Ich glaube, ich habe Angst davor, meiner Mutter gegenüber aus meinem Versteck herauszukommen.

34:35 VIRGINIA: Okay. Kannst Du anfangen – laß uns hier ein kleines Rollenspiel machen und einfach sehen was passiert. (*Virginia spricht zu der Gruppe und lädt sie dazu ein, sich an der folgenden Sequenz zu beteiligen, die dem Wesen nach eine direkte hypnotische Induktion von Allgemeinheiten* [bezugloses Substantivargument] *ist, mit deutlich veränderter Tonalität und verändertem Tempo gesprochen wird und auch an Linda gerichtet ist.*) Was ich hier mache ist... ich *hoffe*, daß das, was Linda sich selbst in so wunderbarer Weise zu tun erlaubt hat – der Inhalt mag schmerzhaft sein, aber der Prozeß .... (*Virginia macht Linda ein Kompliment mit der Präsupposition „sich selbst in so wunderbarer Weise zu tun erlaubt hat.“*) Wir alle haben in der einen oder anderen Weise diese Dinge in uns. Und dieser Prozeß, uns selbst zu erlauben, uns *in eine andere Richtung zu bewegen*, ist das, was hier deutlich wird. (*Virginia setzt voraus, daß das, was passiert „der Prozeß* [ist], *uns selbst zu erlauben, uns in eine andere Richtung zu bewegen“.* [eingebetteter Befehl] Virginia wendet sich wieder an Linda.) Erinnerst Du Dich noch, wo Du angefangen hast; Du hast angefangen mit: „Manchmal fühle ich Power und manchmal fühle ich mich wie ein Schlappschwanz.“ Ich habe gesagt, daß die Schlappschwänzigkeit kommt, wenn Du Dich machtlos fühlst. (*Bemerken Sie, daß Virginia immer noch das anfängliche Ziel im Auge hat.*)

35:11 LINDA: Hmhmm.

35:12 VIRGINIA: Und der Eindruck den ich von Deiner Mutter habe, ist, daß diese Machtlosigkeit daher kommt, weil Du Dich nie wirklich von ihr gemocht gefühlt hast.

35:17 LINDA (nickt): Hmhmm.

35:18 VIRGINIA: Das ist mein Eindruck, ist das wahr?

35:20 LINDA: Ja. Es mag eine übermäßige Vereinfachung sein, in dem Sinne, daß –

35:24 VIRGINIA: Das sind die meisten Dinge. (*Virginias Unterbrechung hält Linda davon ab, unnötig analytisch zu werden. Die allgemeine Behauptung lädt Linda auch dazu ein, nach Beispielen zu suchen.*)

35:26 LINDA (lächelt): Okay.

35:27 VIRGINIA: Deine Einstellung zum Beispiel. Bist Du Dir dessen auch bewußt? (*Virginia lenkt Lindas Aufmerksamkeit zuerst mit einer allgemeinen Aussage wieder zurück und konfrontiert sie direkt mit der Idee, daß ihre Einstellung ebenfalls eine übermäßige Vereinfachung ist. Virginia setzt das als Präsupposition voraus. Sie fragt Linda nicht, ob es wahr ist, sondern ob sie sich dessen bewußt sei. Das „auch" schließt die vorhergehende Aussage „Das sind die meisten Dinge" in die Präsupposition mit ein.*)

35:30 VIRGINIA: Ich meine das Gefühl, daß sie (die „Mutter") sich in Luft auflösen wird oder (Linda lächelt), was weiß ich, daß Du Dich in Luft auflösen wirst. Okay. (*Dieses Beispiel ist nebensächlich für das zentrale Thema, aber es ist eines, dem Linda zustimmen muß, da es so übertrieben ist. Diesem Beispiel zuzustimmen wird Linda dabei helfen, der allgemeinen Aussage zuzustimmen. Linda wollte Virginias Zusammenfassung von Lindas Situation entwerten, weil es eine übermäßige Verallgemeinerung darstelle. Statt dessen nutzt Virginia das, um Linda dazu zu bringen, ihre eigene übermäßige Verallgemeinerung – von der Gefahr, mit ihrer Mutter Kontakt aufzunehmen – zu entwerten – eine brillante Utilisierung.*)

35:35 LINDA (nickt): Hmhmm.

35:36 VIRGINIA (mit leisem, hypnotischen Tonfall und Tempo): Denn das gehört in eine Zeit, als Du sehr klein warst und keinen Weg hattest, um Dir die Dinge anzuschauen. (*Virginia wiederholt, daß Lindas Reaktion in eine vergangene Zeit gehöre, in der sie ein begrenzteres Verständnis hatte – was impliziert, daß es nicht in die Gegenwart gehört, in der sie „Wege hat sich Dinge anzuschauen".*) Der sehnsüchtige Teil in Dir –

35:52 VIRGINIA (zeigt auf die Gruppe): Bring Deinen Selbstwert auf die Bühne. Laß uns mal sehen, wonach Dein Selbstwert verlangt. (Linda zeigt auf eine Frau, die zuvor die Selbstwert-Rolle für andere in der Gruppe gespielt hatte) Laß uns jemand anderem die Chance geben, sie hat sich schon „ausgeselbstwertet". (Linda lacht) Schau Dich um und finde jemanden. Es ist okay, jeder beliebige tut's, Mann, Frau, gemischt.

36:10 LINDA (leise): Möchtest Du mein Selbstwert sein? (Eine Frau kommt auf die Bühne, um Lindas Selbstwert darzustellen)

36:19 VIRGINIA (zu Lindas „Selbstwert"): Kannst Du Dich hinter ihr niederknien? (Die Frau kniet sich hinter Linda. Virginia spricht

wieder mit langsamem, hypnotischen Tonfall und Tempo) Und ich
– das Lied, das ich von dort gehört habe, aus dem was Du gesagt
hast, ist: „Ich möchte von allen geliebt und geschätzt werden." Ist
das wahr oder nicht wahr? (*Zuvor* [35:56] *hatte Virginia gesagt: „Laß
uns mal sehen, wonach Dein Selbstwert verlangt", so als ob das etwas
wäre, das entdeckt werden könnte. Später spezifiziert Virginia es jedoch.
Indem sie zwei ausschließliche Kategorien anbietet – „Ist es wahr oder nicht
wahr?" –, erschwert Virginia es Linda, ausführlich zu antworten.*)
36:35 LINDA: Das ist wahr.

36:36 VIRGINIA (zu Lindas „Selbstwert"): Kannst Du auf diese
Weise anfangen, vielleicht mit ein wenig – nur ganz leicht: „Ich
möchte von allen geliebt und gemocht werden."

36:42 LINDAS „Selbstwert": „Ich möchte von allen geliebt und
gemocht werden." (*Lindas „Selbstwert" wiederholt diesen Satz bis
[38:10] leise und klagend im Hintergrund. Eine Stimme zu hören, die
hinter Ihnen und von unten etwas leise wiederholt, hat eine hypnotische
Wirkung, vor allem, wenn Sie bestätigt haben, daß das, was die Stimme
sagt, auf Sie zutrifft. Da Linda bewußt darauf achtet und darauf reagiert
was Virginia sagt, wird die hypnotische Wirkung der Selbstwert-Stimme
noch verstärkt. Es gibt kaum einen Unterschied zwischen dem, was Virginia hier tut und einer hypnotischen Doppelinduktion, in der zwei Personen
einer dritten gleichzeitig Suggestionen anbieten.*)

36:45 VIRGINIA (weiterhin mit einer tiefen, langsamen, hypnotischen Stimme): Nun gibt es einen Teil von Dir, der sagt: „Sei vorsichtig. Du mußt *vorsichtig* sein, von wem Du Dich lieben und schätzen
läßt." (*Indem sie sagt: „von wem Du Dich lieben und schätzen läßt", setzt
Virginia einen aktiven Prozeß voraus.*) Stimmt das nicht? (*Der letzte
Satz, ein Fragezusatz, stellt eine hypnotische Technik dar, die von Milton
Erickson häufig verwendet wurde. Eine wirkliche Frage zu stellen und
dieser unmittelbar einen Fragezusatz folgen zu lassen, schafft eine faszi-
nierende Ambiguität. Ganz gleich, was Linda antwortet, es wird unklar
sein, ob es eine Antwort auf die eigentliche Frage oder den Fragezusatz ist.
Wenn sie zustimmt, wird es den Eindruck erwecken, daß sie der ersten
Frage zustimmt. Wenn sie nicht zustimmt, wird es scheinen, als ob sie dem
Fragezusatz nicht zustimmt und daher der ersten Frage zustimmt.*)

36:52 LINDA: Hmhmm.

36:53 VIRGINIA: Gut. Kannst Du Dir im Moment erlauben, zu
wissen, daß Du vorsichtig sein mußt, aber Deine Vorsicht nicht

unmittelbar *vor* Dir (macht Handbewegungen vor Linda) haben mußt; Du kannst sie *neben* Dir haben (macht Handbewegungen zu Lindas Rechten). *(Indem sie sagt: „Du kannst Dir erlauben, zu wissen...", wird der Rest des Satzes vorausgesetzt. Die Implikation ist, daß Linda weiterhin vorsichtig sein kann, jedoch in einer Weise, die ihren Kontakt mit anderen nicht stört. Indem sie zunächst vor Linda gestikuliert und dann eine schiebende Bewegung zu ihrer Seite hin macht, schiebt Virginia buchstäblich das Vorsicht-Bild aus dem Weg, wo es sie nicht stören wird.)*

37:08 VIRGINIA (weiter mit hypnotischer Stimme): Und daß Du zu einem anderen Ort in Dir selbst gehen kannst, wo Du etwas über diese Dame (Virginia zeigt auf Lindas „Mutter") als Menschen *weißt,* daß die Art und Weise, wie sie ist, sehr wenig mit Dir zu tun hat. *(In diesem Satz ist alles nach dem Wort „gehen" als Präsupposition vorausgesetzt. Der wichtigste Teil ist die Wiederholung von „...die Art und Weise, wie sie ist, [hat] sehr wenig mit Dir zu tun". Wenn das Verhalten der Mutter einfach eine Folge ihres familiären Hintergrundes ist und wenig mit Linda zu tun hat, dann verändert das die gesamte Bedeutung des Verhaltens der Mutter. [Bedeutungsreframing])* Du weißt das. *(Das setzt voraus, daß alles zuvor Gesagte wahr ist. Hier liegen vier Ebenen von Präsuppositionen vor, die ineinander verschachtelt sind. Im Zentrum liegt das Hauptthema: „die Art und Weise, wie sie ist, hat sehr wenig mit Dir zu tun." Das ist als Präsupposition enthalten in „... einem anderen Ort in Dir selbst... wo Du etwas über diese Dame als Menschen weißt", was wiederum als Ort vorausgesetzt ist, zu dem Linda gehen kann. „Du weißt das" setzt alles übrige als Präsupposition voraus. Verschachtelte Präsuppositionen sind besonders schwer zu erkennen und zu entwirren, was ihnen noch größere Wirkung verleiht.)*

37:23 LINDA (nickt): Hmhmm.

37:24 VIRGINIA: Ich glaube, ein Teil von Dir weiß das. *(Diese Aussage ist schwer zu bestreiten, ohne jeden einzelnen „Teil" von sich selbst gründlich zu überprüfen. Selbst wenn man das täte und kein Teil es wüßte, setzt der Satz immer noch voraus, daß es wahr ist.)*

37:25 LINDA (nickt): Hmhmm.

37:26 VIRGINIA: Aber der Schmerz, der so lange Jahre gedauert hat – Du möchtest das Tanzen in ihren Augen sehen. *(Virginia erwähnt zuerst die unerfreuliche Vergangenheit und dann eine attraktive Zukunft, die als Wunsch in der Gegenwart formuliert ist. [Wechsel zeitlicher Prädikate] Das schafft eine stark motivierende Situation: von*

121

Schmerz fort und auf Freude zu. Da Linda nichts darüber gesagt hat, ihre Mutter glücklich zu sehen, handelt es sich hier um eine pure hypnotische Induktion, die die Art von Gefühlen induziert, die Virginia Linda erleben lassen möchte.) Und Du überläßt es immer noch ihr. *("Immer noch" setzt voraus, daß Linda es ihrer Mutter überlassen hatte.)* Das wäre auch nett. *(Auch wenn es nett wäre, wenn ihre Mutter sich veränderte, hat Linda keine Kontrolle über die Situation und wird sich machtlos und verletzlich fühlen, solange sie darauf besteht, daß ihre Mutter sich ändern muß. Als nächstes wird Virginia behutsam vorschlagen, daß Linda diejenige sein könnte, die eine Veränderung einleitet. Sie tut das, indem sie voraussetzt, daß Linda im Gegensatz zu ihrer Mutter jetzt das Wissen und die Fähigkeiten hat, um das zu tun. Das zeichnete sich vorher bereits ab [27:48, 31:38].)*

37:37 VIRGINIA: Aber was hältst Du davon, daß Du einen Prozeß beginnst von dem sie nichts weiß? Was hältst Du davon, das Kind zu *sein*, das jetzt erwachsen ist, das mit neuen Dingen umgehen kann, weil es neue Dinge gelernt hast? *(Virginia stellt einen klaren Ursache-Wirkungszusammenhang dar: "Du kannst neue Dinge tun, weil Du neue Dinge gelernt hast.")* Deine Mutter ist nicht hier.

37:52 LINDA: Hmhmm.

37:53 VIRGINIA: Sie wüßte nicht, wie sie das tun könnte. *(Die Implikation ist wieder, daß, da ihre Mutter nicht in der Lage ist, die Kommunikation zu verbessern, es an Linda liegt, das zu tun. Diese Aussage zusammen mit der früheren – "sie weiß nichts davon" – [37:37] gibt Linda einen anderen Weg, um mit ihrer Mutter zu "gewinnen" [33:53]. Sie kann gewinnen, indem sie voranschreitet und sich in einer Weise verändert, wie es ihre Mutter nicht könnte.)* Könntest Du ihr den Weg zeigen?

37:58 LINDA: Das möchte ich gerne.

37:59 VIRGINIA (weiter mit hypnotischer Stimme): Schau sie an und laß das Teil von dem sein, womit Du jetzt in Kontakt bist. *("Schau sie an und..." verknüpft eine einfache Handlung mit dem folgenden und unterstellt, daß es genauso einfach sein wird wie das Anschauen. "Und laß das..." setzt den Rest des Satzes als Präsupposition voraus. Indem sie sagt "Teil von dem", setzt Virginia voraus, daß Linda auch mit anderen Dingen in Kontakt sein wird.)* Und denke daran, daß ihr den Weg zu zeigen zu einer Reaktion für diesen kleinen Selbstwert – "Ich möchte geliebt und gemocht werden" – führen kann. *("Und" verknüpft diesen mit dem vorherigen Satz. „Denke daran...“ setzt den Rest des Satzes als Präsupposition voraus, nämlich daß das für Linda zu der positiven Reaktion führen kann, nach der sich ihr Selbstwert so lange gesehnt hat. Lindas „Selbstwert“ hört auf, den Satz zu wiederholen, verharrt aber weiter in kniender Stellung hinter Linda.)* Wie fühlst Du Dich damit? *(Um die Frage zu beantworten „Wie fühlst Du Dich damit?“, muß Linda Virginias vorausgesetzte Anweisungen befolgen.)*

38:20 LINDA (mit leiser Stimme): Ich bin dazu bereit, ich habe lange nach diesem Weg gesucht. *(Linda drückt kongruent Bereitschaft aus. Indem sie jedoch sagt: „ich habe lange nach diesem Weg gesucht“, drückt sie auch aus, daß sie noch nicht weiß, was sie tun kann, auch wenn Virginia es ihr zuvor gezeigt hat. Virginia demonstriert Linda daher ausführlicher was sie tun kann.)*

38:25 VIRGINIA (nickt): Okay. Worum ich Dich jetzt bitten möchte – und sieh einfach, wie es für Dich klingt. *(Linda hat gesagt, daß sie „lange nach diesem Weg gesucht“ hat, weshalb Virginia ihr ein detailliertes Bild bieten wird. „Sieh... wie es klingt“ ist eine detaillierte Anweisung, auf Virginias Worte zu hören und Bilder von ihrer Bedeutung zu machen. Virginia demonstriert dann genau, was sie von Linda möchte. Obwohl Virginia mit Lindas „Mutter“ kommunizieren wird, leitet sie es mit den Worten ein: „Worum ich Dich jetzt bitten möchte...“ Dadurch erscheint alles, als würde Linda selbst es tun, auch wenn Virginia es macht. Virginia wendet sich an Lindas „Mutter“ und spricht mit leiser Stimme in „Anführungszeichen“ zu ihr, so als sei sie Linda.)*

38:28 VIRGINIA: „Danke, daß Du mich wahrnimmst. Es gibt ein paar Dinge in der Art und Weise, wie Du mich wahrnimmst, über die ich mit Dir sprechen möchte, die nicht für mich passen.“ Und geh auf sie zu und nimm ihre Hand, wenn Du ihr dankst. *(Virginia nimmt die Hand der „Mutter“)* Denn das ist der Teil, *(Virginia wendet sich Linda zu)* den sie braucht. Der Teil, den Du tun möchtest, ist ihr zu sagen, in welcher Weise Du anders bist als sie erwartet, daß Du bist. *(Virginia trifft eine Unterscheidung zwischen dem, was für Lindas Mutter wichtig ist – Anerkennung für ihre Anstrengungen und guten Absichten zu hören – und dem, was Linda wichtig ist – ihre Verschiedenheit und Individualität auzudrücken. Virginia wendet sich an Lindas „Mutter“)* Damit Du sagen kannst: „Weißt Du, ich habe mir auch Sorgen wegen meines Gewichts gemacht. Ich scheine einfach nicht zunehmen zu können“ oder „Ich bin auch manchmal besorgt, wenn ich zu laut rede. Darin sind wir uns einig. Mit der Musik ist es etwas anderes, weil ich das anders mache."

(Als Virginia Linda zuvor bat, ihrer Mutter gegenüber Anerkennung auszudrücken, konnte sie das nicht tun, weil es ein zu großer Brocken neuen Verhaltens war, der nicht mit Lindas Wahrnehmungen und Gefühlen übereinstimmte. Linda hat jetzt andere Wahrnehmungen und eine Bereitschaft, die das neue Verhalten unterstützen wird. Um jedoch sicher zu gehen, daß Linda es tun kann, vereinfacht Virginia die Aufgabe, indem sie komplett demonstriert, was sie tun soll – welche Worte sie sagen soll, welche Haltung sie einnehmen soll, welcher Tonfall, welche Gesten, usw. dazu passen. Das zeigt Linda den Weg, nach dem sie gesucht hat.)

39:00 VIRGINIA: Kannst Du Dir vorstellen, daß Du das tust. *(Bevor sie Linda auffordert zu tun, was sie gerade demonstriert hat, fragt Virginia, ob sie sich vorstellen kann, es zu tun.)*

39:03 LINDA (nickt): Hmhmm.

39:04 VIRGINIA: Jetzt. *(Indem sie fragt: „Kannst Du Dir vorstellen, daß Du das tust?" und dann das Wort „jetzt" hinzufügt, verändert Virginia auf elegante Weise das, wozu Linda sich bereit erklärt hat, von „[sich] vorstellen es zu tun" zu „[sich] vorstellen, es jetzt zu tun".)* Mal sehen, was passiert, wenn Du es aus Deiner Kehle rausbringst? *(Virginia setzt voraus, daß Linda es „aus ihrer Kehle rausbringen wird" und lenkt ihre Aufmerksamkeit darauf, zu „sehen, was passiert", wenn sie es tut.)*

39:10 LINDA (zögert, lächelt, tritt dann auf ihre „Mutter" zu und nimmt ihre beiden Hände): Mom, ich schätze wirklich, daß... Du... mich wahrnimmst, aber ich muß Dir ein paar Dinge über mich sagen.

39:18 VIRGINIA: Kannst Du das „aber" weglassen und den Satz einfach so sagen. *(Fritz Perls nannte das Wort „aber" einen Killer, weil es alles negierte, was ihm in dem Satz vorausgeht. Um herauszufinden, wie das in Ihrer eigenen Erfahrung funktioniert, brauchen Sie nur einen Satz zu bilden, der „aber" enthält und darauf zu achten, wie Ihr Bild von dem ersten Teil des Satzes verschwindet oder aufgehoben wird. Während Linda das neue Verhalten ausprobiert, kann Virginia alles bemerken und anpassen, was einer klaren Kommunikation mit Lindas Mutter im Wege steht.)*

39:22 LINDA: Okay. (Zögert) Mom, (lächelt) ich schätze wirklich, ... daß Du mich wahrnimmst. Die Sache mit dem Gewicht haben wir nun schon 9483 Mal durchgekaut – (wendet sich an Virginia) Nein, ich mache bloß Spaß. (Die Gruppe lacht, und Linda wendet sich wieder ihrer Mutter zu) Die Sache mit dem Gewicht ist so oft Thema gewesen, und es ist mir wichtig, daß Du weißt, daß ich mich gesund, vital fühle. Ich bin nicht krank. Du weißt – Du weißt wie ich lebe. Ich ernähre mich gut. Ich treibe ständig Sport, und ich sehe, daß Du Dir Sorgen meinetwegen machst, und ich möchte bloß vorschlagen, daß Du Dir keine Sorgen mehr machst, weil ich wirklich gesund bin. (Lindas Stimme klingt immer noch etwas rechtfertigend und übelnehmend.)

40:00 VIRGINIA: Gut, laß das einen Moment bleiben und komm einfach in Kontakt damit, wie Du Dich damit fühlst, Deiner Mutter diesen sensiblen, aufrichtigen Teil von Dir zu offenbaren, in einer Situation, wo Du gleichzeitig ihre Anwesenheit anerkennst. (Alles nach „fühlst" ist als Präsupposition vorausgesetzt und schafft einen wichtigen Kontext gegenseitiger Wertschätzung. Linda möchte, daß ihre Mutter sie anerkennt; Virginia möchte, daß Linda auch ihre Mutter anerkennt.) Was für ein Gefühl ist das?

40:16 LINDA: Es ist ein... schizophrenes Gefühl. Ein Teil von mir fühlt sich wirklich wunderbar dabei, und der andere Teil von mir macht... (Linda schützt ihren Bauch mit ihrer linken Hand und hebt ihre rechte Hand zum Kopf, als würde sie einen Schlag abwehren) und wartet darauf, daß sie auf mich losgeht und sagt: „Aber Du siehst schrecklich aus. Du bist mager, weißt Du nicht, daß Du nie Freunde haben wirst, wenn Du so mager bist."

40:31 VIRGINIA: Okay. Gut, wir müssen jetzt hier Schluß machen. (Die Sitzung erstreckt sich bereits in die Mittagspause hinein, und das Videoband ist ebenfalls zu Ende. Linda hat mehrere größere Veränderungen erreicht, und es ist noch einiges mehr zu tun.) Ich möchte nach dem Mittagessen damit weitermachen (Linda lacht), denn das ist ein weiterer wunderbarer Teil. (Virginia setzt voraus, daß das, was Linda bereits getan hat, wunderbar ist, indem sie Lindas Ambivalenz einen „weiteren wunderbaren Teil" nennt. Das macht es auch einladender, nach dem Mittagessen weiterzumachen.) Bist Du damit einverstanden?

40:40 LINDA: Ja.

40:41 VIRGINIA: Gut, laß uns also jetzt hier Schluß machen, und dann können wir nach dem Mittagessen damit fortfahren. Okay?

40:46 LINDA: Okay.

40:47 VIRGINIA: Danke. (Die Gruppe applaudiert, und Linda und die anderen auf der Bühne schließen sich wieder der Gruppe an) Linda, Linda komm noch mal her. (Virginia streckt ihre Arme nach Linda aus und sie umarmen sich)

(Mittagspause)

40:50 VIRGINIA: Linda, kannst Du wieder herkommen? (Zur Gruppe) Wenn ich so arbeite wie heute morgen, gibt es ein paar Sachen – (Linda kommt vor und stellt sich neben Virginia, die ihre Hand nimmt und hält) Hallo, Liebes.

40:57 LINDA: Hi.

40:58 VIRGINIA: ... und zwar möchte ich niemanden ausnutzen. Ich möchte niemanden hängen lassen. (Virginia wendet sich an Linda) Mit dem Veränderungsprozeß ist es so, daß, wenn wir etwas anfangen, wir es auch durchziehen müssen. Und das Letzte, was ich möchte ist, daß Du, wenn Du Dich an heute morgen erinnerst, denkst, daß Du irgend etwas hättest anders machen *müssen*. (*Virginia erklärt, was sie nicht will. Als nächstes gebraucht sie das Wort „aber", um das zu neutralisieren und positive Möglichkeiten anzuschließen.*) Aber wenn sich etwas für Dich verändert hat, oder Du in der einen oder anderen Weise eine neue Perspektive bekommen willst, dann wird auch etwas geschehen. (*Das ist eine „Wenn-Dann" Ursache-Wirkungsbeziehung, die voraussetzt, daß „etwas geschehen wird", wenn Linda eines der im ersten Teil des Satzes erwähnten Dinge erlebt.*) Daher möchte ich gern wissen, was für Dich passiert *ist*... nachdem wir... nachdem Du von der Bühne gegangen bist [eingebettete Frage].

41:33 LINDA (ihre sanfte Tonalität ist anders als vor dem Mittagessen): Ich fühlte mich... Ich *fühle* mich... unvollständig. Ähm... viel Angst davor, das loszulassen, was immer es ist, das ich versuche loszulassen oder in Liebe zu verwandeln oder wie immer man es nennen will. Ich habe mich zum Teil durcheinander gefühlt und dann wieder müde, und dann habe ich manchmal schwache Knie bekommen, aber ich will es *wirklich zu Ende bringen*. (*„Wirklich... zu Ende bringen" ist ein an Virginia gerichteter eingebetteter Befehl!*)

42:01 VIRGINIA: Okay. Hast Du ein Bild im Kopf, was „zu Ende bringen" bedeutet? Wenn Du es zu Ende gebracht hast, wie wirst Du dann wissen, daß Du es zu Ende gebracht hast? *(Das sind wichtige Fragen, die viele Therapeuten nie stellen. Allgemeiner formuliert handelt es sich dabei um die Fragen „Was willst Du?"* – nach dem Ziel – und „Wie wirst Du wissen, wenn Du es erreicht hast?" – nach der sinnesspezifischen Evidenz –, die einen wissen läßt, daß man dieses Ziel erreicht hat. In diesem Fall fordert Virginia Linda auf, das visuell zu tun, indem sie sie nach einem Bild fragt.* Virginia wendet sich dann an die Gruppe) Übrigens, kann Deine Mutter noch mal kommen und sich hinter mich stellen? Wo ist sie? Da ist sie. Stell Dich einfach hinter mich und Dein (Lindas) Vater auch. (Zu Lindas „Mutter") Finde Deinen Mann. Einfach hinter mich, während Du (Linda) mir erzählst, wie es aussehen würde, wenn Du es zu Ende gebracht hättest. *(„Während" setzt den Rest des Satzes als Präsupposition voraus. Als Lindas „Mutter" und „Vater" auf die Bühne kommen und sich hinter Virginia stellen, wendet diese sich direkt Linda zu und nimmt Lindas beide Hände in ihre)* Das ist die Frage, die viele stellen werden.

42:24 LINDA: Ich sehe es in Form von Schichten. Ich glaube, eine Art von Klarheit.

42:30 VIRGINIA: Womit hat die Klarheit zu tun? *(Virginia fragt nach spezifischeren Informationen.)*

42:33 LINDA: Damit, was ich tun kann... um... zu einer anderen Art von Kommunikation mit meiner Mutter „umzuschalten".

42:44 VIRGINIA: Möchtest Du das tun? *(Virginia fragt nach ihrer Motivation und nach ihrer Entschlossenheit, dieses Ziel zu erreichen.)*

42:45 LINDA (zögernd): Ich *glaube* schon.

42:46 VIRGINIA: Gut. Prüfe in Dir und schau, ob es einen Einwand gegen das gibt, was Du gerade gesagt hast, einen noch so kleinen Einwand. *(Da Linda Ambivalenz ausgedrückt hat, liegt vermutlich ein Einwand vor, auf den zuerst eingegangen werden muß, bevor Linda kongruent auf das Ziel hinarbeiten kann.)*

42:57 LINDA: Nun, der Einwand kommt hoch (schüttelt ihren Kopf) wieder in der Angst davor...

43:02 VIRGINIA: Gut, kannst Du mir das Bild von dieser Angst beschreiben, Dein Bild von dieser Angst? *(Lindas Einwand war Angst. Virginia fragt nach dem Bild, das die Angst auslöst und betont, daß es Lindas Bild ist – und nicht mögliche Ereignisse in der Welt, vor denen sie*

Angst hat. [Modell der Welt] *Dieses Bild wird mehr detaillierte Informa-tion darüber bieten, wovor Linda Angst hat, als das Gefühl.*) Laß uns sehen, was wir damit machen können. (*„Was wir damit machen können" setzt voraus, daß man etwas machen kann.*)

43:08 LINDA: Okay, mein Bild von der Angst ist... ähm... die Kommunikation mit meiner Mutter zu öffnen, so daß entweder ich sage oder sie sagt – daß wir uns gegenseitig Dinge sagen, die sehr... verletzend sein könnten. Manchmal habe ich Angst, daß wenn ich wirklich mit meiner Mutter kommunizierte, dieser Damm brechen würde und ich alles Schmerzhafte sagen würde, was ich ihr immer sagen wollte.

43:37 VIRGINIA: Okay. Ich glaube, ich bekomme eine Vorstellung wovon Du redest. Daß Du auf Deiner Suche nach einer neuen Beziehung mit Deiner Mutter (*Virginia setzt voraus, daß eine „neue Beziehung mit ihrer Mutter" das ist, wonach Linda sucht.*) Angst hast – was berechtigt sein mag –, Dinge weiter zu verschlechtern. (*Indem sie anerkennt, daß Lindas Angst „berechtigt sein mag", setzt Virginia auch auf unauffällige Weise voraus, daß sie möglicherweise nicht gerecht-fertigt ist. Sie umschreibt auch Lindas Angst davor, schmerzhafte Dinge zu sagen, als Angst davor, „Dinge weiter zu verschlechtern"* [Bedeu-tungsreframing], *was voraussetzt, daß die gegenwärtige Situation, an der Linda so beharrlich festhält, schlecht ist.*)

43:56 LINDA (nickt): Hmhmm.

43:57 VIRGINIA: Gut. Bist Du Dir dessen bewußt, daß Du das nicht Deiner Mutter zu sagen hast, sondern daß Du das Deinem *Bild* von Deiner Mutter zu sagen hast? (*Das ist eine wesentliche Unterscheidung, die einen Weg bietet, mit Lindas Einwand umzugehen. Indem sie per Präsupposition voraussetzt, daß der Konflikt in Linda ist – und nicht zwischen ihr und ihrer wirklichen Mutter –, erlaubt Virginia ihr, in ihrer Gegenwart alles zu sagen, ohne die Reaktion zu riskieren, die sie von ihrer wirklichen Mutter befürchtet. Das war bereits vorher angedeutet* [08:03, 11:25, 15:48, 16:00, 32:46, 33:42, 43:02]. *Virginia wiederholte beständig solche und ähnliche wesentliche Reframes bis der Klient sie akzeptierte.*)

44:05 LINDA: Intellektuell weiß ich das. Ich scheine es bloß nicht vermitteln zu können.

44:11 VIRGINIA: Okay. Vielleicht machen wir das nicht heute. Vielleicht machen wir das nicht heute. [Wiederholung] (*Indem sie sagt: „Vielleicht machen wir das nicht heute", setzt Virginia voraus, daß es – sogar heute noch – möglich sei. Im Grunde sagt sie: „Du mußt das nicht machen – ich werde Dich nicht dazu drängen das zu machen. Wenn Du es willst, wirst Du es selbst tun müssen." Sich auf diese Weise zurückzuziehen, kann bei jemandem, der viele Einwände erhoben hat, ein nützliches Mittel sein, um seine Motivation wieder anzufachen. Es ist auch ein Weg, der sicherstellt, daß Virginia die Falle vermeidet, in die sich viele Therapeuten hineinbegeben, und sich viel mehr für das Erreichen eines Zieles einzusetzen als der Klient selbst.)* Eine der Sachen, die ich bei Dir spüre, ist, daß Du eine stark entwickelte Fähigkeit hast, in bezug auf Dinge standfest bleiben zu können. [Bedeutungsreframing] (Linda lacht) Das könnte manchmal mißverstanden werden als –

44:23 LINDA (lächelnd): Das nennt man „dickköpfig".

44:25 VIRGINIA: Ja. Nun, das könnte sein, ja. Ich habe das nicht gesagt, es war –

44:27 LINDA: Das war sehr lieb, Virginia. *(Linda und die Gruppe lachen. Obwohl Linda Virginias Reframe erkennt und darüber lachen muß, hat es immer noch eine positive Wirkung darauf, wie Linda dieses Verhalten wahrnimmt.)*

44:31 VIRGINIA: Und, daß das eine lange währende Angelegenheit ist – diese Sorge, und das Letzte, was Du tun willst, ist, Dich und Deine Mutter weiter zu isolieren. *(Lindas Angst war zunächst, daß sie „alles Schmerzhafte sagen würde, was [sie ihrer Mutter] immer sagen wollte" und daß das zu unangenehmen Konsequenzen führen könnte [43:08]. Virginia hatte das zuvor als „Dinge weiter verschlechtern" umschrieben [43:54], womit sie voraussetzt, daß die gegenwärtige Situation schlecht ist. Nun umschreibt sie Lindas Angst als Angst davor, „Dich und Deine Mutter weiter zu isolieren". Das Wort „weiter" enthält die Präsupposition, daß Linda und ihre Mutter bereits isoliert sind. Obwohl diese verschiedenen Bedeutungen ähnlich sind, wird Linda, wenn sie die Angst darauf zurückführt, möglicherweise etwas Schmerzhaftes zu sagen, die Kommunikation vermeiden; wenn sie daran denkt, eine schlechte Situation und weitere Isolation zu vermeiden, wird sie das mit höherer Wahrscheinlichkeit auf eine Kommunikation hin als von ihr fort motivieren. Was zunächst ein Einwand gegen Kommunikation war, wird nun zu einem Grund, mit ihr fortzufahren. [Bedeutungsreframing])*

44:39 LINDA (nickt): Hmhmm.

44:40 VIRGINIA: Das ist der Eindruck, den ich bekomme. Okay. Nun werde ich Dir etwas von meinem Kopf zu Deinem Kopf sagen

(Virginia macht eine Bewegung von ihrem Kopf zu Lindas Brust. *„Ich werde Dir etwas von meinem Kopf zu Deinem Kopf sagen" ist eine interessante Kommunikation, zumal Virginia eine Handbewegung auf ihren, aber nicht auf Lindas Kopf hin macht. Im Grunde bedeutet das: „Ich spreche nicht zu Dir, jemand anderer spricht mit jemand anderem", was Linda dazu einlädt, sich zu fragen, wer mit wem spricht. Indem Virginia sagt „mein Kopf" und „dein Kopf", sagt sie eigentlich: „ein Teil von mir sagt einem Teil von Dir etwas". Ericksonianer würden sagen: „Mein Unbewußtes sagt Deinem Unbewußten...", was eine direkte hypnotische Kommunikation darstellt*), und ich weiß nicht, ob Du damit übereinstimmen wirst, und das ist auch in Ordnung. (*Damit sagt Virginia genaugenommen: „Das ist keine bewußte Kommunikation, daher spielt es keine Rolle, ob Du damit übereinstimmen wirst oder nicht."*)

44:49 VIRGINIA: Ich möchte Dich jetzt darum bitten, daß (Virginia nimmt ein Kissen und hält es vor ihre Brust) dieses Kissen Deine ganze Kindeswut darstellt (Linda lacht), genau hier. (*Indem sie sagt: „Ich möchte Dich jetzt darum bitten", vermeidet Virginia auf elegante Weise die Frage, ob es wahr ist oder nicht und schafft eine „als ob"- oder „hypothetische" Qualität in dem, was sie als nächstes tut. Sie setzt auch als Präsupposition voraus, daß Lindas Wut die eines Kindes ist.* Linda lacht)

45:00 VIRGINIA: Und ich möchte Dich bitten, diesem Kissen all *die* Sachen zu sagen, die Du (*„Sachen... sagen" ist das Äquivalent einer besonderen Form eines eingebetteten Befehls*) dieser Person hier sagen wolltest (Virginia zeigt auf Lindas „Mutter"), aber in Wirklichkeit ist es das (zeigt auf das Kissen). Und ich möchte Dich bitten, einfach zu sehen, was passiert, wenn Du anfängst davon zu erzählen. (*Virginia gebraucht wieder „sehen, was passiert, wenn..." um als Präsupposition vorauszusetzen, daß Linda beginnt, das zu tun, worum sie sie bittet.*) Mir wird es nicht weh tun, aber – und dem Kissen auch nicht. (*Zuerst schafft Virginia eine Situation, die von Lindas Mutter unabhängig ist, um Lindas Einwand zu umgehen, daß sie ihre Mutter mit dem, was sie zu sagen hat, verletzen könnte. Um es für Linda noch sicherer zu machen, weist Virginia darauf hin, daß sie durch das, was Linda zu sagen hat, nicht gekränkt sein wird und fügt in humorvoller Weise hinzu: „und das Kissen auch nicht".*)

45:16 LINDA: Das nennt man vor acht Millionen Menschen heulen. (*Wir hören wieder ein Beispiel für Lindas Talent für Übertreibung, was Virginia, wie zuvor, unmittelbar herausfordern wird.*)

45:19 VIRGINIA (schaut auf die Gruppe): Acht Millionen? (Die Gruppe lacht) Du bist nicht sehr gut im Zählen.

45:21 LINDA (zeigt auf Helen, die das Seminar und die Videoaufzeichnung arrangiert hat): Helen verkauft eine Menge Videos. (Die Gruppe lacht)

45:24 VIRGINIA: Nun, vielleicht nimmt sie Dich nicht mit drauf [auf die Videoaufzeichnung]. Würde Dich das enttäuschen? (*Damit schlägt Virginia indirekt und in scherzhafter Weise vor, daß es auch eine gegenteilige Reaktion in Linda geben könnte – nämlich gesehen werden zu wollen.*)

45:27 LINDA: Oh, vielleicht.

45:28 VIRGINIA: Gut. Weißt Du, in einem universellen Sinne wäre das – in einem universellen Sinne, Linda –

45:34 LINDA (lächelt): Hmhmm.

45:35 VIRGINIA: ...bedeutet das, das, was wir als Kinder mitbringen, tragen wir als Erwachsene mit uns, es sei denn, wir integrieren es. (*Da Linda das Publikum und eine mögliche Bloßstellung erwähnt hat, kehrt Virginia auf die universelle Ebene zurück, daß es für uns alle heilsam sei, das zu tun, was Linda tut. Das stellt Linda mit dem Publikum gleich und eliminiert die Möglichkeit einer Bloßstellung.*)

45:41 LINDA: Stimmt.

45:42 VIRGINIA: Und ich kann mir kaum etwas denken, das für Menschen heilsamer wäre – (*Lindas Sorge davor, in der Öffentlichkeit zu weinen, wird umschrieben als „etwas... das für Menschen heilsamer wäre".*)

45:47 LINDA: Hmhmm.

45:48 VIRGINIA: – sowohl auf der Ebene von „Ich kenne das auch" wie auch auf dieser anderen wundervollen Ebene, denn Deine liebevolle Sorge (*Virginia setzt Lindas „liebevolle Sorge" als Präsupposition voraus*) steht so stark im Vordergrund („*So stark" setzt „im Vordergrund" voraus.* Linda nickt), daß Du im Grunde weißt, daß das zu diesem Zeitpunkt nur noch sehr wenig mit Deiner Mutter zu tun hat. (*Mit „... im Grunde weißt Du..." ist der Rest des Satzes als Präsupposition vorausgesetzt, was wieder das Thema anschneidet, daß der Konflikt eigentlich in Linda besteht und nicht zwischen ihr und ihrer Mutter [43:57]. „Zu diesem Zeitpunkt" trennt die Gegenwart von früheren Zeiten, als der Konflikt tatsächlich mit ihrer Mutter zu tun hatte.*)

46:00 LINDA: Hmhmm.

46:01 VIRGINIA: Im Grunde erkennst Du wahrscheinlich, daß wenn Du Deiner Mutter diese Dinge sagen würdest, sie antworten würde: „Ich kann mich nicht daran erinnern." (*Mit „Du erkennst wahrscheinlich..." wird der Rest des Satzes elegant als wahr vorausgesetzt.*)

46:08 LINDA: Hmhmm.

46:09 VIRGINIA: Kannst Du erkennen, daß das stimmt? (*Die konversationelle Forderung setzt wieder voraus, „daß" die letzte Bemerkung stimmt.*)

46:10 LINDA: Hmhmm.

46:11 VIRGINIA: So, daß wir einerseits auf jemanden einprügeln, aber irgendwie liegen uns Sachen manchmal im Magen und manchmal ist die Entlastung – es ist die Entlastung hier (zeigt auf ihre Brust und ihren Hals) – die wir erreichen müssen. (*Virginia beschreibt wieder einen universellen Prozeß, etwas, das wir alle tun und wovon wir alle profitieren können, um es Linda zu erleichtern, es auszuführen.*) Also, was würdest Du sagen... hier ist das Bild Deiner Mutter, was willst Du sagen? (*Virginia spezifiziert wieder, daß es das Bild der Mutter, nicht die Mutter selbst ist* [Modell der Welt] *und setzt voraus, daß Linda ihrer Mutter etwas sagen wird.*)

46:29 LINDA: Hmm (beginnt zu weinen), ich möchte ihr sagen, daß –

46:33 VIRGINIA: Sag „Du" zu ihr. (*Indem sie von ihrer Mutter in der dritten Person spricht, kann Linda weiterhin von ihren Gefühlen dissoziiert bleiben. Als Virginia Linda auffordert „Du" zu sagen, wird die Begegnung mit der Mutter unmittelbarer und gegenwärtiger, und Lindas Gefühle werden stärker.* [Assoziierung])

46:43 LINDA: Okay. (Schließt kurz ihre Augen und seufzt) Du hast mir wirklich *weh getan* (Linda weint), weil Du unfähig warst... (schüttelt ihren Kopf) mir je zu sagen, daß Du mich geliebt hast... mich zu umsorgen, mich nachts in die Decke einzuwickeln, mich zu baden. All die einfachen Dinge die Mütter tun, hast Du vermieden (macht eine fortschiebende Bewegung mit beiden Händen), einfach weil Du nicht – weil Du nicht Nähe ertragen konntest. (*Linda sagt hier, daß die unzulängliche Erziehung ihrer Mutter eine Folge von Unvermögen ist, und nicht, wie sie zuvor behauptete* [15:52], *eine Folge böser Absichten – eine wichtige Veränderung. Linda drückt in einer extremen Generalisierung in bezug auf ihre Mutter aus, daß sie nie eine dieser liebevollen Gesten gezeigt hat – eine wichtige Generalisierung, die in Frage gestellt werden muß.*)

47:10 VIRGINIA: Okay, ich möchte Dich bitten, jetzt die Augen zu schließen, und ich werde Deine Hand nehmen und ich werde mir vorstellen, daß Du zehn Tage alt bist. (*Mit „Ich werde mir vorstellen, daß Du zehn Tage alt bist", lädt Virginia Linda indirekt zu einer Altersregression ein.*) Wer badet Dich? (*Virginia setzt voraus, daß jemand Linda badet.*)

47:17 LINDA (schüttelt ihren Kopf und weist die Präsuppositionen zurück): Niemand.

47:18 VIRGINIA: Niemand? Du bleibst einfach schmutzig?

47:19 LINDA: Hmhmm.

47:20 VIRGINIA: Das glaube ich nicht. [direkte Herausforderung] Glaubst Du das?

47:22 LINDA (schüttelt ihren Kopf): Ja.

47:23 VIRGINIA: Wie schmutzig warst Du, als Du zum ersten Mal gebadet worden bist? Sechs Jahre alt? (*Indem sie eine extreme Frage stellt – die jedoch zugleich eine logische Möglichkeit darstellt, wenn man in Betracht zieht, was Linda geäußert hat –, muß Linda nun erklären und berichtigen, was sie gesagt hat. Virginia hätte einfach fragen können: „Wie alt warst Du, als Du zum ersten Mal gebadet worden bist?" Indem Sie fragt: „Wie schmutzig warst Du, als Du zum ersten Mal gebadet worden bist? Sechs Jahre alt?", schafft sie ein lebendigeres und extremeres Bild von der Unwahrscheinlichkeit dessen, was Linda gesagt hat.*)

47:27 LINDA: Oh! (Lacht) Vielleicht hat mich jemand gebadet. Vielleicht hat sie mich gebadet, als ich zehn Tage alt war.

47:31 VIRGINIA: Gut, halt jetzt Deine Augen weiter geschlossen.

47:34 LINDA: Okay.

47:35 VIRGINIA: Und ich möchte Dich bitten, nach innen zu gehen und (skeptisch) zu sehen, ob Du das tatsächlich abkaufst, daß Du von niemand gebadet worden bist, bis Du zehn Tage alt warst.

47:56 LINDA (nach einer Pause von elf Sekunden): Möglicherweise (nickt).

47:57 VIRGINIA: Möglicherweise.

47:58 LINDA: Hmhmm.

47:59 VIRGINIA: Möglicherweise was?

48:01 LINDA: Hat mich niemand gebadet bis ich zehn Tage alt war.

48:03 VIRGINIA: Eine Intuition, die ich – ganz plötzlich – bekommen habe ist: Lepra. *Ist es das, was Du meinst, daß Deine Mutter Dich nicht anfassen konnte, weil Du Lepra hattest oder etwas in der Art?* (*Virginia macht Lindas extreme Aussage noch extremer, um sie noch lächerlicher erscheinen zu lassen.* [Übertreibung])

48:14 LINDA: Nicht ich, sondern *sie.*

48:17 VIRGINIA: *Sie* hatte Lepra? (*Virginia ist hier möglicherweise mit Absicht etwas schwerfällig.*)

48:18 LINDA: Nein, sie konnte mich nicht anfassen.

48:20 VIRGINIA: Warum?

48:21 LINDA: Weil sie Angst vor mir hatte. (*Hier gibt Linda einen neuen Ursache-Wirkungszusammenhang an: Angst führt zu dem unangemessenen Verhalten ihrer Mutter.*)

48:22 VIRGINIA: Und wie alt und wie groß warst Du?

48:25 LINDA (gefühlvoll): Ich war ein *wundervolles* kleines Baby.

48:28 VIRGINIA (herausfordernd): „Wundervolles kleines Baby". Woher hast Du diesen Einfall? (*Es mag merkwürdig erscheinen, daß Virginia Lindas Behauptung in Frage stellt, ein „wundervolles kleines Baby" gewesen zu sein. Dabei handelt es sich jedoch um die Kehrseite davon, daß Linda ihrer Mutter die Schuld für alles gibt. Wenn das Baby absolut wunderbar ist, dann ist alles was schiefgegangen ist Schuld der Mutter.*)

48:30 LINDA: Ich *weiß*, daß ich das war. (Linda beginnt zu weinen. *Sie wiederholt, was sie zuvor gesagt hat mit noch mehr Nachdruck und deshalb verwendet Virginia es.*)

48:32 VIRGINIA (mit leiser Stimme): Gut, ich möchte, daß Du mich jetzt anschaust, und Dich diesen wundervollen Teil sehen läßt, daß Du dieses wundervolle kleine Baby bist. (*Virginia gebraucht „und", um die leichte Aufgabe – „mich jetzt anschauen" – mit der darauffolgenden Präsupposition zu verbinden, die durch „laß Dich" eingeleitet wirst. Linda sagt: „Ich war ein wundervolles kleines Baby"* [48:25], *und Virginia überträgt das in die Gegenwartsform: „Du bist dieses wundervolle kleine Baby", um Lindas Selbstwert zu verstärken. Linda nickt*) Deine Mutter wußte das auch. (Linda nickt) Deine Mutter wußte das auch. [Wiederholung] Weißt Du, daß sie es wußte? [Präsupposition]

48:44 LINDA (weint mit Groll): Ich weiß, daß sie es wußte; ich weiß, daß sie es nie herausgebracht hat. (Sie macht eine Schlagbewegung mit ihrer rechten Hand, Handfläche nach oben, auf ihre Mutter zu, auf die gleiche Weise, auf die sie es zuvor [8:12] getan hat. *Linda akzeptiert nun, daß ihre Mutter wußte, daß sie wundervoll war.*) 48:48 VIRGINIA: Oh, okay. Wie lange wirst Du Dich damit belasten und Dich damit quälen, daß jemand es in sich hatte, aber es nicht herausbringen konnte? Wie lange wirst Du das mit Dir machen? (*Mit der Frage „Wie lange wirst Du…" setzt Virginia voraus, daß das, was sie im Rest des Satzes sagt, bereits seit längerer Zeit geschieht – daß nämlich Linda sich selbst belastet und quält und es ihre Entscheidung ist, ob sie es fortsetzen will oder nicht. Das ist deutlich anders, als ihrer Mutter Vorwürfe wegen ihrer Schwierigkeiten zu machen.*)

49:00 LINDA (noch weinend): Ich... ich suche, ich würde es gerne... beenden... sofort... wenn ich könnte.

49:06 VIRGINIA: Gibt es irgendeinen Teil von Dir, der nicht vollständig daran glaubt, daß Deine Mutter sehr, *sehr* verbunden mit Dir war und Dich sehr geliebt hat? (*Mit der Frage „Gibt es irgendeinen Teil von Dir, der nicht vollständig daran glaubt, daß…", wird der Rest des Satzes als Präsupposition vorausgesetzt, daß nämlich Lindas Mutter mit ihr verbunden war und sie sehr liebte und alle anderen Teile Lindas das glauben.*) Sogar so vorsichtig war und Dich so sehr liebte, daß sie fast an Dir herumnörgelte? (*Virginia setzt eine neue Ursache-Wirkungsbeziehung, die die Bedeutung des Nörgelns von Lindas Mutter verändert. Das Nörgeln ist nun die Folge davon, daß ihre Mutter sie so sehr liebte. Vorher hatte Linda geglaubt, daß ihre Mutter an ihr herumnörgelte, weil sie sie haßte [15:57]. [Bedeutungsreframing]*) Hast Du irgendeine Frage –

49:21 LINDA: Nicht *unbedingt*, Virginia.

49:23 VIRGINIA: Sie *hat* an Dir herumgenörgelt. Gut, dann formuliere ich es so stark, sie hat an Dir herumgenörgelt. Sie liebte Dich so sehr, daß sie an Dir herumgenörgelt hat. (*Virginia verwendet Lindas Einwand, um die neue Ursache-Wirkungsbeziehung, die die Liebe von Lindas Mutter voraussetzt, noch weiter zu unterstützen.*)

49:28 LINDA (nickt): Hmhmm.

49:29 VIRGINIA: Okay. Du weißt, daß das stimmt? (*Virginia setzt voraus, daß es stimmt.*)

49:34 LINDA (nachdenklich): Ich glaube schon. (*Da Linda Unsicherheit ausdrückt – „Ich glaube schon" ist etwas sehr anderes als „Ich weiß" –, fragt Virginia sie wieder, um zu überprüfen, ob weitere Einwände bestehen.)*

49:36 VIRGINIA: Gut, geh nach innen und schau, ob es noch irgendwelche Einwände gibt, Liebes – (Linda schließt ihre Augen) ob irgendein Teil Deines Körpers glaubt, daß ein Einwand besteht gegen das, was Du sagst. *(Da unbewußte Einwände häufig körperlich als Gefühle von Spannung, Unbehagen usw. wahrgenommen werden, bittet Virginia Linda, auf alle Teile ihres Körpers zu achten. Mit „ob irgendein Teil Deines Körpers glaubt, daß ein Einwand besteht...", läßt Virginia die Möglichkeit offen, daß ein einwendender Teil nicht wirklich einen Einwand hat, sondern nur glaubt, einen Einwand zu haben* [Modell der Welt] *– und alle anderen Teile keine Einwände haben.)*

49:50 LINDA: Da ist – da ist etwas, aber ich weiß nicht, was es ist.

49:56 VIRGINIA: Wie fühlt es sich an? (zu Lindas „Selbstwertgefühl") Dein kleiner Selbstwert. Kannst Du noch einmal herkommen? Wir brauchen Dich. (Lindas „Selbstwert" kommt auf die Bühne und kniet sich hinter Linda hin. *Virginia wird Lindas „Selbstwert" erst mehr als sechzehn Minuten später gebrauchen* [66:19], *ein weiteres Zeichen dafür, daß sie den Verlauf der Sitzung geplant hat.*)

50:02 LINDA: Es fühlt sich an wie – ein Gefühl, das ich mein ganzes Leben lang gehabt habe... ein Teil von ihr hat mich über alle Maßen geliebt, und ein Teil von ihr wollte mich zerstören. *(Linda drückt wieder eine Polarität extremer Gegensätze aus, von denen einer aussagt, daß ihre Mutter sie sehr geliebt habe, was Virginia gerade als Präsupposition vorausgesetzt hat* [49:06].)

50:17 VIRGINIA: Also gut, nehmen wir das – beide Teile. „Sie hat Dich über alle Maßen geliebt." *(Virginia wählt zuerst den positiven Teil.)*

50:20 LINDA: Ja.

50:21 VIRGINIA: Welcher Teil von ihr war dieser Teil?

50:26 LINDA (sehr leise): Ich glaube ihr Herz, und was immer eine Mutter... etwas sehr Tiefes.

50:31 VIRGINIA: Kannst Du aus der Gruppe bitte das Herz Deiner Mutter aussuchen?

50:43 LINDA (läßt ihren Blick über die Gruppe streifen, lächelt): Bruce. (Bruce kommt auf die Bühne und stellt sich zu Lindas rechter Seite)

50:46 VIRGINIA: Gut. Das ist das Herz Deiner Mutter.

50:48 LINDA (lacht): Ob man es glaubt oder nicht!

50:50 VIRGINIA: Ja, sie hat ein wundervolles Herz.

50:51 LINDA (gefühlvoll): Ja, das hat sie.

50:52 VIRGINIA (zu Bruce): Gut, sei einfach nur da. Nun, was glaubst Du, welcher Teil steht für die Zerstörung durch Deine Mutter?

51:00 LINDA: Welcher Teil von ihr?

51:02 VIRGINIA: Hmhmm.

51:06 LINDA: Ihre... ihre Kindheit. (*Lindas Wahl als Ursache des negativen Verhaltens ist wahrscheinlich eine Folge von Virginias früherer Arbeit* [25:45, 27:00, 27:38, 29:51, 30:50, 37:08].)

51:10 VIRGINIA: Kannst Du bitte ihre Kindheit nach oben holen? (Zeigt auf die Gruppe) Und zwar in Form ihres Vaters und ihrer Mutter. Hatte sie Brüder oder Schwestern?

51:18 LINDA: Sieben.

51:20 VIRGINIA: Sieben Brüder und Schwestern? Gut, finde eine Mutter und einen Vater und sieben Brüder und Schwestern, und wir stellen sie hier irgendwo auf. (*Die nächsten zwei Minuten – bis* [53:03] *– vergehen in der Auswahl von Personen, die Rollen aus der Familie von Lindas Mutter spielen sollen.*)

51:24 LINDA: Okay.

51:28 VIRGINIA: Oder noch besser, wir gehen einfach nach unten. (Sie steigt von dem Podium auf die untere Ebene, um mehr Platz für die Familie zu schaffen) Laß alle Teile hier unten hin kommen.

51:33 LINDA: Du kannst die Mutter meiner Mutter sein, Marcie.

51:35 VIRGINIA: Das ist Deine Großmutter, wenn Du nichts dagegen hast. Ja, die Mutter Deiner Mutter, Marcie. Okay, kannst Du nach oben gehen und Deinen Vater mitbringen?

51:40 LINDA: Möchtest Du mein Großvater sein?

51:46 VIRGINIA: Okay. Kannst Du Dich hier hinstellen (zu Virginias Rechten), nun, auf dieser Seite hier?

51:50 LINDA: Ich glaube einer ihrer Brüder war verstorben.

51:52 VIRGINIA: Das macht nichts; er hat seinen Abdruck hinterlassen.

51:54 LINDA: Würdest Du nach oben kommen, würdet – ihr alle einfach nach oben kommen?

51:56 VIRGINIA: Sind sie alle... würden sie –? Laß uns mit den Geschlechtsteilen nicht durcheinanderkommen, wenn wir es vermeiden können. (Die Gruppe lacht)

52:01 LINDA: Okay. Du meinst, sie sollen alle das gleiche Geschlecht haben, das sie in Wirklichkeit hatten?

52:04 VIRGINIA: Ja. Das ist es, was „durcheinanderkommen" bedeutet.

52:08 LINDA: Drei Schwestern.

52:10 VIRGINIA: Und vier Brüder? Oder drei Brüder?

52:13 LINDA: Und drei Brüder.

52:14 VIRGINIA: Denn Du warst eine von jenen. Kannst Du einen Platz für Dich aussuchen? Nein, warte mal einen Moment, Du nicht. Natürlich nicht. Der gehört jemand anderem. (*Virginia hat für einen Moment einen Sprung in die Zeit gemacht* [62:26], *wenn sie Linda auffordern wird, einen Platz für sich selbst zu finden – ein weiteres Zeichen dafür, daß sie einen klaren Plan dafür hat, wie sie Linda dabei helfen will, eine Auflösung zu erreichen.*)

52:19 LINDA: Meine Mutter ist schon dort.

52:20 VIRGINIA: Deine Mutter ist schon dort, sie haben wir also schon.

52:22 LINDA: Wir brauchen drei Männer.

52:24 VIRGINIA: Drei Männer, okay, also laß uns ein paar finden... hier ist einer.

52:27 LINDA: Einer und – wollt ihr beiden nach oben kommen und –

52:29 VIRGINIA: Da hinten an der Wand sind zwei, glaube ich. Kommt her.

52:31 LINDA: Okay, ihr müßt gehen? Okay.

52:33 VIRGINIA: Wir werden nicht so lange brauchen, aber wie viele – wie lange werdet Ihr beiden noch hier sein? Laßt uns sehen, ob wir das hinkriegen können. Fein, danke. Werdet Ihr noch so lange hier sein? Oh, da drüben ist einer.

52:44 LINDA: Oh, ja, komm bitte nach oben.

52:46 VIRGINIA: Sie sind dünn gestreut, aber sie sind hier.

52:47 „HERZ DER MUTTER": Ist es in Ordnung, daß ich das Herz ihrer Mutter bin?

52:50 VIRGINIA: Ja, natürlich ist das in Ordnung. Herzen haben übrigens kein Geschlecht. Es gibt nicht so etwas wie ein Frauenherz und ein Männerherz. Herz ist Herz. Gut. Das hier – hier ist Deine Mutter.

53:02 LINDA: Ja.

53:03 VIRGINIA: Und Du hast gesagt, daß der Teil von ihr, der Dich zerstören will, von allen diesen hier (zeigt auf die Familie der Mutter) dargestellt wird.

53:08 LINDA: Hmhmm.

53:10 VIRGINIA: Okay, wenn Du sagst, daß – was Du auch sagst ist, daß die Schlußfolgerungen, zu denen sie („Mutter") gekommen ist – wie immer sie zu ihnen gekommen sein mag – über das, was hier (in ihrer Familie) passiert ist, den Teil ausmachen, der es verhindert hat, daß ihr Herz mit Dir geredet hat – ist es das, was Du sagst? (*Das ist eine Wiederholung des Gedankens, daß es davon abhängt, was Menschen in ihrer Kindheit lernen, ob sie gute Absichten haben und reagieren können oder nicht. Das ist deutlich verschieden von dem, was Linda zuvor tatsächlich gesagt hat: „Ein Teil von ihr hat mich über alle Maßen geliebt, und ein Teil von ihr wollte mich zerstören."[50:10]*) Ist es das oder nicht? (*Indem sie eine entweder/oder-Frage stellt, verringert Virginia die Wahrscheinlichkeit, daß Linda ihre Antwort näher ausführen wird.*)

53:26 LINDA: Ich bin etwas verwirrt, kannst Du das noch einmal sagen?

53:28 VIRGINIA: Ja, ich lege dieses Kissen jetzt zur Seite, weil wir dazu das nächstes Mal kommen werden. Nimm meine beiden Hände.

53:33 LINDA: Okay.

53:34 VIRGINIA: Was Du gesagt hast, was Du gesagt hast, war brillant in meiner Auffassung. (*Indem sie sagt, daß das, was Linda gesagt hat „brillant war", gibt Linda die Anerkennung für den Gedanken, den Virginia zuvor [51:06] wiederholt eingeführt hat.*) Du wußtest um das Herz Deiner Mutter. (*„Du wußtest um..." setzt als Präsupposition voraus, daß das gute Herz der Mutter existiert hat. Es ist Lindas Verdienst, daß sie darum „wußte". Die Vergangenheitsform „wußte" verleiht dem Herz der Mutter mehr Wirklichkeit, indem sie es zu den Erinnerungen aus der Vergangenheit stellt, über die Linda sich beklagt hatte. Linda nickt*)

53:44 LINDA: Hmhmm.

53:45 VIRGINIA: Ihre Kindheit setzt sich aus all diesen Leuten zusammen.

53:48 LINDA: Hmhmm.

53:50 VIRGINIA: Gut. Um was ich Dich nun bitten möchte – soweit Du weißt – ich möchte Dich bitten – wo sind Deine Großmutter und Dein Großvater? (Linda verweist mit einer Handbewegung auf sie) Gut. Kannst Du sie in einer Beziehung zueinander aufstellen, die zeigt, wo sie (die Mutter) war? Kannst Du das tun? Stell sie auf. *(Virginia beginnt eine „Familienskulptur" oder Tableau zu bilden, das Linda verdeutlichen wird, was ihre Mutter während ihrer Kindheit erlebt hat. Beginnend mit den Großeltern wird Linda alle Familienmitglieder in Beziehung zueinander aufstellen, um eine Familienskulptur zu bilden. Virginia wird diese vervollständigte Familienskulptur ab [56:38] mit Linda benutzen.)*

54:05 LINDA (zur „Großmutter"): Du mußt flach auf dem Boden liegen –

54:08 „LINDAS GROSSMUTTER" (lachend): Flach auf dem Boden?

54:10 LINDA: – mit einer Menge Ravioli um Dich herum. (Lachen)

54:12 VIRGINIA: Flach auf den Boden. Gut, könnte sie das noch etwas verstärken, indem sie mit der Nase den Boden berührt? (Linda macht vor, wie ihre „Großmutter" ihren Kopf hinter ihrem Ellbogen verstecken soll) Das ist gut, das ist gut. Gut. Das ist die Geste, die Du (Linda) vorhin benutzt hast. [40:16] Erinnerst Du Dich? *(Das ist ein gutes Beispiel für Virginias Wahrnehmungsfähigkeit für nonverbale Elemente der Kommunikation und für die wichtige Bedeutung, die sie vermitteln.)* Ganz hinunter auf den Boden.

54:22 LINDA (demonstriert dem „Großvater"): Du mußt Dich so hinstellen, bereit ihr einen Tritt zu geben.

54:25 VIRGINIA: Okay. (Zu Lindas „Herz") Was ich gern möchte ist, nur eben etwas nach unten zu kommen (vom Podest), hier hin, fertig. (Zum „Großvater", der seine Hand auf den Kopf der „Großmutter" gelegt hat) Nein, nicht so. Das ist zu sanft. Du wirst – während er zu tun hat – das ist gut, der Tritt-Teil, okay? Nun während das passiert, wer ist hier der Erstgeborene?

54:38 LINDA (zeigt auf eine Frau): Ähm, diese Person.

54:41 VIRGINIA: Gut, kannst Du diese Person aufstellen, modellier das – kannst Du sie in Beziehung dazu aufstellen?

54:46 LINDA: Nun, Du mußt da drüben neben ihm („Großvater") stehen, etwa so. (Linda demonstriert einen geneigten Kopf, gebeugten Rücken mit wie zum Gebet auf der Brust gefalteten Händen)

54:52 VIRGINIA: Hinter ihm, als ob er ihr *Schild* sei?

54:56 LINDA: Nein, nein, Du – er hat Dich schon ganz früh sehr viel verschiedene Arbeiten verrichten lassen – alles hochintellektuelle Dinge.

55:04 VIRGINIA: Gut, sie steht also hier unten –

55:06 LINDA: Du hast Angst vor ihm.

55:08 VIRGINIA: Sie ist also hier unten auf dem Boden, mit ihm –

55:10 LINDA: Ja.

55:11 VIRGINIA: – flehend und bittend auf dem Boden. (Zur ersten „Schwester") Runter auf den Boden mit Dir. Etwas weiter hier herüber, kauer Dich vor ihm hin. Okay. Zum nächsten.

55:19 LINDA: Meine Mutter.

55:20 VIRGINIA: Gut, also Du kommst nun dazu. Du bist die zweite – ist sie die erste Zweitgeborene? (*Virginia sagte oft: „Jedes Kind ist das Erstgeborene: das Erste ist das erste Erste; das Zweite ist das erste Zweite..."*, *um jede bewertende Konnotation im Sinne von „das Erste ist das Beste" zu vermeiden.*)

55:24 LINDA: Ja.

55:25 VIRGINIA: Wo stellst Du sie hin?

55:27 LINDA: Du mußt Dich da drüben an die Seite stellen, etwa in der gleichen Position, in der sie [die erste „Schwester"] ist, den Fußboden schrubbend.

55:33 VIRGINIA: Okay, nun zum nächsten.

55:35 LINDA: O je, ich bin mir gar nicht ganz sicher. Ich glaube dann kam ein Bruder.

55:38 VIRGINIA: Nun?

55:39 LINDA: Ich bin mir was diese Leute hier angeht, nicht ganz sicher.

55:42 VIRGINIA: Spielt es wirklich eine Rolle?

55:44 LINDA (zu einem „Bruder"): Okay, Du brauchst bloß hier herumzustehen und richtig schlappschwänzig auszusehen. (Lachen)

55:48 VIRGINIA: Was soll er machen?

55:49 LINDA: Herumstehen und schlappschwänzig aussehen.

55:51 VIRGINIA: Schlappschwänzig. Wenn Du das sagst, verstehe ich so etwas wie das. (Virginia zeigt auf die Frauen, die bereits auf dem Boden kauern)

55:55 LINDA: Ja, nur mit der Ausnahme, daß Du ein Mann bist, deshalb kauerst Du nicht gerade so, Du verschwindest so ungefähr im Hintergrund.

56:01 VIRGINIA: Okay. Gut. Okay.

56:03 LINDA: Und die anderen Brüder machen das gleiche.

56:05 VIRGINIA: Gut, macht Euch einfach kleiner. Sind sie nicht alle vor ihm aufgereiht, so als wäre er der „Großpascha" in der Gruppe? .

56:11 LINDA: Ja.

56:12 VIRGINIA: Gut, geht also nach *vorne*, so daß ihr ordentlich kauernd ausseht. Die Köpfe vor Eurem Vater gebeugt. Was ist jetzt mit diesen beiden?

56:22 LINDA· Ihr müßt... auch einfach... so weit weg von ihm stehen wie möglich, aber nicht *zu* weit, damit er nicht wütend wird, weil Ihr *zu* weit weg steht. Und schaut auch so schafähnlich und unauffällig wie möglich, beide von Euch.

56:38 VIRGINIA (zu der „Familie"): Ihr seid also voller Scham und voll von dem Gefühl, Opfer zu sein. Ihr seid voller Angst, all diese Worte. (Zu Linda) Bedeuten sie Dir etwas? (*Virginias Frage lädt Linda dazu ein, zu bemerken, daß die Opferstellung, die ihre Mutter und deren Geschwister erlebten, ähnlich der war, die Linda selbst erlebte. Sie und ihre Mutter waren im Grunde in der gleichen Lage.*)

56:47 LINDA: Ich glaube schon.

56:48 VIRGINIA: Gut. (Virginia nimmt wieder Lindas Hand) Ich spüre ganz *stark* Scham (Linda nickt) und ich höre – hör jetzt wie Deine Mutter sagt: „Was für eine Schande, daß Du nichts mit Deiner Musik anfängst." (*Indem sie sagt: „Ich spüre ganz stark Scham... und ich höre – hör jetzt wie Deine Mutter sagt...", beginnt Virginia, ihr eigenes Erleben mitzuteilen und schließt – als sie dafür Bestätigung von Linda bekommt – daran einen eingebetteten Befehl für Linda an, ihre Mutter zu hören. Virginia verbindet dann dieses Szenario der Scham usw. damit, daß Lindas Mutter an Linda herumnörgelt. Das macht es noch offensichtlicher, daß das Nörgeln, das Linda erlebt hat, in der Vergangenheit ihrer Mutter begründet ist.* Linda nickt.) Laß uns das jetzt anschauen. (Zur „Familie") Ich möchte, daß Ihr jetzt Geräusche macht – macht alle irgendwelche Geräusche, die zu Eurer Stellung passen. Laßt uns etwas hören. (Der „Großvater" macht Grunz- und Schlaggeräusche; die anderen stöhnen oder wimmern)

57:14 VIRGINIA: Lauter. (Die Geräusche werden lauter)

57:16 VIRGINIA: Könnt Ihr ein paar Worte sagen, die dazu passen? [konversationelle Forderung]

57:18 ALLE: „Ich will nicht.", „Mach das nicht!", „Bitte nicht.", „Bitte."

57:23 VIRGINIA: Lauter. Lauter. (Die Stimmen werden lauter)

57:26 VIRGINIA: Gut, laßt das jetzt leiser werden. Laßt es leiser werden. (Zu Linda) Sag mir, was hast Du gefühlt, als Du das gesehen hast? (*Virginia hat für Linda ein Szenario in allen wichtigen Repräsentationssystemen geschaffen – visuell, auditiv und kinästhetisch.*)

57:34 LINDA (mit brüchiger Stimme): Nun, ich war wirklich traurig und ich habe viel Mitgefühl für meine Mutter gefühlt. Mein Großvater war nicht wütend genug, aber das ist okay.

57:46 VIRGINIA: Okay. Ja, ich konnte sehen, daß er nicht wütend genug war. Nun, lassen wir das für einen Moment. (Zur Familie) Steht nicht auf, bleibt einfach, wo Ihr seid. Wie ist er [Lindas „Vater"] in dieses Bild gekommen, um sie zu finden? (*Nachdem die Skulptur der Kindheit der Mutter aufgebaut ist, will Virginia als nächstes den Vater in das Bild einfügen.*)

57:57 LINDA: Er war... (Linda fängt an zu weinen) Er war lustig. (*Linda spürt deutliche Trauer für ihren toten Vater, den sie so sehr geliebt hat. Es wäre möglich, hier eine Pause zu machen und an ihrer Trauer zu arbeiten, aber Virginia verfolgt Lindas ursprüngliches Ziel weiter.*)

58:10 VIRGINIA: War lustig? Okay.

58:12 LINDA: Und er sang viel.

58:14 VIRGINIA: Okay. Gut. (Linda weint) Er verbarg seinen Schmerz also hinter seiner Lustigkeit und seinem Singen – oder was sonst noch. (*Virginia setzt als Präsupposition voraus, daß der Vater auch Schmerz erlebte – bloß verbarg er ihn. Das hilft dabei, eine etwas ausgewogenere Sicht von Lindas Mutter und Vater als Gleichen anstatt als „Heiligem und Teufel" zu schaffen.*) Aber wie hat er herausgefunden, daß es sie gab? Wie hat er überhaupt herausgefunden, daß sie auf der Welt war?

58:28 LINDA (ruhig): Nun, ich glaube Menschen fühlen sich zueinander hingezogen. (*Linda beantwortet nicht Virginias Frage. Selbst wenn sich Menschen zueinander hingezogen fühlen, müssen sie sich irgendwie treffen.*)

58:31 VIRGINIA: Nun, wie hat er es gemacht? Hat – war er ein Freund von einem der Brüder? Hat er – sind sie zum Tanz gegangen? Wie hat er herausgefunden, daß sie auf der Welt war?

58:39 LINDA: Auf der Stufe weiß ich wirklich nicht so genau Bescheid.

58:41 VIRGINIA: Denk Dir was aus. (*Das ist ein Beispiel für den „Als ob"-Rahmen. Virginia weiß, daß was immer sich Linda „ausdenkt", die gleiche Wirkung haben wird, als wenn Linda sich genau erinnern könnte, was passiert war; denn was sie sich ausdenkt, wird aus ihrem Kopf [mind] kommen und es ist ihr Kopf, in dem sich all das abspielt. Die Erinnerungen der meisten Menschen sind ungenau, zum Teil oder vollständig ausgedacht und sowieso bruchstückhaft, wie Virginia zuvor [46:01] bereits angedeutet hat. Linda stimmt ohne Zögern zu, es sich auszudenken.*)

58:43 LINDA: Okay. Sie waren zusammen auf einer Party, und sie haben sich auf einer Party über gemeinsame Freunde kennengelernt. Er war zu ihr hingezogen, weil sie gläubig war – eine gute Katholikin – und eine sehr... große moralische Integrität besaß.

59:02 VIRGINIA: Gut, also ging er davon aus, daß sie nicht „herumturteln" würde?

59:07 LINDA: Richtig.

59:08 VIRGINIA: Er erwartete, daß sie eine ehrbare Frau sein würde. Ist das –

59:09 LINDA: Und eine gute Mutter.

59:10 VIRGINIA: Bedeutet das, daß in seinem Hintergrund die Frauen mehr von der „leichten" Art gewesen waren? (*Virginia versucht wieder, Lindas Erfahrung von dem Verhalten ihres Vaters auszugleichen und zu zeigen, daß es – wie das Verhalten der Mutter – in früheren Erfahrungen entspringt.*)

59:14 LINDA: Nein, er – seine Eltern starben, als er sehr jung war, und er war das jüngste Kind, das nächste war zwanzig Jahre älter, und deshalb war er ziemlich allein.

59:24 VIRGINIA: Wer hat sich dann um ihn gekümmert?

59:26 LINDA: Sein älterer Bruder und dessen Frau.

59:28 VIRGINIA: Und da war für ihn wahrscheinlich nichts, was er wirklich in die Hände nehmen konnte. (*Virginia lenkt Lindas Aufmerksamkeit wieder darauf, daß das Erleben ihres Vaters eine Folge seiner Kindheit ist.*)

59:32 LINDA (zustimmend): Nein.

59:33 VIRGINIA: War die Frau ein lockerer Vogel? Die Frau seines Bruders, war sie eher unzüchtig?

59:36 LINDA: Ich glaube nicht, ich zweifle daran.

59:37 VIRGINIA: Nun, jemand in der Familie muß ein lockerer Vogel gewesen sein. Das kann ich Dir sagen. (Linda lacht. *Virginia hat mit so vielen Familien gearbeitet, daß sie weiß, wie oft Menschen nach gegensätzlichen Qualitäten im anderen suchen, um ihre eigenen Fähigkeiten oder die anderer Personen in ihrer Ursprungsfamilie auszugleichen. Virginia hilft Linda dabei, das bei ihren eigenen Eltern zu erkennen und auch zu erkennen, daß ihr Vater seine eigenen Schwächen und Begrenzungen hatte.*)

59:44 LINDA (mit Nachdruck, wie bei einer plötzlichen Erkenntnis): *Er war!* Er war ein sehr lockerer Vogel, ein sehr promiskuitiver und wilder und verrückter Typ.

59:46 VIRGINIA: Okay. Gut. Okay. Jetzt findet er also sie. Ich möchte Dich jetzt bitten, bloß für einen Augenblick, daran zu denken, wie Menschen so sind. Er ist wild und unzüchtig (Linda lacht), und sie ist sehr, sehr stark und sieht so aus, als ob sie voller Integrität wäre. (*Virginia beschreibt das Verhalten des Vaters so, daß die meisten Menschen es nicht gutheißen würden – „wild und unzüchtig" –, und das Verhalten der Mutter so, daß die meisten es befürworten würden – „stark, integer". Das wird mit dazu beitragen, Lindas frühere Wahrnehmung ihres Vaters als dem Guten und ihrer Mutter als der Bösen auszugleichen.*)

60:03 LINDA: Ja.

60:04 VIRGINIA: Kannst Du Dir vorstellen, daß er das als Unterstützung für sich sehen würde?

60:08 LINDA: Oh, auf jeden Fall.

60:10 VIRGINIA: Und daß sie auf ihn angewiesen wäre, um Licht in ihr Leben zu bringen?

60:13 LINDA (nickt): Ja.

60:14 VIRGINIA (zu Lindas „Vater"): Gut, was ich Dich bitten möchte ist, mit Deiner schönsten Stimme zu singen und so lustig zu sein wie Du nur sein kannst (Linda lacht), und geh da rein und *rette sie. Rette sie* einfach und nimm sie in Deine Arme, mach nur das. Laß uns das mal sehen. Denn das ist es, was Du machst, und sie ist genau richtig für Dich. Also geh da rein und mach das.

60:30 LINDA (zu Randy, ihrem „Vater"): Du hast die richtige Rolle! („Vater" schaut auf und zögert)

60:34 VIRGINIA: Laß es geschehen. (*Virginia setzt voraus, daß es geschehen wird, wenn er mitmacht.* Linda lacht)

60:37 LINDAS „VATER": Laß mich einen Moment nachdenken... Hmm. (Geht zu Lindas „Mutter" hinüber) Warum kommst Du nicht mit mir? Wir wollen uns heute Nacht amüsieren. Ich weiß, wo eine tolle Party steigt. (Er nimmt ihre Hand und zieht sie hoch)

60:47 LINDAS „MUTTER" (zögernd und etwas verschreckt): Oh, oh.

60:48 LINDAS „VATER": Möchtest Du mitkommen? Maria?

60:50 LINDAS „MUTTER" (noch immer zögernd): Ich würde gerne, ähm –

60:51 LINDAS „VATER": Maria! (Er beginnt das gleichnamige Lied aus dem Musical „West Side Story" zu singen. Die Gruppe lacht)

60:54 VIRGINIA: Mach weiter, das ist entzückend.

60:56 LINDAS „VATER" (singt): I've just met a girl named Maria. (Spricht) Wie heißt Du wirklich?

60:59 LINDAS „MUTTER": Naomi.

61:00 LINDAS „VATER": Naomi.

61:01 VIRGINIA (zu „Vater" und „Mutter"): Gut, okay. Ihr könnt jetzt alle leiser werden, werdet einfach immer leiser. (Zu Linda) Ich möchte, daß Du Dir die beiden jetzt mal kurz ansiehst.

61:06 LINDA: Okay.

61:07 VIRGINIA: Und was fühlst Du jetzt, wenn Du sie Dir ansiehst?

61:10 LINDA (ausdrucksvoll): Sie sind süß! (Linda lacht)

61:12 VIRGINIA: Ich möchte, daß Du dieses Bild bewahrst, denn das ist genau das, was da ist. („*Ich möchte, daß Du dieses Bild bewahrst" ist ein eingebetteter Befehl, dieses Szenario zu erinnern, um Lindas erweiterte Repräsentation von ihren Eltern zu bewahren.* Linda nickt) Was er von ihr nicht wußte war, daß diese Rigidität über *allem* liegen würde.

61:21 LINDA (nickt): Hmhmm.

61:22 VIRGINIA: Weit über ihre Reife hinaus – ah, Integrität. Und seine Lustigkeit würde ihrem Gefühl zuwiderlaufen, daß in jedem Fall Ordnung zu herrschen hatte. Und er – was zunächst ein Weg für sie war, um zusammenzukommen, wurde zu einem Joch um ihren Hals. (*Die komplementären Fähigkeiten, die ein Paar so oft anziehen, können auch zur Quelle von Konflikten und Streitigkeiten werden.*)

61:38 LINDA (nickt): Hmhmm.

61:39 VIRGINIA: Bis *Du* dann gekommen bist – wie viele sind in Deiner – Du hattest drei? *(Virginia wird nun Lindas Brüder und Schwestern – und schließlich Linda selbst – zu der Familienskulptur dazubringen. Virginias therapeutische Arbeit beginnt wieder bei* [64:10].*)*

61:43 LINDA: Und ich bin die Jüngste.

61:45 VIRGINIA: Du bist die Jüngste. Was waren die zwei die vor Dir kamen, Brüder?

61:48 LINDA: Ein Bruder in der Mitte und eine ältere Schwester.

61:50 VIRGINIA: Gut, kannst Du Deine ältere Schwester und Deinen Bruder finden? (Zu der Familie der „Mutter", scherzhaft) Ihr könnt Euch jetzt alle setzen und Gott dafür danken, daß Euer Leben vorüber ist – vielleicht.

61:57 LINDA (zeigt auf einen Mann in der Gruppe): Ich habe keine Wahl.

61:59 VIRGINIA: Ist das Deine ältere Schwester? (Sie zeigt auf eine Frau, die gerade auf die Bühne kommt)

62:02 LINDA: Ja.

62:04 VIRGINIA: Und wo ist Dein –?

62:05 LINDA: Er kommt. Nein, er geht. Nein, er geht.

62:07 VIRGINIA: Gut.

62:08 LINDA: Uns gehen die Männer aus. Vielleicht kann ich eine Frau als Herz meiner Mutter nehmen und er (zeigt auf den Mann, der das Herz von Lindas Mutter gespielt hat) könnte mein Bruder sein.

62:12 VIRGINIA: Gut, mach das.

62:14 LINDA: Möchtest Du jetzt mein Bruder sein?

62:16 „MUTTERHERZ": Okay. Ganz wie Du willst, Linda. (Scherzhaft) Ich habe ein großes Herz, was das angeht.

62:19 LINDA (zu einer Frau): Möchtest Du das Herz meiner Mutter sein?

62:21 VIRGINIA: Und was Du dann noch finden mußt – hast Du noch eine andere Schwester?

62:25 LINDA: Nein.

62:26 VIRGINIA: Jemand für Dich – ein Stellvertreter für Dich.

62:30 LINDA: Jemand der meinen Platz einnehmen möchte? (Linda zeigt auf eine Frau in der Gruppe)

62:33 VIRGINIA: Gut. Nun möchte ich, daß Du diese beiden einbaust, denn ich sehe, was hier geschieht – sie haben damit aufgehört.

(Sie zeigt auf Lindas „Eltern", die sich nicht mehr umarmt halten und vergnügen.)

62:41 LINDA: Ja.

62:42 VIRGINIA: Gut. Was ist dann passiert? Hier ist das erstgeborene Kind. Mein Verdacht ist, daß Deine Mutter *so* gemacht hat (Virginia kreuzt die Arme der „Mutter" vor ihrer Brust) nach einer Weile und angefangen hat, sich zurückzuziehen. (Zu „Mutter") Fall da nicht runter [von dem Podium auf dem sie steht]. Ich möchte das nicht.

62:51 LINDA: Mutter wäre auch so, aber sie hätte ihm (dem „Vater") den Rücken zugedreht.

62:54 VIRGINIA: Gut. Okay. Das ist –

62:55 LINDA: Und Du (Lindas „Schwester") wärst drüben bei meinem Vater und würdest seine Hand halten.

62:58 VIRGINIA: Gut. Gut. Okay. Und wahrscheinlich dem Rücken Deiner Mutter zugewandt, aber wahrscheinlich überhaupt nicht zugewandt – eher dem Vater zugewandt. Und was ist jetzt mit Deinem Bruder? Wo kommt er hin?

63:10 LINDA: Du bist, ähm, etwas abseits von ihnen beiden, ziemlich weit und Du trittst von einem Bein auf das andere und schaust auf Deine Füße hinunter.

63:20 VIRGINIA: OK.

63:23 „BRUDER": Hier drüben?

63:25 VIRGINIA: Ja, aber ihnen den Rücken zugewandt. So etwas wie „Was tust Du in dieser Welt?" und was weiß ich noch – „schlappschwänzig" würdest Du das Verhalten genannt haben, stimmt's?

63:30 LINDA: Oh, ziemlich wütend, *widerspenstig*. Widerspenstig, das wär's.

63:33 VIRGINIA: Ja, sieht wie eine Regenwolke aus. (Zu Linda) Nun, zu *Dir*. Stell Dich selbst da hinein. Wo ist sie, wo bist Du? Deine Stellvertreterin, da bist Du. (Sie zeigt auf Lindas „Stellvertreterin") Wo bist Du?

63:47 LINDA: Ich bin... ähm... ich drücke mich auch so am Rande herum. Du brauchst nicht ganz zu verschwinden, aber ich bin etwas...

63:57 VIRGINIA (zu Lindas „Stellvertreterin"): Ja, Du kannst Dich da drüben etwas herumdrücken. Drück Dich einfach herum und kriech über etwas drüber, paß nur auf, daß Du niemand zu sehr berührst. Gut. Und sei vorsichtig, daß Du nicht zu sehr in ihre Nähe kommst (von „Vater" und „Mutter"). (Zu Linda) Okay. Gut, wenn Du Dir das nun anschaust, wie fühlst Du Dich da? (*Während Virginia das Verhalten von Lindas Stellvertreterin beschreibt – „paß nur auf, daß Du niemand zu sehr berührst", „Und sei vorsichtig, daß Du nicht zu sehr in ihre Nähe kommst" und „...wenn Du Dir das nun anschaust..." – wird Linda zu einer dissoziierten Beobachterin, die diese unglückliche Szene von außen beobachtet.*)

64:14 LINDA (fast weinend, mit dem Kopf schüttelnd): *Traurig.*

64:15 VIRGINIA: Okay. (Virginia nimmt Lindas Hand) Das war nicht immer so, aber das ist, wie Du es kennst. Okay. Nun, was ist mit ihm passiert? (Virginia zeigt auf Lindas „Bruder")

64:26 LINDA: Er war... so ziemlich von meinem Vater unterdrückt, weil er nicht das erfüllt hat, was mein Vater sich für ihn erträumt hatte. Und er wurde... (schüttelt den Kopf) von meiner Mutter echt zerstört.

64:45 VIRGINIA: Gut, was Du sagst, wenn ich ihn heute treffen würde, wäre eines der Dinge, die ich sehen würde, daß er sehr schüchtern ist und sich nicht in den Vordergrund stellen möchte. (*Virginia übersetzt Lindas Beschreibung der Vergangenheit ihres Bruders in das Verhalten, das er in der Gegenwart zeigen würde, und verbindet wieder die Vergangenheit mit Verhalten in der Gegenwart.*)

64:54 LINDA: Er ist Alkoholiker und sehr zurückgezogen.

64:56 VIRGINIA: Ja, und dann würde er so etwas tun müssen. So daß er heute Alkoholiker ist. Das bedeutet nicht, daß man nicht klug oder nett ist. Es bedeutet, daß, wenn der Schmerz kommt, man ihn ertränkt. Und was ist mit Deiner Schwester passiert, Deiner älteren Schwester?

65:10 LINDA: Sie... ist davongelaufen... und dann Mutter geworden... und dann davon fortgelaufen und Hippie geworden. Und jetzt ist sie „wiedergeboren".

65:20 VIRGINIA: Okay. Was sie also getan hat, (zu der „Schwester") wir sehen Dich also gerade im Davonlaufen und dann läufst Du zurück, läufst wieder davon und wieder zurück. Wenn Du also nichts dagegen hast das zu tun, kannst Du das jetzt machen. Und Du?

65:30 LINDA: Du... hm... (Lindas Stimme wird brüchig)

65:35 VIRGINIA: Du sprichst gerade von „mir".

65:37 LINDA: Ja. Du... hast durchgehalten... (weint) und versucht, alle glücklich zu machen.

65:45 VIRGINIA: Okay. Hast Du damit Erfolg gehabt, auch nur ein bißchen?

65:49 LINDA: Oh, ja (nickt).

65:50 VIRGINIA (leise): Ich möchte, daß Du damit in Kontakt bist. Okay. Was fühlst Du jetzt, wenn Du das erkennst?

66:02 LINDA: Hm, es ist eine *Last*.

66:07 VIRGINIA: Okay. Was ich gerne hätte – Dir zeigen möchte. Ich möchte, daß Ihr alle Eure Position einnehmt, wirklich eng, wirklich eng. Nehmt alle Eure Position ein, wirklich eng. (Zu Lindas „Selbstwert") Und Du kennst diese Enge, deshalb weinst Du. Du bist der Selbstwert, stimmt's? (*Das zu sehen und die unangenehme Enge so stark zu spüren, motiviert Linda – es gibt ihr etwas, wovon sie sich fortbewegen kann.*)

66:27 VIRGINIA: Hier schlägt das Herz Deiner Mutter. Und ich möchte, daß Du wie ein Metronom bist und den Takt schlägst: Bumm, bumm, bumm, bumm, vor und zurück. (*Das Herz der Mutter ist etwas Positives, auf das Linda sich zubewegen kann.*)

66:36 VIRGINIA: Und ich möchte, daß Du (Lindas „Selbstwert") ein bißchen weinst, und das stellt das Weinen von allen hier dar (zeigt auf die Familienskulptur). Ich möchte Euch alle jetzt bitten, Euch... gebt Euch selbst eine Botschaft der Wertschätzung und beginnt damit, daß Ihr einatmet, laßt Eure Körper sich mit Luft füllen, und während Ihr das tut, laßt Eure Körper sich ausdehnen und der Luft begegnen, die in Euch strömt, bis Euer ganzer Körper aufrecht steht und Ihr frei seid, Euch auf jede Weise zu bewegen, in der Ihr Euch bewegen könnt... Laßt das alles geschehen. Laßt... und probiert aus, Euch vor- und zurückzubewegen. Wenn Ihr Euch jetzt auf Eure eigenen Füße stellt, Euch umschaut und Leute seht, tut, was immer Ihr mit ihnen tun wollt... und tut es. (*Teilnehmer beginnen sich zu umarmen. Das Vorangegangene ist im wesentlichen eine hypnotische Induktion, in der alles durch „Laßt Euch" vorausgesetzt ist, was andeutet, das alles, was Virginia gesagt hat, geschehen wird, es sei denn, sie lassen es nicht geschehen. Virginia hat einen Bogen von Enge zu Wertschätzung, Atmen, aufrechtstehen, körperlicher Bewegung und mit anderen aktiv Kontakt aufnehmen geschlagen. Der Kontrast, der zwischen*) *der unerwünschten Spannung und der befreienden „Expansion" geschaffen wird, macht die Lösung noch wünschenswerter.)*

67:40 VIRGINIA: Was ich nun von Dir erfahren möchte, Linda – was hast Du hier gesehen?

67:44 LINDA (leise und voller Tränen): Es ist in Liebe verwandelt worden.

67:47 VIRGINIA: Ja und weißt Du, wie es geschehen ist?

67:54 LINDA (schüttelt ihren Kopf): Nein.

67:55 VIRGINIA: Was habe ich gesagt? Ich tue kurz mal so, als wäre ich eine Lehrerin. Was habe ich getan? Welche Anweisungen habe ich gegeben, um diese Veränderung zu erreichen?

68:07 LINDA: Du hast ihnen gesagt, sie sollten atmen.

68:09 VIRGINIA: Ja. Und dann?

68:11 LINDA: Ich bin nicht sicher, ob ich es gehört habe.

68:13 VIRGINIA: Okay. Ich bin froh, daß Du mir das sagst *(Virginia reagiert in positiver Weise darauf, daß Linda nicht zugehört hat. Anstatt es als Problem aufzufassen, sagt sie: „Ich bin froh, daß Du mir das sagst"),* denn das ist sehr wichtig. Als ich sie bat zu atmen, habe ich sie danach gebeten, ihre Körper sich ausdehnen zu lassen, um dem Atem zu begegnen. Kannst Du Dich erinnern, das gehört zu haben? *(Virginia macht eine Geste auf Linda zu, voraussetzend, daß Linda es gehört hat; es geht nur darum, ob sie sich jetzt daran erinnern kann.)*

68:27 LINDA: Vage.

68:29 VIRGINIA: Okay. Und das ist in Ordnung, denn Du warst mit anderem beschäftigt. *(Virginia akzeptiert wieder in positiver Weise, daß Linda es nicht gehört hat oder sich erinnern kann.)* Und dann habe ich gesagt: „Tut jetzt was für Euch paßt: auf eigenen Füßen stehen?" Und hast Du bemerkt was geschehen ist? Was hast Du sie tun sehen?

68:40 LINDA: Sie sind aufgestanden und... sie sahen lebendig und... (fast weinend) wie heile Menschen aus.

68:47 VIRGINIA: Gut. Sieh Dir jetzt diese Frau („Mutter") hier an. Das ist eine Frau, die sich im Verhältnis zu dem verhalten hat (zeigt auf die Familie der „Mutter") – nicht im Verhältnis dazu [Umarmung], denn das hat sie nicht gekannt – und zwar nach bestem Wissen, und das war, ihre Kinder dazu zu bringen, es zu tun. Und sie war nicht allzu erfolgreich, aber sie hat sich sehr bemüht. *(Virginia wiederholt den Reframe, daß Lindas Mutter gute Absichten hatte und sie das beste tat, was sie im Rahmen ihrer begrenzten Welt tun konnte.)*

Wenn Du sie Dir nun von hier aus ansiehst, welche Gefühle ihr gegenüber bemerkst Du da?

69:10 LINDA (leise): Ich fühle viel mehr Mitgefühl.

69:12 VIRGINIA (spricht mit „hypnotischer" Stimme): Kannst Du etwas näher an sie herangehen und sehen, was für ein Gefühl das ist? [konversationelle Forderung] (Linda geht zu ihrer Mutter hinüber und sie umarmen sich eine Zeitlang warm) So nah wie Du es fühlen möchtest, okay. Und laß Dich jetzt hier in Kontakt sein damit, daß das, was Du jetzt berührst, die Lebenskraft Deiner Mutter ist. [Präsupposition] Was Du vorher gesehen hast, waren die Verhaltensweisen, die hervorgebracht wurden, weil die Lebenskraft keinen Platz gefunden hat, um sich auszudrücken, und das ist eine Selbstwert-Perspektive. (Virginia trifft wieder eine Unterscheidung zwischen Lindas alter Wahrnehmung des Verhaltens ihrer Mutter und dem inneren Leben der Mutter – gute Absichten und Zugewandtheit.) Was fühlst Du „Selbstwert"?

69:40 „SELBSTWERT": Hmm! Ich fühle wirklich... ungeheuer viel Liebe und und... ah... überwältigend.

69:49 VIRGINIA: Wenn Du jetzt zu Deinem Eigentümer kommst [eingebetteter Befehl], brauchst Du nicht mehr zu weinen. (Virginia verbindet Lindas Kontakt mit der „Lebenskraft" und den guten Absichten ihrer Mutter damit, daß sie ihren eigenen positiven Selbstwert gewinnt.)

69:52 „SELBSTWERT": Hmhmm.

69:53 VIRGINIA: Möchtest Du herkommen? (Lindas „Selbstwert" geht zu Linda hinüber und sie umarmen sich) Und Du kannst Dich an ihr freuen und sie kann sich an Dir freuen, aber in Wirklichkeit freut sie sich am Leben. (Virginia spricht zu Linda) Wie war das für Dich? Wie war das für Dich?

70:04 LINDA: Es war... ich weiß nicht. Ich weiß nicht, ob ich es in Worte fassen kann. Es war sehr hilfreich, sehr... drastisch... Es ist, ah – das, was ich jetzt fühle, ist etwas, das ich unbedingt in mein Leben übertragen möchte. Und ich habe den Kontakt – die Verbindung vermißt. Ich habe einfach – ich – wie soll ich denn nun anders mit meiner Mutter sprechen? (Linda setzt voraus, daß sie anders mit ihrer Mutter sprechen wird, sie hat jedoch noch Zweifel darüber, wie genau sie das tun wird.)

70:35 VIRGINIA: Kannst Du Dich sehen, wie Du tust, was auch immer das „es" ist? [konversationelle Forderung] (Das ist eine direkte

Anweisung an Linda, zu sehen, wie sie in der Zukunft auf andere Weise mit ihrer Mutter kommuniziert.) 70:39 LINDA (schaut kurz nach rechts und antwortet dann kurz): Ja, das kann ich. (Linda nickt und lächelt) 70:41 VIRGINIA: Okay. Gut, Deine Augen haben sich nämlich verändert. (Linda nickt) Da ist ein anderer Ausdruck in Deinem Gesicht, genau hier (zeigt auf Lindas Wangen). Und das sagt mir, daß Du an einen anderen Ort in Dir selbst gelangt bist. (Linda nickt. *Virginia weiß durch die Veränderungen in Lindas Augen und Wangen, daß sie ihr Ziel erreicht hat. Sie brauchte keine Follow up-Untersuchung, um zu wissen, daß sie erfolgreich war.*) Und ich *weiß* nicht, was die genauen Worte sein werden (zeigt auf Lindas „Mutter"). Ich *weiß* nicht, wie die Transaktionen aussehen werden (zeigt auf Lindas „Mutter"), aber was ich weiß ist, daß Du Deine Mutter nie wieder auf die gleiche Weise sehen wirst. (Virginia macht eine Bewegung von Linda zu ihrer „Mutter". Linda nickt) Und sie wird Dich nie wieder in der gleichen Weise sehen (zeigt von Lindas Mutter zu Linda), weil Du mit etwas anderem zu ihr kommen wirst. (*Virginia sagt, daß Linda sich anders zu ihrer Mutter verhalten wird, da sich ihre Wahrnehmung ihrer Mutter geändert hat; diese Veränderung in Lindas Verhalten wird bewirken, daß ihre Mutter sie anders wahrnimmt und anders ihr gegenüber reagiert.* Linda nickt) Und all das Zeug, von wegen sie anschreien zu müssen usw., ist jetzt irrelevant. (Virginia macht eine Bewegung auf Lindas Rechte hin. Linda nickt)

(*Das vorige ist eine klare „posthypnotische Induktion" bzw. ein „Future Pace", der mit Präsuppositionen gespickt ist, die das, was Linda in dieser Sitzung mit Virginia gelernt hat, mit einer Situation verbinden, wo sie es brauchen wird – zukünftige Interaktionen mit ihrer Mutter. Virginia beginnt damit, die Veränderungen in Lindas Gesicht zu beschreiben, die anzeigen, daß Linda sich verändert hat, und gebraucht die Gegenwartsform, um die Veränderung zu verstärken. Sie wechselt dann zu „... Du bist an einen anderen Ort in Dir selbst gelangt..." – die Form der vollendeten Vergangenheit, die ein in der Vergangenheit abgeschlossenes Ereignis beschreibt. Dann spricht sie davon, daß sie selbst in der Gegenwart weiß, daß Linda in der Zukunft anders sein wird. „Du wirst Deine Mutter nie wieder auf die gleiche Weise sehen" beschreibt und ratifiziert die Veränderung, die Linda gemacht hat, als dauerhaft und bleibend. Virginia kehrt dann zu der Gegenwartsform zurück, beschreibt Lindas früheres Bedürfnis zu schreien als irrelevant und schiebt es mit einer Geste zur Seite.* [Wechsel zeitlicher Prädikate])

71:18 VIRGINIA (wendet sich an die Gruppe): Seid Ihr Euch dessen bewußt? Wir haben eine Zeit gehabt, in der wir alle um uns herum scharf kritisiert haben. Angeblich war das gut für unsere Gesundheit – zu sagen, wie schlecht unsere Eltern waren und das ganze Zeug. Das ist es nun überhaupt nicht, worum es geht.

(In einem sechsminütigen Ausschnitt, der in dem Videoband ausgelassen wurde, da es nicht in direktem Zusammenhang mit Virginias Arbeit mit Linda steht, bittet Virginia alle Teilnehmer darum zu sagen, wie sie sich fühlen, so wie sie es zuvor mit Lindas Selbstwert getan hat [69:38]. Sie tut das sowohl, um die Gruppenmitglieder in den Prozeß miteinzubeziehen, wie auch, um nach unaufgelösten unangenehmen Gefühlen zu schauen, die Teilnehmer infolge der Rollen, die sie gespielt haben, noch erleben, usw. Nachdem sie auf die anderen Teilnehmer eingegangen ist, wendet Virginia sich wieder Linda zu.)

71:28 VIRGINIA: Und wie steht es mit Dir, Liebes?

71:31 LINDA: In weniger als zwanzig Worten? (Die Gruppe lacht)

71:34 VIRGINIA (leise): Was immer Du sagen willst, Liebes. Ich weiß, daß vieles nicht in Worte paßt. Ich frage nur, ob es etwas gibt, das Du mitteilen möchtest. *(Virginia würdigt, daß nonverbal viel passiert ist, auch wenn Linda es nicht in Worten ausdrücken kann.)*

71:43 LINDA: Ich fühle (schaut zu ihrer Linken, sucht nach Worten), daß sich etwas verändert hat... und ich glaube du hast recht, daß ich nie wieder in der Lage sein werde, meine Mutter je wieder in der gleichen Weise zu sehen. *(Lindas Wortwahl zeigt an, daß die Veränderung in ihrer Wahrnehmung nun automatisiert ist – selbst wenn sie es versucht, wird sie nicht mehr in der Lage sein, ihre Mutter wieder auf die gleiche Weise zu sehen.)* Hmm... (schaut zu ihrer Linken und auch nach links unten) ich fühle mich klarer und viel liebevoller. Ich liebe jeden im Raum. (Linda lächelt)

72:04 VIRGINIA: Wunderbar, wunderbar, wunderbar. [Wiederholung] (Virginia und Linda umarmen sich)

72:09 LINDA (hat ihre Hände immer noch auf Virginias Schultern): Vielen Dank für das, was Du getan hast. (Linda schaut direkt in Virginias Augen) Das war wundervoll für mich.

72:12 VIRGINIA: Das – Du hast eine Reise gemacht, die für alle Gültigkeit hat. (Linda nickt) Es gibt nur sehr wenige Menschen auf dieser Welt, die nicht diese Reise hätten mit Dir machen können. Vielleicht nicht in der gleichen – mit den gleichen Gefühlen für die Mutter – (Linda nickt und Virginia wendet sich der Gruppe zu und spricht mit scherzhaft, entrüsteter Stimme) Aber wie viele von uns haben das Gefühl, daß unser Aufwachsen mit Mängeln behaftet war? Guter Gott! Wir hätten alle als Kinder der *interessantesten, intelligentesten, richtigsten* Menschen geboren werden sollen. Was war los mit ihnen, daß sie ihr Ei und ihren Samen zusammenbrachten und uns aktivierten, wenn sie nicht *tatsächlich da wären*, es zu tun? Hä? (*Indem sie zu dieser universellen Ebene zurückkehrt, lädt Virginia die Zuhörer – und uns alle – ein, ähnliche Gelegenheiten zu finden, um dieses Wissen in unserem eigenen Leben anzuwenden. Außer, daß sie die Sitzung für die Zuhörer nützlicher macht, behandelt sie Linda damit auch als gleichwertig mit dem Rest von uns.*) Wunderbar, Okay. Vielen Dank. (Die Teilnehmer gehen mit Linda von der Bühne und nehmen ihre Plätze wieder ein)

72:50 VIRGINIA: Ich hatte Euch gesagt, daß ich seit über vierzig Jahren mit Familien arbeite und eine Menge von Sachen sehe. Alles, wonach ich in meiner Arbeit strebe, habt Ihr eben gesehen.

Follow up-Interview

Im August 1989, fast dreieinhalb Jahre nach ihrer Sitzung mit Virginia, traf Linda sich mit Connirae Andreas, um eine Aufnahme darüber zu machen, welchen Einfluß Lindas Erfahrung mit Virginia auf ihr Leben und ihre Beziehung mit ihrer Mutter gehabt hatte. Dieses Interview ist ebenfalls Teil des Videos „Forgiving Parents" (1989).

72:55 CONNIRAE: Linda, jetzt fast dreieinhalb Jahre später, sind wir neugierig auf Deine Sichtweise darüber, welchen Einfluß das auf Dein Erleben gehabt hat.

73:04 LINDA: Hmm. Nun, es war interessant. Es war etwas, das ich nicht habe vergessen können, und ich habe mit Freunden darüber geredet – oder besser gesagt mit Freunden darüber gelacht, vor allem mit den Freunden, die in der Gruppe dabei waren oder Freunde *geworden* sind. Und die Personen, die auf dem Band mein

Herz oder die mein Vater oder meine Mutter waren – wir hatten Diskussionen über diese Episode... und so verletzlich gewesen zu sein und... es hat, glaube ich, meine Beziehung mit meiner Mutter beeinflußt, es hat auch meine Arbeit beeinflußt, und selbst wenn ich bemerke, wie Eltern mit ihren Kindern reden, wird mir bewußt, wie kostbar die Juwelen waren, die sie zu geben hatte.

73:58 CONNIRAE: Es klingt, als ob es eine ziemlich breite Wirkung in vielen Bereichen hatte.

74:02 LINDA: Oh, ich werde es nie vergessen.

74:04 CONNIRAE: Wenn wir auf einige dieser Bereiche eingehen könnten – was hat sich Deiner Mutter gegenüber verändert? Was ist da passiert?

74:12 LINDA· Nun, ich glaube, daß ich nach der Sitzung eine Menge nachgedacht habe, denn ich habe – wie lange hatte es gedauert, eine Stunde oder eineinhalb Stunden – damit zugebracht, vor der ganzen Welt, wie es mir damals schien, über meine Mutter und meine Beziehung zu reden, und ich war wirklich erregt und voller Tränen und bin mit viel mehr Mitgefühl für meine Mutter und dafür, was sie in ihrem Leben durchgemacht hat, fortgegangen, und es hat die Position verändert, wie ich sie sehe und wie ich ihr gegenüber fühle.

74:48 CONNIRAE: Machst Du jetzt ihr gegenüber etwas anders, als Du es früher getan hast?

74:51 LINDA: Oh ja, ich sehe sie anders. Es gab Gelegenheiten, eine Menge von Gelegenheiten, in denen ich meiner Mutter am Tisch gegenübersaß und niemand sonst im Haus war und ich sie über Ereignisse in ihrem Leben befragte. Darüber, wie ihre Eltern sie behandelt hätten. Und sie hat mir auch wirklich gesagt: „Ich glaube, daß mein Vater heute für Kindesmißhandlung verhaftet werden würde, wenn er heute das mit mir täte, was er vor fünfzig Jahren getan hat." Meine Mutter ist alt genug, um meine Großmutter zu sein, wir haben also wirklich eine Generation übersprungen. Sie hat mich geboren als sie vierundvierzig war. Es gab da also eine ganze Generation dazwischen.

75:33 LINDA: Und ich habe eine Menge Einblick bekommen, wie sie erzogen worden ist und warum sie so tadelnd mir gegenüber war, wegen einiger der Dinge, die ihr passiert sind. Und sie hat mir auf vielfältige Weise ihr Herz geöffnet. Ich hatte wirklich das Gefühl, daß ich ihre beste Freundin war, was ich bestimmt früher nie gesagt hätte. Aber nachdem ich Virginia gehört und ihre Arbeit mit einigen anderen Leuten aus der Gruppe gesehen hatte, habe ich einfach ein paar der Techniken eingesetzt und in meine Beziehung zu meiner Mutter mitaufgenommen. Ich habe danach mehr Zeit damit verbracht, meiner Mutter Fragen zu stellen. Ähm, wenn wir zusammen verreist sind – und ich habe versucht, sie, wenn es ging, zu Tagesausflügen einzuladen... Wenn ich beruflich in den Bergen zu tun hatte, habe ich sie gefragt, ob sie mitkommen wollte, und bei diesen Autofahrten habe ich sie dann nach ihrem Leben gefragt.

76:23 LINDA: „Wie war Dein Vater zu Dir? Und wenn Du wählen könntest, würdest Du wieder Kinder haben wollen?" Und ich habe wirklich versucht, auf die Antworten zu hören, die sie mir gab, und ich fing an zu erkennen – das klingt etwas merkwürdig, aber ich habe zu mir gesagt: „Mensch, Linda, wenn Du glaubst, *Du* hattest Pech mit ihr als Mutter, stell Dir vor, wie es für sie war, solche Eltern zu haben", denn sie hatte wirklich harte Eltern. Ihre Eltern waren italienische Einwanderer, die sehr hart mit ihr waren. Ich habe also, glaube ich, einfach begonnen, mein Verhältnis mit ihr persönlicher zu gestalten.

77:00 CONNIRAE: Toll. Es klingt, als ob es viel positiver für Dich geworden ist.

77:04 LINDA: Ja. Oh, das ist es. Mit Sicherheit.

77:06 CONNIRAE: Wahrscheinlich für sie auch.

77:08 LINDA: Ich glaube schon, obwohl ich dieses Feedback nicht von ihr bekomme, weil sie nicht der Typ ist, der über solche Dinge spricht, aber ich glaube bestimmt, einfach weil sie mir gegenüber offener geworden ist, daß sie auch so fühlt. Aber ich mußte diese Veränderung machen, weißt Du. Es war nicht – ich glaube, ich habe lange darauf gewartet, daß sich meine Mutter ändert. „Warum tut sie das, und warum macht sie das nicht?" und was – eine der Sachen, die aus der Arbeit mit Virginia entstanden sind, ist, daß es *meine* Aufgabe ist und ich diejenige bin, die ihre Position verändern muß oder etwas anderes versuchen muß.

77:37 CONNIRAE: Das ist eine große Veränderung.

77:39 LINDA: Ja, das ist es.

77:40 CONNIRAE: Gut, Du hast auch erwähnt, daß es Einfluß auf andere Bereiche in Deinem Leben gehabt habe. Kannst Du etwas mehr darüber sagen – ob es auch Veränderungen in anderen Gebieten gibt?

77:52 LINDA: Meine Arbeit als Trainerin. Ich habe meine eigene Consulting-Firma und gebe Workshops für Erwachsene und Eltern und Gemeindemitglieder und kürzlich, in den letzten zwei Jahren, habe ich mit Trainings für Jugendliche angefangen, in denen ich mit Teenagern arbeite, Schulkindern, die mit mir über ihre Eltern reden. Und Schulkinder beklagen sich in der Regel über ihre Eltern. Und sie sprechen davon, wie ihre Eltern ihnen nicht zuhören, oder sie nie Bestätigung von ihnen erfahren, oder ihre Eltern immer nur auf den Sachen herumreiten, die sie nicht gut können und ihnen nicht sagen, wie sehr sie sie lieben, oder warum sie froh sind, daß sie sie in ihrem Leben haben. Und ich habe mich dabei beobachtet, wie ich ein paar Tricks von Virginia Satir verwende und ihnen z.b. sage: „Weißt Du, vielleicht bist Du es, der seiner Mutter zuerst sagen muß, daß Du froh bist, sie als Mutter zu haben. Wenn Du darauf wartest, daß sie es Dir sagt, wird sie es vielleicht nicht tun. Vielleicht mußt Du sagen: ,Mama, ich weiß, daß Du wirklich viel für uns opferst, und das bedeutet mir wirklich viel'", und solche Sachen.

78:44 CONNIRAE: Du gibst also auch Deine Lernerfahrungen an andere weiter. Toll. Wenn Du jetzt daran zurückdenkst, gibt es irgend etwas anderes, was Du über diese Erfahrung sagen möchtest?

78:57 LINDA: Was ich nicht – das Bild, das mir am stärksten in Erinnerung geblieben ist – neben dieser imponierenden, powervollen Frau in dem Blumenmuster-Kleid neben mir – war das Bild davon, wie sie mit der Mutter und dem kleinen Kind arbeitete (später während des Workshops) und das kleine Kind auf einen Stuhl gehoben hat, damit sich die beiden von Auge zu Auge sehen konnten. Und ich weiß nicht, warum das so tiefgreifend für mich war, aber es war für mich ein Symbol dafür, wie wichtig es ist, sich wirklich Auge in Auge zu sehen. Ich meine, mit meinem eigenen, inneren kleinen Mädchen, in diesem Prozeß, wie auch – vielleicht ist es das alte indianische Sprichwort: „Gehe eine Meile in den Mokassins eines anderen", das so bedeutend für mich war. Und die ganze Erfahrung, so offen gewesen zu sein und diesen Teil von mir auszubreiten, war etwas, das ich nie vergessen werde.

79:51 LINDA: Und die Art, wie sie mit Menschen umging, ist eine Botschaft, die ich mit mir nehme, wohin ich auch gehe. Der Respekt und die Würde, die sie zwischen Menschen herzustellen versuchte... In meiner Arbeit mit Teenagern sehe ich, daß sie oft als machtlos wahrgenommen werden. Die Erwachsenen haben die ganze Macht. Und meine Arbeit besteht zum großen Teil darin, Gruppen von jungen Leuten und von Erwachsenen zusammenzubringen und partnerschaftlich miteinander arbeiten zu lassen. Gewöhnlich reißen die Erwachsenen alles an sich, und die Teenager versuchen hier und da, ein Wort dazwischenzukriegen. Und einige dieser Virginia Satir-Methoden zu verwenden, um Menschen mehr auf eine gleichberechtigte Grundlage zu bringen, ist eine andere Sache, die ich von dieser Erfahrung mitgenommen habe.

80:31 CONNIRAE: Toll. Das klingt auch gut. Ich möchte Dir dafür danken, daß Du zurückgekommen bist und uns hast wissen lassen, welche Wirkung es für Dich gehabt hat. Und ich nehme an, daß sich eine ähnliche Wirkung für die Leute ergeben wird, die sich das Video ansehen. Oh, ich bin noch neugierig, ob Du überrascht warst, daß Du so lange mit Virginia auf der Bühne gearbeitet hast, oder ist das etwas, das Du häufig in Workshops tust?

80:57 LINDA: Nun, ich war geschockt. Ich dachte nur, daß ich eine der Zuhörerinnen im Studio sein würde. Das war die Vereinbarung. „Wollt Ihr Euch einfach ins Publikum setzen und klatschen?" Und ich meldete mich, um eine Bemerkung zu machen, und bevor ich wußte was geschah, sagte sie: „Komm nach oben. Komm nach oben auf die Bühne." Und ich kann mich überhaupt nicht an den Beginn der Sitzung erinnern. Ich kann mich nicht erinnern, wie es angefangen hat oder wie ich hineingeraten bin. Ich bin ziemlich neugierig, nach drei Jahren zu sehen, was passiert ist, denn ich kann mich nicht erinnern. Die Leute waren danach so unglaublich zu mir. Leute kamen immer wieder zu mir und sagten: „Vielen Dank dafür, daß Du das mit uns geteilt hast. Ich habe meine eigene Mutter gesehen" oder „Ich habe meine Beziehung mit meinem Vater gesehen" oder – und ich habe erkannt, daß dieses „Sag die Wahrheit" wirklich powervoll ist. Nicht nur die guten Sachen, sondern die dunklen und schweren Sachen oder die Sachen, die wirklich schwerfallen.

81:50 CONNIRAE: Ich glaube, eine Menge anderer Leute wird die Gelegenheit haben, das durch das Video zu erfahren. Also nochmals vielen Dank.

81:57 LINDA: Gern geschehen. Danke.

Zusammenfassung

Keine Zusammenfassung kann der Komplexität und Feinheit von Virginias Sitzung mit Linda gerecht werden. Doch auch wenn sie begrenzt ist, erleichtert es eine Zusammenfassung, unser Handeln zu organisieren und zu steuern. Die Wahrnehmungen und Glaubenssysteme, die wir alle verwenden, um unsere Handlungen zu steuern, sind ebenfalls kurze Zusammenfassungen unserer Erfahrungen. Wie andere Zusammenfassungen auch, sind diese Wahrnehmungen und Glaubenssysteme häufig in einer Weise begrenzt, verzerrt und verallgemeinert, die zu Unglücklichsein führt.

Eine Möglichkeit über diese Sitzung nachzudenken, besteht darin, zu sehen, daß Virginia systematisch darauf hingearbeitet hat, Lindas Wahrnehmungen zu erweitern und zu bereichern. Diese zusätzliche Information bietet dann eine Grundlage dafür, um Lindas Schlußfolgerungen, Glaubenssätze und Gefühle in bezug auf ihre Mutter, sich selbst und ihre Situation zu verändern. Diese neuen Wahrnehmungen und Glaubenssätze wiederum bilden eine feste Grundlage für weitere positive Verhaltensweisen.

Virginia trifft wiederholt eine wesentliche Unterscheidung zwischen Lindas wirklicher Mutter und dem Bild, das Linda mit sich herumträgt. Virginia erkennt, daß Linda mit diesem Bild in sich selbst ins Reine kommen muß. Das wird zum ersten Mal erwähnt in 8:03 und später in 11:25, 15:48, 16:00, 32:46, 33:44, 43:02, 43:57, 45:48.

Die Unterscheidung zwischen unserem Bild von der Welt und dem, was „tatsächlich da draußen" vor sich geht, eröffnet einen powervollen Weg zu Veränderung. Wenn wir bloß Bilder von der Welt haben, dann wird jedes Bild, das wir haben, ganz gleich welches, wahrscheinlich in einer bestimmten Weise ungenau und verzerrt sein. Da Bilder jedoch gleichzeitig auch sehr viel leichter verändert werden können als die Welt selbst, bietet uns dieses Wissen auch die Freiheit und Fähigkeit, Dinge anders zu sehen. Wenn wir erkennen, daß Konflikte aus den Bildern in uns selbst entstehen, können wir zufrieden die Verantwortung für Veränderung übernehmen, anstatt uns als hilflose Opfer zu fühlen, die darauf warten, daß andere sich ändern, und diese anklagen oder angreifen, wenn sie es nicht tun.

Indem sie Linda nach den Erfahrungen ihrer Mutter vor Lindas Geburt befragt, bereichert Virginia Lindas Perspektive. Virginia spricht mit Linda zum ersten Mal in 25:45 davon, daß das kritisierte Verhalten eine Folge ihrer schwierigen Erziehung war. Sie wiederholt dieses Thema in 27:00, 27:38, 29:51, 30:50 und 37:08. Virginia spricht den gleichen Gedanken im Zusammenhang mit Lindas eigenem Verhalten an (35:36 und später wieder 53:10 und 68:47).

Anfänglich sah Linda ihre Schwierigkeiten mit ihrer Mutter *ausschließlich* von ihrem eigenen Standpunkt. Während der Sitzung läßt Virginia Linda wiederholt einige Aspekte der Erfahrung ihrer Mutter berücksichtigen und sie dann zu diesen Aspekten „werden", insbesondere ihrer Lebensgeschichte, ihrer Gefühle, Sehnsüchte und Absichten. Nach der Sitzung kann Linda die Situation auch vom Standpunkt ihrer Mutter sehen. „ ,Mensch, Linda, wenn Du glaubst, *Du* hattest Pech mit ihr als Mutter, stell Dir vor, wie es für sie war, solche Eltern zu haben', denn sie hatte wirklich harte Eltern." [76:50]. In dem Follow up-Interview sagt Linda: Dieses alte indianische Sprichwort, daß man eine Meile in den Mokassins der anderen Person gehen soll, hatte eine tiefe Bedeutung für mich.

[79:40]

Zu Beginn der Sitzung sieht Linda nur das Verhalten ihrer Mutter und daß sie selbst mit dem Gefühl, ein hilfloses Opfer zu sein, darauf reagiert. Am Ende der Sitzung sieht sie auch die Wahrnehmungen ihrer Mutter, ihre Gedanken und Gefühle und versteht, wie ihre Vergangenheit und ihr, Lindas, eigenes Verhalten sie beeinflußt haben.

Virginia nutzte diese erweiterten Wahrnehmungen, um Lindas Glaubenssätze zu verändern. In der Anfangsphase der Sitzung glaubt Linda noch, daß ihre Mutter böse Absichten hatte und ihr Verhalten ein Beweis dafür war, daß sie Linda haßte. Als Virginia das für sie ausspricht: „Und, daß sie versucht hat, Dein Leben unerträglich zu machen" [15:57], stimmt Linda dem lebhaft zu – „Auf jeden Fall!" Im Gegensatz dazu erkennt Linda gegen Ende der Sitzung, daß ihre Mutter gute Absichten hatte – „Sie hat mich über alle Maßen geliebt." – und ihr kritisierendes und tadelndes Verhalten einfach ein Resultat der Einschränkungen durch die eigenen schweren Erfahrungen während ihrer Kindheit war.

Diese zusätzliche Information bietet Linda die Grundlage dafür, ihre Glaubenssätze in bezug auf ihre Mutter zu überprüfen und die alternativen Präsuppositionen zu akzeptieren, die Virginia anbietet. Zu Beginn der Sitzung gibt Linda ihrer Mutter die Schuld; wenn sie nun weiterhin einen Schuldigen sucht, findet sie ihn in dem familiären Hintergrund ihrer Mutter.

Natürlich kann die gleiche Erkenntnis auch auf frühere Generationen angewendet werden, weshalb genaugenommen niemand wirklich die Schuld trägt. Wenn Linda noch Kontakt zu ihren Großeltern hätte, wäre es wichtig, diesen Schritt explizit durchzuführen, um zu sehen, ob sie nun die Großeltern anstelle ihrer Mutter mit Vorwürfen konfrontiert.

Zu Beginn der Sitzung dachte Linda, daß ihre Mutter sich ändern müßte. In dem Follow up-Interview hat sie erkannt, daß sie die Initiative übernehmen kann, um die Beziehung zu verändern. „Ich mußte diese Veränderung machen, weißt Du." [77:20] „Es ist meine Aufgabe und ich bin diejenige, die ihre Position verändern muß oder etwas anderes versuchen muß." [77:36] Virginia bietet Linda diese Idee das erste Mal in 27:38 und wieder 31:38, 37:26, 37:37 und 37:53. Linda erwähnt in dem Follow up-Interview, wie sie diese Sichtweise auch in ihre eigene Arbeit mit Jugendlichen übertragen hat, die wünschen, daß sich ihre Eltern verändern, und sie vermittelt ihnen nun den gleichen, powervollen Gedanken. [78:35]

Mit diesen wesentlichen Wahrnehmungen und Einsichten – und all den anderen, die im Transkript vermerkt sind – kann Linda sich und ihre Mutter als Gleichberechtigte sehen, die beide mit dem, was sie wissen und können, versuchen, das Beste im Leben zu tun.

In dem Follow up-Interview ist das Bild, das in Lindas Erinnerung herausragt, das von Virginia, wie sie im weiteren Verlauf des Workshops mit der Mutter und dem kleinen Kind arbeitete und das kleine Kind auf einen Stuhl gehoben hat, damit sich die beiden von Auge zu Auge sehen konnten. „Und ich weiß nicht, warum das so tiefgreifend für mich war, aber es war für mich ein Symbol dafür, wie wichtig es ist, sich wirklich Auge zu Auge zu sehen." [79:10] Linda erwähnt auch den „Respekt und die Würde, die sie [Virginia] zwischen Menschen herzustellen versuchte". [79:57]

Die Arbeit mit solchen grundlegenden und universalen Ideen bewirkt weitreichendere persönliche Veränderung als die Arbeit an einer bestimmten „Problemsituation", denn diese Präsuppositionen werden auf Lindas gesamtes Leben Einfluß haben. Präsuppositionen werden in der Regel nicht mit Hilfe einer einzelnen Äußerung verändert; gewöhnlich setzt es Wiederholungen voraus, um eine zwingende persönliche Erfahrung für den Wahrheitsgehalt und die Nützlichkeit einer neuen Denkweise zu schaffen. Es gibt eine Reihe von Wegen, um solche persönlichen Erfahrungen zu schaffen; Virginia erreichte das vor allem durch das lebende Beispiel, das sie bot, und durch die Erfahrungen, die Rollenspiele bieten. Wie das Transkript zeigt, arbeitete Virginia geduldig und systematisch, um Lindas Denken und Verständnis zu verändern und die Auflösung zu erreichen, die Linda sich gewünscht hatte.

Virginia ging immer von den spezifischen Beschwerden, die Klienten ihr vortrugen, zu größeren und universellen Themen über. Das ist der Grund, warum wir uns alle so leicht mit Linda auf ihrer Reise identifizieren und für uns persönlich relevante Lektionen daraus ziehen können. Jeder von uns kann an jemanden denken, den er kritisiert, beschuldigt oder haßt, weil wir noch nicht verstehen, daß sie auch das Beste tun, was sie tun können, und durch ihren Hintergrund, ihre Irrtümer und ihre Verwirrung eingeschränkt sind.

Die positiven Präsuppositionen, die hier und in dem Transkript besprochen wurden, sind powervoll, doch sie können nur selten durch Worte allein vermittelt werden. Es war von entscheidender Bedeutung, daß Virginia diese Präsuppositionen in ihrem eigenen Verhalten sowohl verbal wie nonverbal verkörperte. Sie glaubte nicht nur daran, daß diese powervollen Präsuppositionen nützlich sind, um Veränderung zu bewirken. Sie vermittelte durch jedes Wort und jede Geste, daß sie unerschütterlich daran glaubte, daß Menschen gute Absichten hatten, alles lernen und ihrem Leben eine neue Richtung geben konnten. Die kongruente, lebendige Weise, in der Virginia diese Präsuppositionen verkörperte, erleichterte es den Menschen, mit denen sie arbeitete, sie zu übernehmen, weil sie nonverbal demonstrierte, daß sie auch tat, wovon sie sprach.

Virginia Satir hat uns daher ein doppeltes Geschenk gemacht. Sie demonstrierte die powervollen und befreienden Glaubenssätze, zu denen sie anderen verhalf, und sie bot eine Präzision in ihrem Verhalten und der Sprache, die sie für Veränderungen einsetzte, die es anderen erleichterte, auf das zu reagieren, was sie demonstrierte. Obwohl Virginia nicht mehr da ist, lebt ihre Botschaft der Hoffnung und der Möglichkeiten in all denen weiter, die sie berührt hat, und in der Arbeit derjenigen, die bereit sind, die Mühe auf sich zu nehmen, um das zu lernen, was sie auf so wunderbare Weise tat.

Menschlicher Kontakt hat nichts mit Worten zu tun. Menschlicher Kontakt hat mit Blicken zu tun, mit Stimmen, mit Haut, mit Atmung. Worte sind etwas, das man in einem Buch lesen und auf einer Anzeigetafel sehen kann, und sie können sich vollkommen verschieden von menschlichen Wesen entwickeln. Worte helfen dann, wenn Menschen kongruent sind.

– VIRGINIA SATIR (1989)

Anhang I
Präsuppositionen

Eines der powervollsten Muster in dem Transkript von Virginia Satirs Arbeit mit Linda stellt ihr Gebrauch von Präsuppositionen dar, mit denen sie Lindas Wahrnehmungen und Glaubenssätze verändert. Die Macht, die Präsuppositionen haben, um therapeutische Veränderung zu bewirken, wird weitgehend unterschätzt, selbst von denjenigen, die eine gute Ausbildung in Hypnose haben. Man kann direkten Aussagen zustimmen oder widersprechen, aber Präsuppositionen werden typischerweise unbewußt akzeptiert und nicht einmal bewußt wahrgenommen. Einige Beispiele von anderen Meistertherapeuten werden das verdeutlichen.

Carl Whitaker

Vor ungefähr acht Jahren beobachtete ich, wie Whitaker ein Paar am ersten Tag eines Wochenend-Workshops interviewte. Das Paar war seit fünf Jahren geschieden und war noch länger in Therapie gewesen. Sie saßen in hervorragendem nonverbalem Rapport nebeneinander und hatten selbst ihre Körperhaltung und Atmung einander angepaßt.

Während des Interviews gingen sie vernünftig und höflich miteinander um. Sie hatten offensichtlich ihre Meinungsverschiedenheiten über die Jahre hinweg bewältigt. Ich wunderte mich, warum sie nicht wieder geheiratet hatten; sie schienen so gut miteinander auszukommen.

Da es für Whitaker mit dem Paar nicht viel zu tun gab, schlug er ihnen vor, am nächsten Tag ihre beiden Söhne im Teenageralter mitzubringen. Der „rebellische" Sohn, der mit dem Vater lebte, erschien nicht, der „Mustersohn", der mit der Mutter lebte, kam.

Der Gegensatz zum Vortag war verblüffend. Die Eltern saßen viel weiter auseinander, der Sohn saß zwischen ihnen und viel näher bei der Mutter. Auch wenn das Verhalten des Vaters das gleiche war wie am Tag zuvor, so war die Mutter wie verwandelt. Sie war weitaus lebhafter und sexy, insbesondere, wenn sie mit oder über ihren Sohn sprach – was die meiste Zeit über der Fall war. Sie sprach ausführlich darüber, wieviel sie gemeinsam unternahmen, wie sie sich ihm anvertraute, wie gut sie miteinander auskamen, usw. Unabhängig davon, ob man das „Verstrickung" oder „Verletzung der Generationsgrenzen" nennen möchte, es war klar, daß die Mutter übermäßig mit dem Sohn beschäftigt war und ihn eher wie einen Liebhaber als wie einen Sohn behandelte.

Unmittelbar nachdem die Mutter ein weiteres Beispiel dafür vorgetragen hatte, wie gut sie und ihr Sohn sich verstanden, machte Whitaker eine Geste in Richtung auf sie und ihren Sohn und sagte: „Ihre zweite Ehe ist also viel besser als Ihre erste", und zeigte dann auf den Vater. Die Mutter sah aus, als ob ihr Gehirn für ein paar Sekunden aussetzte. Sie hatte offensichtlich ihre Beziehung zu ihrem Sohn nie zuvor als „Ehe" gesehen; von nun an würde es jedoch für sie unmöglich sein, nicht in dieser Weise darüber zu denken. Wie Whitaker gerne sagt: „Die Leute können mit mir übereinstimmen oder sie können nicht mit mir übereinstimmen, *aber sie können mich nicht ignorieren.*"

Ein großer Teil der Wirkung, die Whitakers Aussage auf die Mutter hatte, kommt von der Präsupposition die er gebraucht, daß sie und ihr Sohn verheiratet seien. Sie kann zustimmen, daß ihre zweite Ehe besser sei, oder sie kann widersprechen und sagen, daß sie nicht besser sei, aber es ist viel schwieriger für sie, die Präsupposition zurückzuweisen, daß sie sich verhält, als wäre sie mit ihrem Sohn verheiratet – vor allem, da sie gerade eine lange Liste von Interaktionen aufgeführt hat, die für eine gute Ehe typisch sind! Selbst wenn die Mutter Whitakers Bemerkung bewußt zurückweist, wird diese immer noch ihre Wirkung haben. Da die meisten Eltern nicht mit ihren Kindern verheiratet sein wollen, kann die Mutter es nicht vermeiden, ihre Verbindung mit ihrem Sohn in diesem Licht zu überdenken. Zuvor überlegte sie nur: „Habe ich eine enge Beziehung mit meinem Sohn oder nicht?" Nun wird sie überlegen: „Ist die Beziehung zu eng? Behandle ich ihn wie einen Ehemann?", und sie wird ein zu intimes Verhalten ihm gegenüber vermeiden. Der Sohn wird das gleiche seiner Mutter gegenüber tun.

Milton Erickson

In den späten fünfziger Jahren war Milton Erickson Gastredner in dem VA (Veterans Administration, zuständige Behörde für ehemalige Kriegsteilnehmer. Anm. des Übersetzers) Hospital in Palo Alto und gab dort eine Demonstration seiner Arbeit. Einige Psychiater hatten ihre schwierigsten Klienten mitgebracht, damit Erickson nacheinander mit ihnen arbeiten könnte.

Einer dieser Klienten war ein junger Mann, der eine Reihe schwerer Gewaltverbrechen begangen hatte. Er hatte im Flur gewartet und zugesehen, wie andere Klienten hineingeführt und später – häufig noch deutlich in Trance – wieder hinausgeführt wurden.

Als sie schließlich den jungen Mann hineinbaten, hatte er keine Vorstellung davon, was ihn erwartete. Erickson fragte zunächst den Psychiater: „Warum haben Sie mir diesen Jungen gebracht?" Nachdem der Psychiater die zahlreichen Vergehen des Jungen aufgezählt hatte, befahl Erickson ihm: „Setzen Sie sich!" Erickson wandte sich dann dem Jungen zu, schaute ihn eindringlich an und sagte: „Wie überrascht wirst Du sein, wenn Dein gesamtes Verhalten sich nächste Woche vollkommen ändert?" Der Junge schaute verdutzt und sagte: „Ich werde sehr überrascht sein!" Erickson wandte sich dann wieder dem Psychiater zu und sagte: „Bringen Sie diesen Jungen fort." Der Psychiater glaubte, daß Erickson beschlossen hatte, nicht mit ihm zu arbeiten. Eine Woche später war das destruktive Verhalten des Jungen jedoch tatsächlich vollkommen verändert.

Erickson hatte zweifellos die erhöhte Rezeptivität des Jungen bemerkt und beschlossen, die Präsupposition darzubieten, daß sich sein gesamtes Verhalten ändern würde. Erickson fragte den Jungen nicht: „Wird sich Dein Verhalten ändern oder nicht?" Ericksons Frage enthielt die Präsupposition, daß das Verhalten des Jungen sich ändern würde; die Frage war nur, wie *überrascht* er sein würde, *wenn* es sich änderte.

Als die verbale wie auch die nonverbale Antwort des Jungen Erickson zeigte, daß dieser die Präsupposition vollkommen akzeptiert hatte, war er sich des Erfolgs seiner Intervention sicher und entließ den Jungen, um nicht wieder zu gefährden, was er erreicht hatte. Wenn der Junge gesagt hätte: „Ich *würde* sehr überrascht sein", oder wenn er Zweifel gezeigt hätte, hätte Erickson weitergemacht und andere Interventionen probiert. Der Junge sagte jedoch: „Ich *werde* sehr überrascht sein", und machte damit deutlich, daß er Ericksons Präsupposition akzeptiert hatte, daß eine Veränderung erfolgen würde.

Einige weitere wichtige Präsuppositionen unterstützten diese brillante Intervention. Als Erickson fragt: „Warum haben Sie mir diesen *Jungen* gebracht", enthält das die Präsupposition, daß der Patient ein Kind sei und konnotiert Unreife, Lernbedürfnis, Abhängigkeit, Bedarf an Anleitung, usw. Als er dann dem Psychiater befiehlt: „Setzen Sie sich!", gebraucht Erickson die Präsupposition, daß der Psychiater (der dem Jungen gegenüber in einer Elternrolle ist) selbst in einer Position ist, in der er Befehle von Erickson entgegennehmen muß.

Mit diesen zwei kurzen Äußerungen etabliert Erickson sich als größere Autorität als diejenigen, die bisher mit dem Jungen zu tun hatten – das alles allein durch Präsupposition und Implikation.

Ohne diese früheren Präsuppositionen hätte seine spätere Frage wahrscheinlich nicht dieselbe Wirkung gehabt.

Die meisten in der Therapie nützlichen Präsuppositionen sind nicht so allgemein, wie in Ericksons Beispiel oder so verblüffend wie in Whitakers Beispiel. Trotzdem können sie genauso effektiv sein, um bedeutende Veränderungen in Wahrnehmung und Verhalten zu erreichen. Ein paar kleine präsuppositionale Veränderungen können zusammen eine powervolle Wirkung auf Familien haben.

Salvador Minuchin

Eines meiner bevorzugten Beipiele für den Gebrauch mehrerer Präsuppositionen hintereinander ist eine Sitzung, in der Minuchin einen Erstkontakt mit einer Familie herstellt.

Das Problem, das die Familie vorbringt, ist, daß der zehnjährige Sohn Benzin schnüffelt. Sofort nach dieser Einführung wendet sich Minuchin an den Jungen und sagt: „Ich höre, Du schnüffelst gern Benzin. Was glaubst du, was Du bist? Ein Auto?" Dieser scherzhafte Kommentar hatte augenblickliche Wirkung. Alle Anwesenden entspannten sich leicht, und das Problem wurde etwas weniger unlösbar.

Der Scherz ist recht offensichtlich. Nicht so offensichtlich ist jedoch die Präsupposition, daß ernste Angelegenheiten mit Humor diskutiert werden können. Noch weniger augenfällig ist die Tatsache, daß Minuchin durch die Formulierung „du schnüffelst gern" eine Präsupposition gesetzt hat. Im Vergleich dazu hätten „Du schnüffelst" oder „Du mußt schnüffeln" oder „Du fühlst den Zwang, zu schnüffeln" deutlich andere Präsuppositionen über das Problem vermittelt. Diese Art von Äußerungen enthalten die Präsupposition, daß das Verhalten außerhalb der Kontrolle des Jungen liegt und daher nur schwer zu verändern ist. „Du schnüffelst gern" enthält die Präsupposition, daß das Verhalten den *Wünschen* des Jungen entspringt, nicht einem verrückten oder unbegreiflichen Zwang.

In der nächsten Aussage an den Jungen baut Minuchin weiter darauf auf: „Was ziehst Du vor, bleifrei oder verbleit?" Alle Anwesenden entspannen sich etwas mehr, als dieser zweite Scherz die Aufmerksamkeit der Familie wieder ein wenig umdirigiert. Sie hatten das Verhalten des Jungen als ein ernstes Problem gesehen, das niemand kontrollieren könne, nicht als einen Ausdruck der Vorlieben des Jungen. Die Folgewirkungen des Benzinschnüffelns können natürlich ernst sein. Doch die Aufmerksamkeit der Familie auf diese Weise in eine andere Richtung zu leiten, macht es etwas leichter, das Problem zu lösen.

Minuchin riecht als nächstes an seiner Tasse Kräutertee, die er in der Hand gehalten hatte, trinkt einen Schluck daraus und sagt: „Ich frage mich, was für ein Tee das ist." Dann schaut er den Jungen an, reicht ihm seine Tase und sagt: „Da Du so eine gute Nase hast, sag Du mir, was für ein Tee das ist." Diese Aussage baut auf den vorhergehenden auf und verschiebt die Aufmerksamkeit von der Vorliebe zu der gelernten Fähigkeit, die diese Vorliebe ermöglicht. Minuchin baut auch die Präsupposition ein, das der Junge „eine gute Nase" hat und in der Lage ist, bestimmte Unterscheidungen zu treffen, die er, Minuchin, nicht treffen kann. Das macht den Jungen Minuchin gegenüber in dieser Hinsicht überlegen und verändert die implizite Hierarchie „überlegener Therapeut/bedürftige Familie".

Als die Familie zur Sitzung kam, hielt sie das Verhalten des Jungen vermutlich für verrückt, unverständlich und unkontrollierbar. Mit drei kurzen Bemerkungen hat Minuchin die Wahrnehmungen der Familie verändert. Nun sehen sie das Verhalten als Ausdruck der Vorlieben des Jungen, einen Ausdruck zudem, der eine positive Unterscheidungsfähigkeit demonstriert. Das „unkontrollierbare Problem" ist einer Lösung bereits drei wesentliche Schritte nähergerückt, da die Familienmitglieder in einer anderen Weise darüber nachdenken. Anstatt zu kritisieren, zu ermahnen oder den Jungen zu verhören, hat Minuchin ihm implizit ein Kompliment für seine Unterscheidungsfähigkeit gemacht. Das bietet eine positive Grundlage dafür, den Jungen dazu anzuleiten, diese Fähigkeiten auf andere Weise einzusetzen als zum Benzin schnüffeln.

Natürlich war noch mehr Arbeit nötig. Die Information, die Minuchin im weiteren Verlauf sammelte, wies darauf hin, daß der Junge ein „elterliches Kind" war und viel Verantwortung für seine vierjährigen Zwillingsbrüder übernehmen mußte. Er arbeitete dann daraufhin, die Familie so zu reorganisieren, daß der Zehnjährige seine eigene Kindheit, frei von elterlicher Verantwortung, haben könnte.

Präsuppositions-Training

Obwohl diese (und andere) Meistertherapeuten gezeigt haben, wie Präsuppositionen mit powervoller Wirkung eingesetzt werden können, gibt es nur sehr wenige Therapie-Ausbildungsgänge, die systematisch vermitteln, wie sie konstruiert werden können oder wie nonverbales Verhalten genutzt werden kann, um Präsuppositionen mit voller Wirkung einzusetzen. Noch weniger Ausbildungsgänge unterrichten, wie man anhand subtiler nonverbaler Signale erkennen kann, ob die Präsuppositionen akzeptiert worden sind oder nicht. Es scheint im Therapiebereich ein weitverbreitetes Vorurteil gegen jede Ausbildung zu geben, die globale Generalisierungen wie „menschlichen Kontakt", „Intimität", „Selbstwert", „Triangulation", „Co-Abhängigkeit", „Verstrickung", usw. in die Wahrnehmungen, emotionalen Reaktionen und Verhaltensweisen unterteilt, aus denen sich diese Generalisierungen zusammensetzen. Die meisten werden zustimmen, daß Liebe zur Musik allein, ohne beträchtliches Training der Tonleitern, des Timing, verschiedener musikalischer Richtungen, usw. keinen großen Pianisten hervorbringen wird. Doch oft werden die gleichen Personen behaupten, daß alles was man braucht, um ein großer Therapeut zu werden, Anteilnahme und Sensibilität sei.

Auch wenn Sprache eines der wichtigsten Werkzeuge des Therapeuten ist, wissen die meisten Therapeuten nicht mehr darüber, wie sie mit Sprache umgehen sollen, als die Klienten, die zu ihnen kommen. Familientherapie hat viele bemerkenswerte Erfolge gehabt; die weitere Entwicklung des Feldes wird weniger globale Generalisierungen und mehr Präzision erfordern.

Untersuchen wir ein weiteres Beispiel aus dem Bereich der Präsuppositionen. Nachdem Bandler und Grinder (1975a) die Arbeit von Virginia Satir und Milton Erickson untersucht hatten, beschrieben sie neunundzwanzig verschiedene linguistische Präsuppositionen. Die fünf Kategorien einfacher Präsuppositionen sind relativ trivial und nicht besonders nützlich. Die vierundzwanzig komplexen Kategorien sind jedoch enorm nützlich. Da verschiedene Klienten verschieden stark auf verschiedene Arten von Präsuppositionen reagieren, ist es hilfreich, wenn ein Therapeut nach Belieben jede Art von Präsuppositionen konstruieren kann. Da jeder Präsuppositionstyp klar spezifiziert ist, können sie schnell zu einem automatischen Teil des verbalen Verhaltens eines Therapeuten werden, wenn man sie einzeln eingeübt hat. Ohne dieses Einüben verwenden die meisten Therapeuten nur einige wenige Präsuppositionen, manchmal sogar in einer Weise, die das Erreichen des Zieles eher *behindert* als es zu unterstützen.

Nachdem man gelernt hat, die verschiedenen Typen von Präsuppositionen zu bilden, besteht der nächste Schritt darin, mit einem spezifischen Ziel zu beginnen, wie z.b. einen Vater dazu zu bringen, sein Kind in liebevoller Weise zu berühren, und dann zu üben, verschiedene Arten von Präsuppositionen zu bilden, die dieses Verhalten hervorrufen können. *„Während Sie* in der nächsten Woche *Ihr Kind liebevoll berühren*, möchte ich, daß Sie besonders darauf achten...", „Wenn Sie Ihr Kind genau anschauen, *während Sie es berühren*...", „Glauben Sie, daß etwas Sie daran hindern könnte, *Ihren Wunsch* auszuführen, *Ihr Kind häufiger zu berühren?*", „Glauben Sie, daß häufigere Berührungen Ihnen erlauben werden, Ihre zärtlichen Gefühle Ihrem Kind gegenüber genauer wahrnehmen zu können?", „Ich frage mich, ob Sie bereits bei dem zweiten oder dritten Mal, *wenn Sie Ihr Kind liebevoll berühren*, eine Veränderung gegenüber dem ersten Mal bemerken werden.", „Wie wird Ihre Frau reagieren, *wenn* sie sieht, wie *Sie Billy liebevoll berühren?*", „Wer, glauben Sie, hat jetzt schon die größte *Freude dabei, ihn zu berühren?*", usw. Diese Art von Fragen kann eine ungeheure Wirkung haben, da der Vater, um darauf zu antworten, *sich vorstellen muß, sein Kind zu berühren*. Im Vergleich dazu wäre das Erleben des Vaters anders, wenn wir ihn fragten: „Was hat Sie Ihrem Sohn gegenüber so kalt und distanziert gemacht?"

Wenn man etwas Übung dabei hat, Präsuppositionen zu bilden, fällt es auch leichter, sie in den eigenen Äußerungen und denen des Klienten zu bemerken. Zur Übung kann man die Teilnehmer der Ausbildungsgruppe auffordern, den ersten Satz, den sie Klienten typischerweise in einer Therapiesitzung sagen, niederzuschreiben und auf Präsuppositionen hin zu untersuchen. Wir empfehlen Ihnen, hier eine kurze Pause zu machen und Ihre eigene typische Eröffnung Klienten gegenüber niederzuschreiben, bevor Sie weiterlesen. Viele Therapeuten beginnen mit der Frage: „Wie kann ich Ihnen helfen?" Das enthält die Präsuppositionen: „Ich kann Ihnen helfen", und „Wir haben eine komplementäre Hilfegeber-/Hilfeempfänger-Beziehung." Das ist bereits eine Aufforderung für zukünftige Abhängigkeit und passives Verhalten. Im Gegensatz dazu enthält die Frage: „Welche Veränderungen möchten Sie heute erreichen?" die Präsupposition, daß schnelle Veränderungen – Plural – möglich sind und darüber hinaus, daß der Klient in der aktiven Rolle ist: Der *Klient* ist es, der Veränderungen sowohl *will*, wie auch *erreicht*, nicht der Therapeut.

„Was ist das Problem?" führt den Klienten in die Vergangenheit auf eine Suche nach all dem, was nicht funktioniert hat. Das stellt eine Einladung zu endloser archäologischer Forschung oder, wie Virginia Satir es nannte, eine Rückkehr in „das Museum" dar. Die Frage „Welche Art von Beziehung möchten Sie mit Ihrem Mann haben?", veranlaßt die Klientin dagegen dazu, an die Ziele zu denken, die sie erreichen will. Von dort ist es ein kleinerer Schritt, um spezifische Möglichkeiten zu entwickeln, diese Ziele zu erreichen und das Problem hinter sich zu lassen.

Es ist erstaunlich, wie nachhaltig die Präsuppositionen in dem ersten Satz des Therapeuten die Richtung für die nachfolgende Therapie bestimmen. Häufig ist diese Richtung nicht sehr hilfreich und der Therapeut wird sich später beschweren, daß der Klient Widerstand leiste oder „passiv-aggressiv" sei, ohne wahrzunehmen, daß dieses Verhalten eine vorhersehbare Reaktion auf seine, des Therapeuten, eigenen Präsuppositionen ist. Indem wir unseren eigenen Präsuppositionen gegenüber aufmerksamer werden, können wir herausfinden, in welcher Weise wir bisher unsere Klienten, ohne es zu wissen, zurückgehalten haben und diese Information nutzen, um nützlichere Präsuppositionen zu entwickeln.

Es ist unmöglich, keine Präsuppositionen zu verwenden. Jeder Satz, den wir sprechen, vermittelt unseren Klienten eine Fülle von Signalen darüber, welche Präsuppositionen wir gebrauchen. Je mehr wir darüber wissen, welche Signale wir aussenden, umso mehr Power kann jedes Wort bekommen.

Das Training von Präsuppositionen macht Therapeuten auch sensibler für die Präsuppositionen in den Äußerungen von Klienten und läßt sie genau erkennen, wo ihr Denken beschränkt wird und legt oft bereits nahe, was getan werden kann, um es ihnen zu erleichtern, die neue Perspektive und die neuen Verhaltensweisen zu haben, die sie sich wünschen.

Zeitliche Präsuppositionen

Jeder Satz hat eine Zeitform, die dem Klienten eine zeitliche Botschaft vermittelt, welche besonders wirkungsvoll sein kann. Die Vergangenheit kann man nicht ändern. Obwohl wir unsere Erinnerungen, die wir jetzt von der Vergangenheit haben, und unsere Beurteilung der Vergangenheit mit großem Gewinn verändern können, halten die meisten Menschen in der Regel die Vergangenheit für feststehend und unveränderbar. Die Zukunft jedoch ist voller Möglichkeiten und Alternativen.

Nehmen wir an, die Frau in einem Ehepaar sagt: „Wir streiten ständig. Das ist ein sehr großes Problem in unserer Beziehung. Und immer, wenn der Streit intensiv wird, schlägt er mich."

Diese Frau spricht von dem Problem als etwas, *das durch die Zeit hindurch stattfindet.* „Wir streiten *ständig.*" „Er schlägt mich *immer.*" „Es *ist* ein Problem." Das sagt uns, daß sie das Problem als etwas sieht, das in Vergangenheit, Gegenwart und Zukunft besteht. Auch wenn sie die Gegenwartsform benutzt, weist „ständig" und „immer" darauf hin, daß sie es als etwas, *das durch die Zeit hindurch stattfindet,* generalisiert. Im Vergleich dazu könnte sie sagen: „Er hat mich geschlagen, als wir uns am Samstag gestritten haben", was das Problem auf ein enges und kontextualisiertes Segment in der Vergangenheit beschränken würde.

Ich könnte der Frau nun antworten: „Das *war* also ein sehr großes Problem. Immer wenn sie *gestritten haben, hat* ihr Mann sie geschlagen." Mit diesen Worten teile ich ihr mit, daß ich verstehe, was sie gesagt hat. Noch wichtiger jedoch ist, daß die Zeitform das Problem in einer Weise beschreibt, die es in der Vergangenheit beläßt. Als nächstes kann ich damit beginnen, ihr Denken auf das zu richten, was sie in der Zukunft will: „Und ich vermute, Sie wollen beide, daß sich das ändert."

Achten Sie auf den Unterschied in Ihrem Erleben, wenn Sie an ein eigenes, kleineres Problem denken und sich folgenden Satz sagen: „Es ist ein Problem."

Versuchen Sie nun folgenden Satz: „Das ist ein Problem gewesen." Wenn Sie auf Ihre inneren Bilder achten, während Sie das tun, werden Sie bemerken, daß sich der Ort, wo Sie das Bild des Problems sehen, mit jedem der beiden Sätze ändert. Gewöhnlich ist das

Bild bei „Es ist ein Problem", mehr in der Mitte vor Ihnen, näher und assoziiert, während Ihr Bild bei „Es ist ein Problem gewesen", mehr zur Seite, weiter entfernt und dissoziiert ist. Beide Sätze geben Ihr Erleben wieder, doch der zweite Satz läßt das Problem *aus der Zukunft heraus* und bereitet buchstäblich auf subtile, wenn auch tiefgreifende Weise, den Weg für neues Verhalten. Wenn wir mit jedem Satz auf diese subtile Weise vermitteln, daß Probleme sich wahrscheinlich nicht auf die Zukunft erstrecken werden und die Zukunft Lösungen enthält, erleichtern wir es unseren Klienten, Lösungen zu entwickeln und zu berücksichtigen.

Viele Therapieformen und Therapeuten richten ihre Aufmerksamkeit immer noch vor allem auf die Vergangenheit. Auch wenn es möglich ist, von der Vergangenheit in einer Weise zu sprechen, die nützliche Präsuppositionen etabliert, ist *es viel leichter, Präsuppositionen dafür zu vermitteln, daß die Dinge in der Zukunft besser, anders oder gelöst sein werden.* Selbst ein brillanter Therapeut arbeitet mit auf dem Rücken gefesselten Händen, wenn er sich darauf beschränkt, nur Präsuppositionen in bezug auf die Vergangenheit zu verändern.

Nehmen wir z.B. an, ein Klient möchte sein Gewicht reduzieren. Wenn ich davon ausgehe, daß sein Problem in der Vergangenheit bereits gelöst worden ist, könnte ich so etwas sagen wie: „Wann haben Sie zum ersten Mal bemerkt, daß Sie Ihr Gewichtsproblem gelöst hatten?" Da diese Präsupposition in direktem Gegensatz zu dem steht, was der Klient als real erlebt, wird es nicht funktionieren. Der Klient wird vermutlich den Eindruck haben, daß ich dumm oder verrückt bin und nicht, daß es für ihn leichter geworden ist, sich zu verändern. „Jeder kann sehen, daß ich noch übergewichtig bin!"

Da die Zukunft jedoch noch nicht stattgefunden hat, ist sie sehr viel formbarer. Es ist der einfachste Ort, um damit zu beginnen, Präsuppositionen von Veränderung einzusetzen, ohne den Realitätssinn des Klienten zu verletzen. „Welche Ressourcen glauben Sie, *werden es Ihnen erlauben, auf leichte Weise abzunehmen?"*, „Was *wird* für Sie das erste Zeichen dafür sein, daß Sie alles *haben*, was Sie benötigen, um Ihr gewünschtes Gewicht zu halten?", „Nachdem Sie Ihr gewünschtes Gewicht *erreicht* und *gehalten haben werden,* glauben Sie, daß Sie *zurückschauen* und sich *wundern werden,* daß Sie jemals übergewichtig waren, oder glauben Sie, daß Sie ein Gefühl von Verständnis und Mitgefühl für Ihr altes Ich *haben werden?"* Sobald der Klient beginnt, sein gewünschtes Ziel als etwas zu sehen, was fast unvermeidlich eintreten wird, ist es leichter, spezifische Interventionen zu entwickeln, die zu diesem Ziel führen.

Hier folgt ein etwas ausführlicheres Beispiel dafür, wie Sie zeitliche Präsuppositionen einsetzen können, um den Boden für Veränderungen vorzubereiten:

KLIENTIN: Ich *habe* das Gefühl, daß ich mich meinem Mann gegenüber nicht behaupten kann. Wenn ich es täte, würde er mich für respektlos halten. *Jedesmal*, wenn er mir *sagt*, was er will, *fühle* ich mich einfach überfordert und habe das Gefühl, daß ich es tun *sollte*. Aber gleichzeitig *bin ich* wütend dar über.

(Auch wenn diese Klientin nicht „immer" sagt, spricht sie von dem Problem als von etwas, das sich durch die Zeit hindurch [„through time"] fortsetzt.)

THERAPEUT: Also *bis zu diesem Zeitpunkt waren Sie nicht in der Lage*, sich in der Weise zu behaupten, wie Sie es wollen. Sie *haben* oft das Gefühl *gehabt*, daß Sie das tun sollten, was er von Ihnen verlangt, doch dann *sind* Sie gleichzeitig deswegen wütend *gewesen*.

(Diese Umformulierung beschränkt das Problem auf die Vergangenheit.)

Und wie *werden* Sie sich anders verhalten, wenn Sie sich in einer Weise *verhalten*, mit der Sie vollkommen zufrieden sind?

Der Gebrauch von „werden" fordert den Klienten dazu auf, die Lösung in der Zukunft zu sehen; „sich verhalten" verschiebt die Lösung durch eine Veränderung der Zeitform in die Gegenwart. Der Therapeut kann später in der Sitzung das Problem noch vollständiger in die Vergangenheit rücken und die Lösung stabilisieren, indem er sagt: „Kann man sagen, Sie *hatten nicht bemerkt*, daß es Ihrem Mann gegenüber in Wirklichkeit respektvoller ist, wenn Sie sich selbst behaupten? Glauben Sie, daß es das war, was Sie daran *gehindert hat*, Ihre Wünsche *in der Vergangenheit ganz automatisch auszudrücken*?"

Mit etwas Übung werden Sie bald verschiedene Kombinationen von Präsuppositionsformen und Zeitrahmen zu immer wirksameren Botschaften verbinden. „Wie oft, glauben Sie, werden Sie Billy in liebevoller Weise berührt haben, wenn Sie zum ersten Mal erkennen, daß es diese Berührungen waren, die ihn die Stärke Ihrer Liebe und Ihrer Verbundenheit spüren lassen?" Dieser Satz mag etwas ungelenk erscheinen, wenn Sie ihn lesen, da kombinierte Präsuppositionen, vor allem wenn sie mehrere zeitliche Sprünge enthalten, einen hypnotischen Effekt haben. Der Satz beginnt in der Gegenwart, geht dann mit „werden Sie" in die Zukunft über, kehrt mit „berührt haben" zu einer früheren Zukunft zurück, geht mit „wenn" wieder in die Zukunft und mit „zum ersten Mal" in eine noch fernere Zukunft (da es die Präsupposition weiterer Male enthält) und mit „waren" zurück in eine (in der Zukunft liegende) Vergangenheit, die dann mit „spüren lassen" in die Gegenwart verwandelt wird. Für eine eingehendere Diskussion eines solchen Gebrauchs von Zeitformen siehe das zweite Kapitel meines Buches „Gewußt wie".

Nonverbale Präsuppositionen

Eine Vielzahl von Untersuchungen haben die relative Bedeutung von verbaler und nonverbaler Kommunikation zum Gegenstand. Auch wenn die einzelnen Untersuchungen verschiedene Zahlen ergeben, stimmen sie alle darin überein, daß die nonverbale Komponente der Kommunikation zwischen 65 und 85% der gesamten Wirkung ausmacht und damit weit wichtiger ist, als die verbale Kommunikation. Obwohl die nonverbale Vermittlung einer Präsupposition mindestens genauso wichtig ist wie ihre verbale Konstruktion, ist die Entwicklung von Flexibilität in nonverbalem Verhalten in den meisten Therapieausbildungen ausgelassen worden.

In gesprochenem Englisch steigt bei Fragen die Stimme am Ende, während das bei Aussagen nicht der Fall ist. Befehle enden in der Regel mit sinkender Stimme. Wenn Sie fragen: „Wie sehr lieben Sie ihn?" und Ihre Stimme am Ende sinken lassen, nimmt die augenscheinliche Frage verdeckt die Wirkung eines Befehls an und verstärkt die Präsupposition „Sie lieben ihn." Auch wenn die meisten auf diese tonale Kommunikation stark reagieren, sind nur sehr wenige in der Lage, sie bewußt zu erkennen, was ihre Wirkung verstärkt.

Das Herausstellen von Satzteilen, die eine Präsupposition enthalten oder einen Befehl darstellen, durch eine Geste oder eine Veränderung der Tonalität oder Lautstärke – oder alle diese Möglichkeiten zusammen – verstärkt die Wirkung zusätzlich. Auch wenn diese „eingebetteten Befehle" ein ausdrücklicher Bestandteil der Arbeit Milton Ericksons waren, verwenden nur wenige sie systematisch, insbesondere außerhalb einer formalen Trance-Induktion. Virginia Satir ist jedoch eine der wenigen Therapeuten, die sie beständig gebrauchte, was in bedeutendem Maße zu ihrer Effektivität beitrug.

Die Teilnehmer von Ausbildungskursen können durch erfahrungsbezogene Übungen, in denen sie experimentieren können, leicht für die Wirkung ihres nonverbalen Verhaltens sensibilisiert werden. In Dreiergruppen, die aus einem Klienten, einem Therapeuten und einem Beobachter bestehen, kann man untersuchen, wie spezifische nonverbale Verhaltensweisen die Vermittlung einer Präsupposition (oder anderer Interventionen) unterstützen oder behindern.

In der Rolle des Therapeuten können die Teilnehmer alternative Verhaltensweisen ausprobieren und ihre Wirkung auf den Klienten beobachten. In der Klientenrolle werden sie sich ihrer subjektiven Reaktion auf spezifische Kommunikationen bewußt. Das entwickelt Sensibilität dafür, was der Klient erlebt, und weist darauf hin, auf welche bestimmten nonverbalen Reaktionen sie bei Klienten zu achten haben. In der Beobachterrolle können die Teilnehmer lernen, die nonverbale Interaktion zwischen Klient und Therapeut zu beobachten und zu bemerken, was diese übersehen.

Sowohl der Klient wie auch der Beobachter können dem Therapeuten spezifisches Feedback geben und alternative Möglichkeiten nonverbaler Kommunikation demonstrieren.

Wie Präsuppositionen wirken

Auch wenn Linguisten bereits vor Jahren Präsuppositionen beschrieben haben, hat bis vor kurzem niemand untersucht, wie sie nun wirken, um eine Veränderung der subjektiven Erfahrung zu erreichen.

Eine der am häufigsten gebrauchten Arten von Präsuppositionen sind „zeitliche Nebensätze", in denen Worte wie bevor, nach, während, als, seit, wenn, früher usw. vorkommen. Diese Worte können dabei helfen, Sequenzen von Präsuppositionen oder zeitliche Verbindungen von Erfahrungen zu schaffen (im Gegensatz zu expliziten, bewußten Verbindungen). Es ist genaugenommen einfach, herauszufinden, wie Präsuppositionen wirken; es genügt, wenn Sie genau auf Ihre internalen Bilder achten. Hier ist als Beispiel ein Experiment aus „Gewußt wie" (1988, S. 64-65):

Probieren Sie folgendes Experiment. Stellen Sie sich zuerst vor, daß Sie in einem Restaurant zu Abend essen, ... und dann machen Sie sich eine Vorstellung davon, wie Sie mit jemandem „einen Vorschlag erörtern". ... Nun beobachten Sie Ihre Wahrnehmung des folgenden Satzes: „Wir könnten zusammen in einem Restaurant zu Abend essen, bevor wir den Vorschlag erörtern." ... Achten Sie darauf, wie die zwei Repräsentationen in Ihrem Denken reibungslos miteinander verbunden werden. Vorausgesetzt, Sie haben keine Erfahrung darin, Präsuppositionen zu erkennen, so tritt dieser Prozeß unbewußt auf. (Versuchen Sie den Satz zu lesen, *ohne* diese zwei Repräsentationen miteinander zu verbinden.) Nun testen Sie einen etwas anderen Satz: „Bevor wir den Vorschlag erörtern, könnten wir zusammen in einem Restaurant zu Abend essen." In diesem Fall bewegt sich die erste Vorstellung, die Sie sich davon machen „einen Vorschlag zu erörtern", seitwärts in Richtung Ihres weniger detaillierten peripheren Blickfeldes, um Platz zu machen für „in einem Restaurant zu Abend essen". In jedem Fall ist das Ergebnis dasselbe; die vorher angenommene Repräsentation wird mit der anderen, bewußteren verbunden. Der Prozeß, wie Sie dahin gelangen, ist entsprechend der unterschiedlichen Ordnungsstruktur der zwei Sätze jeweils etwas anders.

Nun können Sie versuchen, das Wort „während" zu verwenden. Achten Sie darauf, wie Sie den Satz repräsentieren: „Während wir den Vorschlag erörtern, könnten wir zusammen in einem Restaurant zu Abend essen." ... Jetzt testen Sie den umgekehrten Satz: „Wir könnten zusammen in einem Restaurant zu Abend essen, während wir den Vorschlag erörtern." ... Bei beiden Sätzen werden die zwei Repräsentationen im gleichen Zeitrahmen verbunden. Die meisten Menschen finden den ersten Satz leichter zu verarbeiten, weil das erste Wort „während" Sie darauf vorbereitet, daß Sie zwei Repräsentationen zusammenfügen werden. Der zweite Satz erfordert, daß Sie zurückgehen und die erste Repräsentation ändern, mit der Sie angefangen haben, und die Sie zuerst aufgebaut haben.

Wenn Sie denselben Vorgang mit den anderen Adverbien der Zeit wiederholen, die oben aufgelistet sind, können Sie feststellen, wie diese über Submodalitätenveränderungen die Repräsentationen in Ihrem Denken verbinden.

Auch wenn wir lernen können, auf diese subtilen subjektiven Ereignisse genau zu achten, reagieren wir in einer gewöhnlichen Konversation auf sie, ohne sie bewußt wahrzunehmen. Das ist der Grund ihrer Wirksamkeit.

Wenn Sie wissen, wie verschiedene Arten von Präsuppositionen subjektives Erleben beeinflussen, können Sie entscheiden, welches subjektive Erleben Sie in einem Klienten induzieren wollen und dann die Präsuppositionen auswählen, die die gewünschte Wirkung haben werden.

Sensorisches Feedback

Nachdem Sie eine Präsupposition gebildet und in exquisiter Weise vermittelt haben, ist es wichtig, daß Sie beobachten können, ob sie die gewünschte Wirkung gehabt hat. Die Effektivität einer Präsupposition wird nicht daran gemessen, wie clever sie ist, sondern welche Reaktion sie im Klienten bewirkt.

Auch hier wird die nonverbale Reaktion Ihnen in der Regel sehr viel mehr mitteilen, als die verbale. Manchmal werden nonverbale Reaktionen offensichtlich, und manchmal werden sie subtil sein. Doch sie werden immer vorhanden sein, und sie zu erkennen hängt von zwei Faktoren ab: 1. der Wahrnehmungsfähigkeit des Therapeuten – der Fähigkeit, kleine Veränderungen in Haltung, Atmung, Muskelspannung, Gesichtsausdruck usw. wahrzunehmen – und 2. der Fähigkeit des Therapeuten, robuste Reaktionen durch sein eigenes nonverbales Ausdrucksverhalten hervorzurufen.

Wenn wir mit Kindern während ihrer vorsprachlichen Entwicklung oder mit Tieren kommunizieren, können wir zwar Worte verwenden, doch sie sind irrelevant, da weder Kinder noch Tiere die Bedeutung von Worten verstehen. Sie werden nur auf die nonverbale Tonalität, das Tempo, die Lautstärke usw. reagieren. Der nonverbale Ausdruck vermittelt die Liebe, Anteilnahme und Verbindung, die das Kind erlebt.

Erfahrungen mit Kindern oder Tieren geben einem Therapeuten entscheidende nonverbale Fähigkeiten für Verhaltensänderungen. Mit dieser Grundlage können sie anfangen, darüber nachzudenken, Sprache in der gleichen Weise zu gebrauchen, wie sie ihr anderes Verhalten zu gebrauchen gelernt haben – *als einen Weg, um angemessene Reaktionen in ihrem Klienten hervorzurufen*. Der nächste Schritt besteht darin, diese Verhaltensweisen zu verbinden und zu kontextualisieren, indem sie sie mit angemessenen Signalen verknüpfen. Virginia Satirs Arbeit enthält alle diese Fähigkeiten, und sie können durch einfache erfahrungsbezogene Übungen vermittelt werden, um die Wirkung verbaler Präsuppositionen zu erhöhen.

Anhang II
Körperkontakt[*]

Die Videoaufzeichnung „Of Rocks and Flowers" (1983) zeigt, wie Virginia mit einer gemischten Familie arbeitet. Das Paar ist seit einem Jahr verheiratet, Bob, ein trockener Alkoholiker, ist der Vater der zwei Kinder, Aaron (vier Jahre) und Robbie (zwei Jahre). Die biologische Mutter der Kinder hat sie mehrfach körperlich mißhandelt – Treppen hinuntergestoßen, an den Abfluß des Waschbeckens gefesselt, usw. Der Vater gibt an, daß er die Kinder im letzten Jahr seiner früheren Ehe dreizehnmal zur Behandlung von Prellungen und Verbrennungen durch Zigaretten ins Kranken-

---

[*] Dies ist eine überarbeitete Version des Artikels „Getting in Touch, with Virginia", der ursprünglich in *Anchor Point: The International Journal for Effective NLP Communicators*, erschienen ist (Heft 1/1989).

haus gefahren hat. Die Mutter ist z.Zt. in psychiatrischer Behandlung und hat keinen Kontakt mit den Kindern.

Aaron und Robbie sind äußerst lebhafte Kinder, die durch gewalttätiges Verhalten aufgefallen sind: Sie haben Babys geschlagen und bei zwei Gelegenheiten ein Baby gewürgt. Betty, 27, ist von ihrem früheren Ehemann, der ebenfalls Alkoholiker war, körperlich mißhandelt worden. Sie ist schwanger und hat große Angst davor, daß die beiden Jungen ihr eigenes Kind mißhandeln werden, wenn es geboren ist. Wenn das gewalttätige Verhalten der beiden nicht aufhört, befürchtet sie, die Ehe möglicherweise verlassen zu müssen, um ihr Kind zu schützen. Wenn Sie jetzt ein ziemlich düsteres Bild von dieser Familie haben, so stimmt das nur zu einem Teil. Auch wenn die Eltern ratlos und unglücklich sind, so sind die Kinder spontan und ausdrucksstark. Sie spiegeln auch die Wut und Gewalt wider, der sie ausgesetzt waren. Die Eltern, die aus Frustration und Angst heraus handeln, verhalten sich den Kindern gegenüber rauh, was die Gewalttätigkeit der Kinder weiter verstärkt.

Während der Sitzung demonstriert Virginia immer wieder, wie sie möchte, daß die Eltern die Kinder berühren und behandeln sollen. Wenn sie mit einem der Kinder spricht, legt sie ihre Hand leicht auf eine Schulter, auf ein Knie oder beide Knie und tätschelt oder drückt sie leicht. Einmal nimmt sie Aarons Kinn sanft zwischen ihre Fingerspitzen und wartet geduldig darauf, seine volle Aufmerksamkeit zu bekommen, bevor sie zu sprechen beginnt. Bei anderen Gelegenheiten berührt sie die Kinder am Handgelenk oder hält sanft deren Hand, während sie mit den Eltern spricht. Bald darauf beginnt sie, die Eltern in der gleichen Weise zu berühren. Virginia bestand darauf Berührung einzusetzen, um sicherzugehen, daß eine Mitteilung beachtet wird, sowohl durch den Sender wie auch durch den Empfänger. An einer Stelle fragt sie z.B. Bob (wörtlich): „Erwartest Du irgendwelche Schwierigkeiten dabei, Aaron und Robbie verstehen zu helfen, warum sie ihre [biologische Mutter] nicht besuchen können?"

Als er Unsicherheit ausdrückt, schlägt Virginia ihm zunächst vor, was er sagen kann: „Es ist ein Unterschied ob man sagt... hier ist eine Frau, die Euch weh tut und wütend wird und nicht weiß was sie tut. Das ist etwas anderes als zu sagen, daß sie nichts taugt."Als er zustimmt, geht sie dazu über, Verhaltensweisen vorzuschlagen.

„Und ich möchte sehen, ob Du in diesem Augenblick bereit bist, jedem Deiner Söhne zu sagen, daß sie im Augenblick ihre Mutter nicht besuchen können, weil sie ihnen weh tut und ihr warten müßt, bis sie mit sich selbst besser zurechtkommt. Denn, weißt Du, das ist das gleiche Problem wie das, was Du mit ihnen (den Kindern) erreichen willst – daß sie anderen nicht weh tun, und Du beschützt sie davor verletzt zu werden, und ich frage mich, wie Du Dich fühlen würdest, auf diesen Sohn von Dir zuzugehen und ihm zu sagen..." Als Bob anfängt zu sprechen, ohne sich von der Stelle zu rühren, besteht Virginia darauf, daß er eine Berührung hinzufügt. „Nein. Komm hierher. Komm hierher und stell Dich ihm Angesicht zu Angesicht gegenüber (winkt Bob näher und zieht Aarons Stuhl auf Bob zu) und ergreif seine Hände. Rück ihn [den Stuhl] heran, kannst Du ihn noch etwas näher heranrücken? Nimm jetzt seine beiden Hände und sag ihm das."

Nachdem sie eine Zeitlang mit den Eltern gearbeitet hat, verbringt Virginia einige Zeit allein mit den Kindern:

VIRGINIA (zu Aaron, ihre Hände auf seinen Hüften): Hast Du gute Gefühle für Betty?

AARON (abgelenkt): Nein, äh, nun, Mom und Dad machen mich – (er wendet sich Robbie zu) Robbie macht mich wütend.

VIRGINIA (nimmt ihn bei der Hand und zieht ihn an sich heran): Schau mich jetzt mal an, ich frage nach Dir und Betty.

AARON (legt seine linke Hand an Virginias Wange): Meine Mom und Dad haben mir einen schönen (Virginia legt ihre Hand auf Aarons und legt seine rechte Hand an die andere Seite ihres Gesichts) Platz für Dich gegeben. (Es ist interessant, daß das Kind die Berührung des Gesichts initiiert; nun nutzt Virginia es, um die Familie wieder zusammenzuführen.)

VIRGINIA: Ich mag, wie Du mein Gesicht berührst (Virginia hält sanft Aarons Handgelenke). Berühr es ganz sanft. So ist es gut. Könntest Du Bettys Gesicht auch so berühren? (Aaron berührt sein eigenes Gesicht und nickt dabei.) Okay. Sanft? (Aaron: Aha.) Gut, ich werde das (ein Blatt, das sie in der Hand hält) jetzt weglegen. (Sie nimmt seine beiden Hände und legt sie wieder auf ihr Gesicht.) Schau mich jetzt an. Und berühr mein Gesicht wieder so sanft. Magst Du, wie sich das anfühlt? (Aaron nickt.) Laß mich Dein

Gesicht auch so sanft anfassen. (Sie legt ihre Hände auf sein Gesicht.) Fühlt sich das gut an?

AARON: Aha. (Er dreht sich um und beginnt mit Robbie zu reden.)

VIRGINIA (faßt ihn bei den Schultern und dreht ihn sanft zu sich herum): Schau, schau, schau mich jetzt an. (Aaron macht einen Kußmund und streckt seinen Kopf nach vorn.) Mach Dir jetzt keine Sorgen (Virginia küßt ihn schnell auf die Lippen) seinetwegen (Robbie). (Aaron: Okay.) Aber ich möchte von Dir – wenn Du weißt wie, und ich habe Dir gerade gezeigt wie – daß Du Deine Hände ganz sanft auf Bettys Gesicht legst (Virginia legt ihre Hände wieder auf Aarons Wangen, und Aaron legt seine Hände auf Virginias Wangen) und daß Du sie das fühlen läßt, wie gut sich Deine Hände anfühlen und Du kannst ihre Hände fühlen. Kannst Du das tun?

AARON (bereitwillig): Okay.

VIRGINIA: Toll, setz Dich jetzt für einen Augenblick hierhin. (Robbie hat sich weggedreht und spielt mit einer Tasse auf einem Tisch. Virginia zieht sanft an Robbies Schulter.) Robbie, komm hierher, mein Liebling. Nimm Deine Hände aus der Tasse. Ich mag es, wenn Du das machst. (Sie nimmt kurz seine Hände.) Schau mich jetzt an. (Sie legt ihre beiden Hände auf die Seiten seiner Brust.) Kannst Du Deine Hände auf mein Gesicht legen? (Robbie schaut auf und legt seine linke Hand auf ihr Gesicht.) Deine beiden Hände auf mein Gesicht, schau. (Sie legt die andere Hand auf ihre andere Wange und hält seine beiden Handgelenke.) So. Fühlt sich das gut an?

ROBBIE (nickt): Ja. Ja.

VIRGINIA (legt ihre Hände auf seine Wangen): Gut, laß mich, laß mich meine Hände auf Dein Gesicht legen. Schau mich jetzt an. Fühlt sich das gut an? Ich werde jetzt Deine Mammi bitten herzukommen: Betty... (Betty und Bob kommen zurück; Bob ist nicht auf dem Bildausschnitt zu sehen.) Nimm jetzt Deine schönen kleinen Hände und leg sie so auf Bettys Gesicht. (Sie zeigt es ihm mit ihren eigenen Händen.) Kannst Du das tun? Genau so? (Robbie legt seine Hände kurz auf Bettys Gesicht.) Mach das noch einmal so. (Sie macht es ihm wieder vor.) Halt sie einfach so – schön, halt einfach ihr kleines Gesicht. (Virginia stützt Robbies Arm, Betty legt ihre Hände auf Robbies Gesicht.) Könntest Du ihr jetzt, in diesem Moment – (Robbie lacht) kann sie Dich auch berühren?

AARON (streckt seine Hand nach Bettys Gesicht aus): Laß mich Dich jetzt anfassen.

VIRGINIA (zu Aaron): Warte mal einen Moment. (Virginia drückt Aarons Arm sanft herunter und wendet sich wieder Robbie zu. Bettys Hände liegen noch immer auf Robbies Gesicht.) Was glaubst Du, könntest Du – mehrmals am Tag – an diese bezaubernde Dame herantreten und ihr so Deine Hände geben? Kannst Du das tun? (Virginia macht es ihm wieder vor, Robbie ahmt sie nach.) Kannst Du das tun? Kannst Du jetzt hierher kommen, Robbie? (Virginia zieht Robbie mit beiden Händen zur Seite und legt dann ihren linken Arm um ihn) Und Du Aaron, möchtest Du Dich hierhin setzen? (Aaron: Ja.) Genau hier. (Virginia zeigt auf den Stuhl und führt ihn mit ihrer Hand auf seiner Schulter als er sich hinsetzt.)

ROBBIE: Kann ich neben...

VIRGINIA (zu Robbie): Du bleibst wo Du bist. (Zu Aaron) Nun, kannst Du Dich herüberbeugen und (Virginia macht es ihm mit ihren Händen vor) und Deine wunderbaren weichen Hände auf das Gesicht Deiner Mutter legen und es fühlen, einfach nur fühlen.

AARON (lächelt, zu Betty): Ist das schön?

BETTY (leise): Hmhmm.

AARON: Fühl jetzt meins. (Betty legt ihre Hände auf Aarons Gesicht.)

ROBBIE: Ich kann weit laufen!

VIRGINIA: Ja, ich weiß. (Zu Aaron) Okay. Das hat Dir gefallen. Und ich habe gesehen, daß es Betty auch gefallen hat.

AARON: Gib mir jetzt die Hand, Mom. (Aaron streckt seine Hand aus, und Betty schüttelt seine Hand. Aaron dreht sich Virginia zu.) Gib Du mir auch die Hand. (Virginia schüttelt mit ihrer linken seine linke Hand.)

VIRGINIA (zu Aaron, noch immer seine linke Hand haltend): Ja, okay. Was ich jetzt von Euch erfahren möchte ist, ob Ihr Euch erinnern könnt (streicht seine Stirn und streift mit ihrer rechten Hand eine Strähne zur Seite.), daß Ihr... Ihr könntet Eure Hände so schön auf das Gesicht Eurer Mutter legen. (Virginia legt ihre rechte Hand auf Bettys Gesicht.)

AARON: Hmhmm. (Aaron legt seine rechte Hand auf das Gesicht seiner Mutter in der gleichen Weise, in der Virginia es getan hat.)

VIRGINIA: So, mit beiden Händen (macht es vor), halt sie so. (Aaron hält sie mit beiden Händen.) Halt ihr Gesicht.

AARON: Ich halte Dich. (Er lächelt, gibt Betty einen Kuß und umarmt sie dann, als Robbie Virginia einen Kuß gibt und sie umarmt.)

VIRGINIA: Ich möchte, daß jetzt Euer Daddy dazukommt. (Bob setzt sich und beginnt sich das Mikrophon anzulegen.) Euer Daddy hat eine Menge Haare im Gesicht, wie Ihr sehen könnt. (Virginia hat eine Hand auf Robbies Rücken und hält mit der anderen sanft Aarons Handgelenk.) Möchtet Ihr mit Euren hübschen kleinen Hände jetzt so um sein Gesicht herumfahren (führt es vor), damit Ihr die Berührung spüren könnt.

AARON (legt seine Hände auf Bobs Gesicht): Ist das schön, Daddy?

BOB (noch immer durch das Mikrophon abgelenkt): Hmhmm. (Aaron gibt Bob einen Kuß.)

VIRGINIA (hält eine Hand um Robbies Hüfte): Kannst Du jetzt Deinen Daddy fragen, ob er das mit Dir machen möchte?

AARON: Möchtest Du das mit mir machen? (Bob sagt: „Klar", legt seine Hände auf Aarons Gesicht und gibt ihm einen Kuß. Aaron lacht vor Freude.) Mach das mit mir! (Robbie geht auf Betty zu und berührt ihr Gesicht, sie streckt ihre Arme nach ihm aus.)

VIRGINIA (ergreift Aarons Hand): Das mag sehr merkwürdig klingen. (Robbie lehnt sich zu Bob hinüber und streckt seine Hand aus, um sein Gesicht zu berühren.) Ja, es ist jetzt Zeit, daß Du auch fühlst – leg Deine Hände auf das Gesicht Deines Daddy (macht es vor). Beide, so als ob Du etwas ganz Kostbares halten würdest. Denn das ist es auch. (Robbie kriecht auf Bobs Schoß, während Virginia mit den Eltern redet.)

Diese kleinen Hände wissen eine Menge; sie müssen neu unterrichtet werden. Okay. In diesen beiden Knirpsen ist eine Menge Energie, wie auch in Euch beiden. Und ich werde mit Eurem Therapeuten darüber reden, etwas Raum für Euch zu schaffen, damit Ihr mal eine Atempause bekommt. Aber nutzt jede Gelegenheit, um diese Art von Körperkontakt herzustellen. Und was ich Euch auch empfehlen möchte ist, daß Ihr beide Euch im klaren darüber seid, was Ihr erwartet.

Und wenn Du (Bob) von Betty lernen könntest, wie Du den Kindern schneller Aufmerksamkeit schenken kannst. Ich möchte, daß Du Deine Botschaft ohne „Mach das nicht!" rüberbringen kannst, ohne „Mach das nicht" – und daß die Kraft in Deinen Armen, wenn Du sie hochhebst – ich weiß nicht, wie ich Dir das verdeutlichen kann, aber überlaß mir mal Deinen Arm für eine Minute (faßt Bobs Unterarm). Ich möchte Dir den Unterschied zeigen. Nimm jetzt meinen Arm, so, als ob Du ihn packen würdest. (Bob greift ihren Arm.) Gut. Wenn Du das so machst, spannen sich meine Muskeln an und ich möchte zurückschlagen. (Bob nickt.) Und nun greif meinen Arm, so als wolltest Du mich beschützen. (Bob hält ihren Arm.) Gut. Ich kann jetzt Deine Kraft spüren, aber es ist jetzt nicht so, daß ich zurückziehen möchte. (Bob: Ja.)

Und was ich von Dir möchte ist, daß Du diese beiden Kinder ganz, ganz oft berührst. Und wenn die Dinge wieder anfangen außer Kontrolle zu geraten, geh einfach hin – Du brauchst nichts zu sagen – geh einfach hin und nimm sie, (nimmt beschützend Robbies Unterarme in ihre Hände) aber Du mußt innerlich wissen, daß Du nicht an ihnen zerrst (Aaron legt seine Hände kurz auf Virginias und Robbies Arme), so (führt es vor), sondern sie mit Kraft anfaßt (streichelt Bobs Arm mit beiden Händen), und Du hast den Unterschied eben gesehen. Ich werde es Dir (Bob) vormachen. Zuerst werde ich Dich auf diese Weise (macht es vor) packen. (Bob: Ja.) Siehst Du, Du möchtest zurückziehen. Gut. Was ich dieses Mal tun werde ist, Dir etwas Kraft zu geben. (Hält seinen Arm mit ihren beiden Händen. Robbie tätschelt Virginias Hand.) Aber ich fordere Dich nicht dazu auf, es mir heimzuzahlen. Das ist die wichtigste Sache, mit der Du beginnen kannst.

(Virginia wendet sich Betty zu und bietet ihr ihren Unterarm.) Okay. Jetzt möchte ich das Gleiche mit Dir machen. Halt jetzt meinen Arm richtig fest, bloß – (Betty greift Virginias Arm und Aaron ahmt es nach.) Ja, so ist es richtig, als ob Du es wirklich ernst meintest. Okay. Gut. Und nun tue es so, als ob Du mich unterstützen wolltest, aber mir auch meine Grenzen zeigen wolltest. (Aaron greift nach Bettys Hand, Virginia nimmt seine Hand mit ihrer freien Hand.) Es ist etwas zu fest, etwas zu fest.

(Robbie hält Virginias anderen Arm mit beiden Händen und ahmt die Art und Weise nach, in der Betty ihren Arm hält.) Nun,

(Betty) versuch meinen Arm von unten zu greifen und leg Deine andere Hand von oben auf meinen Arm. (Betty hält Virginias Arm mit beiden Händen.) Gut. Du drückst mich etwas zu fest, aber ich würde nicht darauf reagieren. Ich habe nicht das Gefühl, als wollte ich so machen (zieht ihren Arm weg). Das ist die Art wie Körper reagieren. (Aaron spielt mit Virginias Uhr.)

Wenn Ihr also das nächste Mal seht, daß sich etwas anbahnt, stellt Ihr einfach Kontakt her (Virginia führt es vor, indem sie Aarons Oberarm hält) und lockert dann Euren Griff. (Virginia nimmt Aarons Hände und zieht ihn langsam von Bettys Schoß.) Nun, Aaron, ich möchte, daß Du eben hierherkommst, damit ich Deiner Mutter kurz etwas vorführen kann. (Aaron: Okay.) Rück einfach hierhin zur Seite, es wird nicht zu lange dauern. Stellen wir uns mal vor, ich denke einen Moment lang nicht nach und greife Dich auf diese Weise (packt Bettys Arm plötzlich mit beiden Händen). Du siehst, wie Du reagieren möchtest? (Betty nickt.) Gut. Nun werde ich es auf eine andere Weise machen. Ich gebe Dir die gleiche Botschaft (Virginia hält Bettys Arm fest mit beiden Händen, schaut ihr in die Augen und beginnt aufzustehen), aber ich mache es auf diese Weise. Und ich schaue Dich an und ich gebe Dir eine klare Botschaft. Okay. Dein Körper wird diesmal nicht negativ auf mich reagieren. Er wird fühlen, daß er aufgehalten worden ist, aber nicht auf negative Weise. Und dann halte ich Dich so. (Virginia legt einen Arm auf Bettys Rücken und den anderen unter ihren Oberarm.) Steh jetzt einfach auf. (Betty steht auf.) Ich halte Dich jetzt auf diese Weise. Ich hab Dich jetzt so (Virginia legt beide Arme um Betty und zieht sie näher zu sich heran), und nun will ich Dich halten. Ich will Dich jetzt für eine Weile so halten.

In einem im Anschluß an die Sitzung gehaltenen Interview mit Ramon Corrales vom Family Therapy Institute von Kansas City, kommentiert Virginia die Rolle des Berührens ausführlich, sowohl konkret auf diese Sitzung bezogen wie auch allgemein.

Anhang III
Augenzugangshinweise

Während die meisten Menschen ihre gesamte innere Informationsverarbeitung einfach unter dem allgemeinen Begriff „Denken" zusammenfassen, haben Richard Bandler und John Grinder festgestellt, daß es nützlich sein kann, Denken in die verschiedenen *sensorischen Modalitäten* zu unterteilen, in denen es erfolgt. Wenn wir innerlich Informationen verarbeiten, können wir das visuell (sehen), auditiv (hören), kinästhetisch (fühlen), olfaktorisch (riechen) und gustatorisch (schmecken) tun. Wenn Sie das Wort „Zirkus" lesen, können Sie seine Bedeutung erfassen, indem Sie eine Zirkusmanege, Elefanten und Trapezartisten sehen; indem Sie Zirkusmusik hören; indem sie harte Sitze oder ein Kind auf Ihrem Schoß spüren oder sich freudig erregt fühlen; oder indem Sie Popcorn und Zuckerwatte riechen und schmecken. Die Bedeutung eines Wortes kann in jedem einzelnen oder einer beliebigen Kombination dieser fünf Sinneskanäle wahrgenommen werden.

Bandler und Grinder haben darüber hinaus bemerkt, daß Menschen ihre Augen systematisch in bestimmte Richtungen bewegen, in Abhängigkeit von der Art des Denkens, die sie ausführen. Diese Bewegungen werden *Augenzugangshinweise* genannt und können sowohl bei Virginia wie auch bei Linda auf der Videoaufzeichnung beobachtet werden, von der das vorliegende Transkript angefertigt worden ist. Diese Augenzugangshinweise bieten zusätzliche wertvolle Informationen darüber, wie eine Person Ereignisse innerlich erlebt.

Das Schaubild (auf der nächsten Seite) verdeutlicht, welche Art von Verarbeitung die meisten Menschen vornehmen, wenn sie ihre Augen in eine bestimmte Richtung bewegen. Ungefähr 5% haben „verkehrte" Zugangshinweise, das heißt sie bewegen ihre Augen gegenüber dem Schaubild spiegelbildlich verkehrt.

Das Schaubild kann man am einfachsten gebrauchen, wenn man es sich über das Gesicht einer Person gelegt vorstellt, so daß, wenn man die Person in eine bestimmte Richtung schauen sieht, man das betreffende Zeichen für diesen Augenzugangshinweis visualisieren kann.

Wenn Sie die Videoaufzeichnung von Virginias Arbeit mit Linda beobachten, werden Sie klare Zeichen für Virginias internale Verarbeitung erkennen. Sie schaut oft nach oben links, um innere Bilder zu sehen – entweder ein Bild von dem was Linda gerade gesagt hatte, oder ein Bild von dem was sie, Virginia, als nächstes tun würde. Virginia schaute auch regelmäßig nach links unten, wenn sie sich daran erinnerte was Linda zuvor gesagt hatte, oder wenn sie auditiv darüber nachdachte, was sie als nächstes sagen sollte. Da Virginia sehr schnell Zugang zu Gefühlen hat – direkt von ihren inneren Bildern und Worten abgeleitet, werden Sie sie selten nach rechts unten schauen sehen.

Linda schaute auch sehr häufig auf erinnerte Bilder nach links oben, weniger oft nach links unten, um sich an Worte zu erinnern. Linda schaute auch nach rechts oben, wenn sie Bilder visualisierte, die sie nicht tatsächlich gesehen hatte – wenn sie z.B. daran dachte, wie sie sich in der Zukunft ändern wollte oder ihre Mutter auf neue Weise sah. Viele dieser Augenzugangshinweise sind im Transkript vermerkt, vor allem im ersten Teil.

Auch wenn diese Zugangshinweise nicht wesentlich sind, um Virginias Arbeit mit Linda zu verstehen, bieten sie doch eine zusätzliche Perspektive, die es erlaubt, interne Prozesse zu verfolgen, die ansonsten nicht beobachtbar wären.

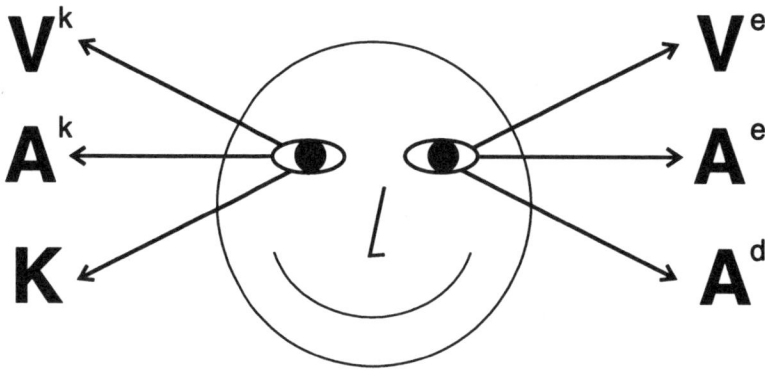

Ve: Visuell erinnert: Sehen von Bildern, die man zuvor gesehen hat, in der Weise, in der man sie gesehen hat. Fragen, die gewöhnlich diese Art des Zugriffes auslösen, sind z.B.: „Welche Farbe haben die Augen Ihrer Mutter?" „Wie sieht Ihr Mantel aus?"

Vk: Visuell konstruiert: Sehen von Bildern, von Dingen, die man nie zuvor gesehen hat, oder in einer anderen Weise als man sie zuvor gesehen hat. Ein Beispiel für eine Frage, die gewöhnlich diese Art der Verarbeitung auslöst, ist: „Wie würde ein orangefarbenes Nilpferd mit violetten Punkten aussehen?"

Ae: Auditiv erinnert: Erinnern von Geräuschen, die man zuvor gehört hat. Fragen, die gewöhnlich diese Art der Verarbeitung auslösen, sind z.B.: „Wie klingt Ihr Wecker?"

Ak: Auditiv konstruiert: Hören von Geräuschen, die man nie zuvor gehört hat. Fragen, die diese Art der Verarbeitung auslösen, sind z.B.: „Wie würde es sich anhören, wenn der Klang von Klatschen sich in den Klang singender Vögel verwandeln würde?", „Wie würde Ihre Stimme eine Oktave tiefer klingen?"

Ad: Auditiv digital: Mit sich selbst sprechen. Fragen, die in der Regel diese Art der Verarbeitung auslösen, lauten z.B.: „Können Sie sich etwas sagen, was Sie sich häufig selbst sagen?", „Können Sie sich den Text der Verfassung vorsagen?"

K: Kinästhetisch: Fühlen von Emotionen, taktilen Empfindungen (Berührungssinn) oder propriozeptiven Empfindungen (Gefühl von Muskelbewegungen). Fragen, die gewöhnlich diese Verarbeitung auslösen, lauten u.a.: „Was für ein Gefühl ist es, glücklich zu sein?", „Wie fühlt sich ein Tannenzapfen an?", „Was für ein Gefühl ist es zu laufen?"

Eine ausführlichere Darstellung von Augenzugangshinweisen finden Sie in dem Buch „Neue Wege der Kurzzeit-Therapie" von Richard Bandler und John Grinder.

Anhang IV
Eine Virginia Satir-Meditation

In Workshops bot Virginia, vor allem am Ende des Tages, soge-
nannte „Meditationen" oder „Prozesse" an. Sie forderte die Teilnehmer auf, einen bequemen Platz zu finden, ihre Augen zu
schließen und sich zu entspannen. Häufig spielte sie sanfte Musik,
während sie begann, mit einer langsamen, klaren Stimme zu sprechen.

Auch wenn Virginia häufig kritisch von der Hypnose sprach,
weil ihr Manipulation mißfiel, so enthalten diese Meditationen die
gleichen verbalen und nonverbalen Muster und Präsuppositionen
wie offene hypnotische Induktionen.

Die folgende Meditation ist dem Buch von Anne und John Banmen „Die Meditationen Virginia Satirs" (1991) entnommen. Zunächst wird die Meditation in ihrer Gesamtheit präsentiert. Dann

wird sie mit einem Kommentar wiederholt werden, in dem auf die sprachlichen hypnotischen Muster in der Meditation hingewiesen wird, die Virginia verwendet, um powervolle Präsuppositionen über Ressourcen, Fähigkeiten und Wahlmöglichkeiten zu schaffen.

Eine passende Wahl treffen

Während wir uns unsere Ressourcen anschauen, uns alles das bewußt machen und all das würdigen, was wir gesehen, gehört, gefühlt, berührt und gerochen haben, alle Gedanken und Gefühle, die bis jetzt ein Teil unseres Lebens gewesen sind, jede Wahl, die wir getroffen haben, Worte, Bewegungen.

Wir haben große Ressourcen, aus denen wir wählen können.

Und weil wir in der Vergangenheit einen Weg gewählt haben, heißt das nicht, daß wir ihn weitergehen müssen, aber es könnte eine der Wahlmöglichkeiten sein, wenn wir andere Möglichkeiten hinzufügen. Während wir vollkommen mit unserer Fähigkeit in Kontakt kommen, die uns allen angeboren ist, aus all dem, was wir im Moment haben, das auszuwählen, was uns gut paßt, bemerken wir, daß es Dinge gibt, die wir bisher nicht benutzt haben.

Sie haben irgendwann einmal gepaßt, aber nun können wir sie ausmustern und sie auf den Weg schicken, mit unserem Segen für all das, was sie für uns früher getan haben.

Nicht mehr nützlich sind Gedanken wie dieser: „Ich darf nie meine Gefühle zeigen, oder ich werde verletzt werden." Vielleicht hat das irgendwann einmal gepaßt, aber vielleicht wird es nie wieder passen.

Falls Ihr viele Dinge finden solltet, die Ihr einmal gelernt habt und für die Ihr keinen Gebrauch mehr habt, könnt Ihr Euch dann erlauben Euch zu entscheiden, sie mit Eurem Segen ziehen zu lassen?

Sie haben Euch einmal gute Dienste geleistet, aber nun sind sie nicht mehr notwendig.

Und könntet Ihr Euch dann anschauen was Ihr habt, das gut für Euch paßt?

Würdigt es und gebt Euch selbst die Erlaubnis, Euch das hinzuzufügen, was Ihr braucht oder wollt und was Ihr noch nicht habt.

Und während Ihr Euch erlaubt, Euch Eure Ressourcen wieder anzuschauen, macht Euch noch vollständiger bewußt, daß sie für Euren ständigen Gebrauch da sind.

Daß Ihr die Person seid, die nicht nur darüber entscheidet, welche sie nutzen wird, sondern die auch wählen wird, wie sie sie nutzen wird.

Und während Ihr das tut, könnt Ihr Euch auch die Erlaubnis geben alles loszulassen, bis auf die Erfahrung die Ihr nutzen könnt, um etwas zu lernen, das Eure Gegenwart erstrahlen lassen wird.

Eine passende Wahl treffen: Kommentar

Während wir uns unsere Ressourcen anschauen, uns alles das bewußt machen und all das würdigen, was wir gesehen, gehört, gefühlt, berührt und gerochen haben, alle Gedanken und Gefühle, die bis jetzt ein Teil unseres Lebens gewesen sind, jede Wahl, die wir getroffen haben, Worte, Bewegungen.

„Während" enthält die Präsupposition, daß die Zuhörer nicht näher bestimmte Ressourcen haben und diese anschauen. „Während" enthält auch den Rest des Satzes als Präsupposition. „Uns alles das bewußt machen und all das würdigen" ist ein direkter Befehl, der ebenfalls das auf ihn folgende als Präsupposition enthält. Es ist ein Beispiel für eine Schachtel-Präsupposition. „Uns alles das bewußt machen und all das würdigen" ist in „während" enthalten. Alles was Virginia sagt, ist sehr allgemein und universell gültig, was es auf die besondere Welt jeder Person anwendbar macht. Jedem fallen „Dinge" ein, die er „gesehen und gehört, gefühlt, berührt und gerochen hat", usw. Nicht alle Menschen würdigen jedoch, was in ihrem Leben geschehen ist. Es zu würdigen ist ein wichtiger Schritt zu größerer Selbst-Akzeptanz und zu mehr Bereitschaft, das, was nicht funktioniert hat, zu untersuchen und zu verändern.

Auch die „Wahl, die wir getroffen haben" im Zusammenhang mit vergangenen Ereignissen, zu erwähnen ist sehr wichtig. Viele Menschen haben nicht das Gefühl, daß sie in ihrem Leben viel Wahlfreiheit haben. Sie glauben, daß ihre Entscheidungen ihnen durch andere oder durch Ereignisse aufgezwungen werden, was zu einem

Gefühl der Machtlosigkeit und einer Opferhaltung beiträgt. Vergangene Ereignisse als Wahl zu sehen, die man getroffen hat, beflügelt Menschen, indem es ihnen die aktive Rolle gibt, für sich zu wählen.

Dieses Thema, aktiv zu wählen, wird als Präsupposition während der gesamten Meditation wiederholt. Indem sie auf „die Wahl, die wir getroffen haben" sofort „Worte, Bewegungen" folgen läßt – etwas, das wir alle erlebt haben –, maximiert Virginia die Wahrscheinlichkeit, daß der Zuhörer auch „Wahlen" akzeptieren wird.

Wir haben große Ressourcen, aus denen wir wählen können.

„Wählen" ist als Präsupposition in der Gegenwart vorausgesetzt. Selbst wenn der Zuhörer daran zweifelt, große Ressourcen zu haben, ist immer noch als Präsupposition vorausgesetzt, daß er große Ressourcen hat.

Und weil wir in der Vergangenheit einen Weg gewählt haben, heißt das nicht, daß wir ihn weitergehen müssen, aber es könnte eine der Wahlmöglichkeiten sein, wenn wir andere Möglichkeiten hinzufügen.

„Wählen" ist als Präsupposition in der Vergangenheit vorausgesetzt. Indem sie sagt, daß eine frühere Wahl nicht bedeutet, in der gleichen Weise fortfahren zu müssen, widerspricht Virginia einer Präsupposition, die viele haben: die Vergangenheit bestimmt in der Regel weiterhin die Gegenwart. Da viele dieser Aussage widersprechen werden, schließt Virginia ein „aber" an, das diese Aussage negiert und bietet dann die neue Aussage, daß eine alte Wahl auch weiterhin eine Wahl bleiben kann, „wenn wir andere Möglichkeiten hinzufügen". „Andere Möglichkeiten hinzuzufügen" ist als Präsupposition vorausgesetzt und mit der Möglichkeit verbunden, die alte Wahl weiterhin zu nutzen.

Dieser Satz läßt dem Zuhörer zwei Möglichkeiten:

1. Wir können uns entscheiden, eine alte Wahl nicht weiterzuverwenden, wenn wir sie nicht mehr wollen.

2. Wir können uns entscheiden, die alte Wahl beizubehalten und andere Möglichkeiten hinzuzufügen.

Beide Möglichkeiten sind powervoll, indem sie die Fähigkeit zu wählen und sich zu ändern als Präsuppositionen enthalten.

Während wir vollkommen mit unserer Fähigkeit in Kontakt kommen,
die uns allen angeboren ist, aus all dem, was wir im Moment haben, das
auszuwählen, was uns gut paßt, bemerken wir, daß es Dinge gibt, die wir
bisher nicht benutzt haben.

Dieser Satz ist ein schönes Beispiel für mehrfache Präsuppositionen auf verschiedenen Ebenen – sieben in diesem Fall, wobei jede Ebene in der anderen verschachtelt ist. Um die Analyse zu erleichtern, werden wir uns zunächst den ersten Teil des Satzes bis „gut" anschauen.

1. „Während" enthält den Rest des Satzes als Präsupposition.
2. „Während wir vollkommen mit unserer Fähigkeit in Kontakt kommen" enthält die Präsupposition, daß wir bereits mit ihr in Kontakt sind.
3. „In Kontakt kommen" enthält als Präsupposition, daß wir eine angeborene Fähigkeit haben auszuwählen.
4. „Auszuwählen" enthält das, was darauf folgt, als Präsupposition.
5. „Das... was" enthält als Präsupposition, daß einige Alternativen gut passen.
6. „All" enthält die Präsupposition, daß mehrere alternative Wahlmöglichkeiten oder Ressourcen bestehen, die „wir im Moment haben".

Wenn wir die verschiedenen Präsuppositions-Ebenen in diesem Satz von innen nach außen zusammenfassen, könnten wir sagen:

7. Wir haben jetzt viele Wahlmöglichkeiten.
6. Einige dieser Wahlmöglichkeiten/Ressourcen passen für uns.
5. Einige davon werden gut für uns passen.
4. Wir können aus diesen auswählen.
3. Wir haben bereits Kontakt mit dieser Fähigkeit zu wählen.
2. Wir kommen mit dieser Fähigkeit vollständig in Kontakt.
1. All das geschieht jetzt.

Verschachtelte Präsuppositionen sind schwer zu erkennen, selbst wenn man sie in schriftlicher Form untersucht. Sie sind noch schwerer zu erkennen, wenn man sie hört. Doch wir haben keine Schwierigkeit, die Bedeutung des Gesagten zu verstehen, da unsere Sprachverarbeitungsprozesse so automatisch und unbewußt ablaufen. Durch den

Gebrauch des Wortes „passen" vermeidet Virginia geschickt Bewertungen wie gut und böse, und damit die Angst und Verwirrung, die auf solche Bewertungen folgt. Im letzten Teil des Satzes verwendet Virginia die Präsupposition, daß der Zuhörer bemerken wird, „daß es Dinge gibt, die wir bisher nicht benutzt haben". Das enthält eine Doppelbedeutung. Die Aussage kann bedeuten, nützliche Wahlmöglichkeiten und Ressourcen zu bemerken, die bisher nicht genutzt worden sind, oder alte Verhaltensweisen zu bemerken, die nicht mehr gebraucht werden. Beide Bedeutungen erweitern unsere Möglichkeiten. Die erste führt uns auf die Suche nach nützlichen Wahlmöglichkeiten, die wir nicht gebraucht haben; die zweite bietet uns ein Gegenbeispiel dafür, daß gewohnte Verhaltensweisen schwer zu verändern sind.

Sie haben irgendwann einmal gepaßt, aber nun können wir sie ausmustern und sie auf den Weg schicken, mit unserem Segen für all das, was sie für uns früher getan haben.

Virginia sagt, daß die alten Wahlen in der Vergangenheit gepaßt haben und fährt mit „aber" fort, was diese Nützlichkeit „nun" bestreitet – was impliziert, daß sie nicht mehr passen. Da sie nicht mehr passen, können wir uns aktiv dafür entscheiden, „sie auf den Weg zu schicken". Indem sie hinzufügt: „mit unserem Segen für all das, was sie früher für uns getan haben", kehrt Virginia zu der Idee zurück, daß alte Verhaltensweisen zu der Zeit, als wir sie gebildet haben, passende Wahlen waren. Das etabliert *eine* neue Bedeutung für Problemverhalten. Sie sind keine perversen Demonstrationen unserer Dummheit mehr; sie sind einfach veraltete Beispiele unserer positiven Fähigkeit, zurechtzukommen und zu lernen. Dieser Reframe hat eine zweifache Wirkung:

1. Auf Verhaltensebene. Anstatt ein Problemverhalten zu verwerfen und zu bekämpfen, können wir es akzeptieren, würdigen, von ihm lernen und ihm neue Möglichkeiten hinzufügen, wie Virginia zuvor erwähnt hat.

2. Auf Selbstwert-Ebene. Anstatt uns wegen unseres Problemverhaltens deprimiert zu fühlen oder Selbstvorwürfe zu machen, können wir ein gutes Selbstgefühl haben und uns über unsere Fähigkeit zu lernen und zurechtzukommen freuen.

Nicht mehr nützlich sind Gedanken wie dieser: „Ich darf nie meine Gefühle zeigen, oder ich werde verletzt werden."

Nun geht Virginia vom allgemeinen zum spezifischen über: Gefühle zu verbergen ist nicht länger nützlich, auch wenn es das früher gewesen sein mag.

Vielleicht hat das irgendwann einmal gepaßt, aber vielleicht wird es nie wieder passen.

Da „vielleicht" nur Möglichkeiten ausdrückt, kann der Zuhörer leicht eine Repräsentation von dem bilden, was Virginia gesagt hat, ohne zustimmen oder widersprechen zu müssen. Indem sie „vielleicht" verwendet, um sich zunächst auf die Vergangenheit und dann auf die Zukunft zu beziehen, verknüpft Virginia diese beiden Zeitrahmen. Wenn der Zuhörer dem ersten „vielleicht" zustimmt, wird das in der Regel die Zustimmung auf das zweite „vielleicht" hervorrufen, das sich auf das Verhalten bezieht, das in der Zukunft nicht mehr passen wird.

Falls Ihr viele Dinge finden solltet, die Ihr einmal gelernt habt und für die Ihr keinen Gebrauch mehr habt, könnt Ihr Euch dann erlauben Euch zu entscheiden, sie mit Eurem Segen ziehen zu lassen?

Der Gebrauch von „falls" schafft einen leichten „Als ob"-Rahmen; es ist auch der erste Teil einer „wenn dann"-Verbindung. „Euch erlauben" ist ein eingebetteter Befehl, der als Präsupposition voraussetzt, daß der Rest des Satzes sich ereignen wird, wenn der Zuhörer es sich nur erlaubt. Das ist in einer konversationellen Forderung eingebettet: „Könnt Ihr Euch dann erlauben...?" „Sie mit Eurem Segen ziehen zu lassen" ist ebenfalls ein eingebetteter Befehl.

Sie haben Euch einmal gute Dienste geleistet, aber nun sind sie nicht mehr notwendig.

Virginia wiederholt noch einmal, daß alte Verhaltensweisen in der Vergangenheit nützlich waren, bestreitet das mit „aber nun" für die Gegenwart und beschreibt sie als „nicht mehr notwendig", einem wertungsfreien Begriff, der impliziert, wir können leicht auf sie verzichten.

Und könntet Ihr Euch dann anschauen was Ihr habt, das gut für Euch paßt?

Virginia gebraucht eine konversationelle Forderung, um einen eingebetteten Befehl zu geben und fordert uns damit auf, uns unsere als Präsupposition postulierten Erfolge anzuschauen: die Verhaltensweisen, die passen und mit denen wir zufrieden sind.

Würdigt es und gebt Euch selbst die Erlaubnis, Euch das hinzuzufügen, was Ihr braucht oder wollt und was Ihr noch nicht habt.

„Würdigt es" ist ein direkter Befehl, der sich auf unsere Verhaltensweisen bezieht, die wirken, und durch Implikation auch darauf, uns selbst für unsere Fähigkeit zu würdigen. „Gebt Euch selbst die Erlaubnis" ist ein direkter Befehl, der die Präsuppositionen enthält, daß das darauf folgende eintreten wird, wenn wir es nicht behindern: „Euch das hinzuzufügen, was Ihr braucht oder wollt und was Ihr noch nicht habt." Dieser Satzteil enthält zudem einen eingebetteten Befehl.

„Noch" ist hier ein wichtiges Wort. Erstens enthält es die Präsupposition, daß der Zuhörer bereits erfolgreich viele Erfahrungen hinzugefügt hat, die in der Vergangenheit notwendig oder erwünscht waren. „Noch" impliziert zweitens auch, daß es in der Zukunft geschehen wird. „Noch" hat hier darüber hinaus fast die Bedeutung „bis jetzt noch nicht" (yet), was noch stärker impliziert, daß die Zukunft anders sein wird. „Was Ihr braucht oder wollt und was Ihr bis jetzt noch nicht habt" würde in noch stärkerem Maße die Präsupposition von Veränderungen in der Zukunft enthalten.

Und während Ihr Euch erlaubt, Euch Eure Ressourcen wieder anzuschauen, macht Euch noch vollständiger bewußt, daß sie für Euren ständigen Gebrauch da sind.

Der erste Teil dieses Satzes enthält drei Ebenen verschachtelter Präsuppositionen. „Während" enthält alles, was darauf folgt als Präsupposition. „Ihr Euch erlaubt" enthält die Präsupposition, daß das, was folgt, ohne Anstrengung geschehen wird, wenn man es zuläßt. „Wieder" enthält die Präsupposition, daß man sich seine Ressourcen schon einmal angesehen hat, was es leichtmacht, es noch einmal zu tun. „Macht Euch noch vollständiger bewußt" ist ein direkter Befehl, der auch drei Ebenen von verschachtelten Präsuppositionen enthält.

1. „noch" impliziert als Präsupposition „vollständiger". 2. „Vollständiger" enthält als Präsupposition „bewußt". 3. „Bewußt" enthält als Präsupposition den Rest des Satzes: „daß sie (die als Präsupposition enthaltenen Ressourcen) für Euren ständigen Gebrauch da sind." Die Implikation ist, daß wir uns nur dafür zu entscheiden brauchen, unsere Ressourcen zu gebrauchen.

Daß Ihr die Person seid, die nicht nur darüber entscheidet, welche sie nutzen wird, sondern die auch wählen wird, wie sie sie nutzen wird.

„Daß Ihr die Person seid" verbindet diesen Satz mit dem vorhergehenden und reiht ihn in die vorangegangenen verschachtelten Präsuppositionen ein: „Während Ihr Euch erlaubt" und „Macht Euch noch vollständiger bewußt". In diese verschachtelten Präsuppositionen ist die Aussage eingebettet: „Ihr seid die Person, die nicht nur darüber entscheidet, was sie tun wird." „Nicht nur" enthält die Präsupposition, daß der Zuhörer auch noch etwas anderes tun wird, gefolgt von einem „sondern", das für den direkten Befehl vorbereitet, der folgt: „Du wirst wählen, wie Du sie nutzen wirst."

Und während Ihr das tut, könnt Ihr Euch auch die Erlaubnis geben alles loszulassen, bis auf die Erfahrung die Ihr nutzen könnt, um etwas zu lernen, das Eure Gegenwart erstrahlen lassen wird.

„Während" enthält den ganzen Satz, der die Form einer konversationellen Forderung hat, als Präsupposition. „Erlaubnis geben" ist ein direkter Befehl, der die Präsupposition enthält, daß die folgenden Ereignisse eintreten werden, wenn man ihnen nur zustimmt: „Alles loszulassen, bis auf die Erfahrung die Ihr nutzen könnt, um etwas zu lernen, das Eure Gegenwart *erstrahlen* lassen wird..." Der Befehl „Eure Gegenwart erstrahlen lassen" ist in den längeren Satz eingebettet, der ebenfalls ein eingebetteter Befehl ist. „Loszulassen" enthält die Präsupposition, daß diese nutzlosen Erfahrungen nun festgehalten werden und ohne weiteres verschwinden werden, wenn die Anstrengung des Haltens aufhört.

Ausgewählte Literatur

Andreas, Connirae und Andreas, Steve. *Heart of the Mind.* Moab, Utah: Real People Press, 1989. (deutsch: *Mit Herz und Verstand. NLP für alle Fälle.* Paderborn: Junfermann, 2. Auflage 1994)

Andreas, Steve und Andreas, Connirae. *Change Your Mind – and keep the Change.* Moab, Utah: Real People Press, 1987. (deutsch: *Gewußt wie – Arbeit mit Submodalitäten und weitere NLP-Interventionen nach Maß.* Paderborn: Junfermann, 3. Auflage 1993)

Bandler, Richard. *Using Your Brain – for a CHANGE.* Moab, Utah: Real People Press, 1985. (deutsch: *Veränderung des subjektiven Erlebens – Fortgeschrittene Methoden des NLP.* Paderborn: Junfermann, 4. Auflage 1992)

Bandler, Richard und Grinder, John. *Frogs into Princes.* Moab, Utah: Real People Press, 1979. (deutsch: *Neue Wege der Kurzzeit-Therapie – Neurolinguistische Programme.* Paderborn: Junfermann, 11. Auflage 1994)

—, —. *Reframing: Neuro-Linguistic Programming and the Transformation of Meaning.* Moab, Utah: Real People Press, 1982. (deutsch: *Reframing – ein ökologischer Ansatz in der Psychotherapie.* Paderborn: Junfermann, 5. Auflage 1992)

—, —. *Patterns of Hypnotic Techniques of Milton H. Erickson, M.D., Vol. I.* Cupertino, CA: Meta-Publications, 1975.

—, —. *TRANCE-formations: Neuro-Linguistic Programming and the Structure of Hypnosis.* Moab, Utah: Real People Press, 1981. (deutsch: *Therapie in Trance. Hypnose: Kommunikation mit dem Unbewußten.* Stuttgart: Klett-Cotta, 1984)

—, —. *The Structure of Magic, Vol. I & II.* Palo Alto, CA: Science and Behavior Books, 1975. (deutsch: *Struktur der Magie I & II.* Paderborn: Junfermann, 6. Auflage 1990)

—, — und Satir, Virginia. *Changing with Families.* Palo Alto, CA: Science and Behavior Books, 1976. (deutsch: *Mit Familien reden.* München: Pfeiffer, 1978)

Banmen, Anne und Banmen, John. *Meditations of Virginia Satir.* Palo Alto, CA: Science and Behavior Books, 1991.

Satir, Virginia. *Conjoint Family Therapy.* Palo Alto, CA: Science and Behavior Books, 1983. (deutsch: *Familienbehandlung.* Freiburg: Lambertus, 1973)

—. *The New Peoplemaking.* Palo Alto, CA: Science and Behavior Books, 1988. (deutsch: *Kommunikation • Selbstwert • Kongruenz.* Paderborn: Junfermann, 3. Auflage 1992)

—. „Family Relations" – eine Reihe von sieben Videoaufzeichnungen. NLP Comprehensive, 2879 Valmont Road, Boulder, CO 80301. 1989.

—. „Of Rocks and Flowers" – Videoaufzeichnung. Golden Triad Films, Inc. 100 Westport Sq. 4200 Pennsylvania, Kansas City, MO 64111. 1983.

—. „On Intimate Relationships" – Serie von 18 Audiobändern. Creative Audio, 8751 Osborne, Highland, IN 46322, 1984.

— und Baldwin, Michele. *Satir Step by Step: A Guide to Creating Change in Families.* Palo Alto, CA: Science and Behavior Books, 1983. (deutsch: *Familientherapie in Aktion.* Paderborn: Junfermann, 4. Auflage 1993)

Information zur Aus- und Fortbildung in NLP in Deutschland

Klaus Grochowiak

Nerobergstraße 25
D-65193 Wiesbaden
Tel. 06 11 / 52 72 37
Fax: 06 11 / 52 97 07

Ausbildung zum NLP-Practitioner, NLP-Master, NLP-Trainer
Wirtschaftstrainings, Coachings, 1-Tages-Seminare

JACOBSEN-SEMINARE

Christiane Avadanta Jacobsen

Taunusstraße 32
D-65326 Aarbergen
Tel.: 0 61 20 / 30 54
Fax: 0 61 20 / 30 55

Ganzheitlich offene & firmeninterne Seminare mit NLP,
Gestalt und Meditation

NLP-Resonanz-Training

Dr. Gundl Kutschera

Rathausplatz 7
D-69221 Dossenheim
Tel.: 0 62 21 / 86 21 07

Ausbildungen: NLP-Practitioner, Master-Practitioner, Trainer,
individuelles Coaching und Businesstraining –
auch in der Schweiz und in Österreich